法字從水起滄浪

历史法治故事的现代镜鉴

沈志林 著

上海書店出版社
SHANGHAI BOOKSTORE PUBLISHING HOUSE

目录

三 职官执法

四 司法律政

五 循法读史

前言

一晃，已经从事有关法治建设工作20年了。对于法治也有许多感悟，譬如，对“法”字本源理解，曾撰《法字从水新解》短文，录之如下：

“法”字古作“灋”。东汉许慎著《说文解字》谓：“灋，刑也。平之如水。从水，廌所以触不直者去之；从去，会意。”这一解释表示，中国古代法治起源于用神兽“廌”来判明是非，实行刑法之治，其基本要求是“平之如水”，用俗话来讲，就是掌刑者要一碗水端平，保证公平。以当今法治理念来看，现代法治不仅具有“平之如水”所代表的公平正义的价值追求，而且还有“法”字从水的多重涵义，不妨释之。

一曰：“法”字从水，谓法治行世，如鱼水相伴，已成生活要素。鱼之生存不可离水，人之生活不可离法。现代社会早已不是出礼才入法的朝代，而是适法而居、适法而存的时代。法律已经深深地渗透我们的生活，上至国家议政大事，下至家庭邻里关系，都有一定的法律规则来安排。就是日常出门过个路、出行购个物、出游赏个景，要想交通秩序畅通、生活消费安全、旅途行走愉悦，等等，都要有一定法律规则来保障，真是看得见的柴米油盐，看不见的法律法规。无论承不承认，法律，它一直都在那里。

二曰："法"字从水，谓法治行迹，似水流泻地，充斥利害衡量。人往高处走，水往低处流。在法律的制度安排之下，会有利益的博弈、观念的交锋、行为的碰撞，可能会产生法律的制度失灵、法治的局部失序、法官的腐败失本，可以是一个经典判决，可能是一个争议话题，也可能是一个冤假错案，等等，这些全是法治的组成部分。任何法不责众的托词、法网疏漏的愤懑、法外开恩的商请，都不能成为反对厉行法治的借口。让法律的漏洞由法律来修补，法律的错误由法律来矫正，请用理性、用宽容去关注，用过程、用行动去参与，用利益、用方法去引导，方达法治臻境。

三曰："法"字从水，谓法治行治，需凭水乘舟，讲究顺势而为。水能载舟，也能覆舟。有良法，亦有恶法。以法治于时、治于弊、治于病，用法律思维和法治方式来深化改革、推动发展、化解矛盾、维护稳定，需凭良法才有善治。而治于病、治于疾，既不能期望一部立法能解决所有问题，强求法治急躁冒进；

也不能指望一个判决让所有人满意，以为法治虚妄无用。至于人云亦云、照搬照抄别人的法治药方，只怕多有水土不服。唯有不断深化法治领域改革，走适合自己国情的道路，才会有法治的康庄正途。

四曰：“法”字从水，谓法治行进，若水滴石穿，坚持方得有效。积跬步以成千里，汇支流而成大海。要建设法治社会，需岁月的累积，包括立法制度的完善、法律规范的健全、公民素质的养成，等等，都不是一蹴而就的事情。我们必须尊重法治建设的自身规律，尊重法治的内在价值追求，既不能让今天的一点法治瑕疵拖累明天的脚步，也要注重以前的一些法治经验使之成为推动进步的借鉴。于个人而言，从日常行为做起，坚持学一点法律知识，懂一点法律理念，用一点法律方式，将受益终身。

本书成稿后再读前文，对法字从水又有了新感悟。

整个一部中国法治史，就是一条随着时间不断向前奔流的长河。其源远流长，可追溯上古黄帝、蚩尤时期。“蚩尤惟始作乱，延及于平民。……苗民弗用灵，制以刑”（《尚书·吕刑》）。经历朝历代发展，逐步成熟，由此形成的中华法系支流众多、枝繁叶茂，曾远播日本、朝鲜、越南等周边国家。

在这条法治史的长河之中，最为直观的是法律制度。通过法律制度的继承变化、演绎发展、变法改革等，构成了法治史河流的框架堤岸，让法律施行其中恣意流淌。一个有生命力的法律制度，可以拓宽视界疆域，冲积出三角洲与河谷平原，滋养沃土；一个有创造性的法律制度，可以在法律执行遇到难以抗拒的障碍时，寻找河流的转向，开拓新的征程；一个违反社会发展的法律制度，可能会成为河流中的暗礁，阻滞河流的正常行进，甚而有断流隐忧。

在法律制度的下面，是澎湃涌动的法律思想潮流，为法治史的前行不断注入活力。成熟的法律思想潮流体系，可以引领法治史前行的方向，指导法律制度的制定，促进法律制度的有序变革，避开断崖跳水的风险。杰出法治人物法律的思想观点碰撞，更是其中的强劲推力，甚至可以开辟支流、别出蹊径，构成一处绝美的风景，令人流连忘返、揽胜称奇。阅读其中法治思想的精华，或有醍醐灌顶，或有冷水激面，或有荡涤心灵，时有裨益。

法律制度的分类，犹是法治史长河的支流。按现代法律理论，其经济、社会、商事、刑事、民事、国际公法、国际私法，等等，都可视为法治史的分支岔流，各有脉络，各有风景。而中国传统法律体系，虽有民刑不分之弊端，也依名例律、户律、礼律、兵律、刑律、工律等分门别类，各有归属，各有司职。不管如何分类，其各领旗下法律制度之设，有简明之清澈，有繁复之曲折，有博大之渊深，随时间延绵而渐肆汪洋，蔚为可观。

各自独立的社会个体基于自身认知的法律观念和对法律制度

的遵守践行，是法治史长河流淌着的水分子。在历史长河之中，那些善于学习研究法治，在法治实践方面有所特长的人物历来为世人所推崇；那种敢于运用法治思维，善于运用法治方法解决现实问题的能力一直为世人所欣赏，在漫长的史志典籍中秉书不绝，在诸多的家乘族谱中一脉相传。遵法自律者有之，习法推用者有之，释法著述者有之，都是法治史长河凝炼出来的璀璨结晶，稍加拂尘捧诣，便可灿若星河。或以其法律思想促进制度变革、掀起波澜，或以其铁面执法而受人尊敬、流芳千古，或以故事存史代代传诵、激励后人。那些先贤人物于法治史而言，或许只是沧海一粟，但对于地方、家族却可能是莫大的荣誉、值得模习的榜样，在法治精神传承中起到不亚于任何形式化的法制宣传教育的作用，载入了法治自身成长的谱系。

一个个法治案（事）件是法治河流中的朵朵浪花。一些案（事）件的发生，犹如从发生的那个时代起打出的水漂，在以后的每个时代里激荡起不同的涟漪，让每个人从中看到现实的投影。一个个看似与法律没有关系的事件，也可能隐藏着那个时代的法律共识，作为背景默默存在。一些众说纷纭、充满争议的法治疑案故事，则是河流中的漩涡，吞噬着种种猜测与传说，带走后世的指点与评论。

“沧浪之水清兮，可以濯吾缨；沧浪之水浊兮，可以濯吾足”。

纵观，于法治的河流溯源而上，可以寻其原、探其踪、查其迹、显其影、究其理。也许现实丑陋、理想骨感，若能探得初心宛在，可以勾勒法律在其诞生之初的模样，遇见更好的我们。也许故事虚幻、传说美好，如能摆入位置感受，触摸到真实世界的粗糙，或许可以更为从容地面对法治河流中夹杂的翻滚卵石，放弃建造空中楼阁的非份之想，不至于轻易被击得痛哭流涕、处处挣扎。于法治的河流顺流而下，可以稼耕，可以渔猎，可以生民。毫无疑问，一个在法治资源滋养越深厚的地方，其厉行法治的成果也最为丰富；一个法治河流灌溉浸润久远的地方，其法治之花也必开得愈为鲜亮。在传统法治河流与外来法治潮流相碰撞的地方，通过努力耕耘即可成为文明的开化之乡；在传统法治河流与外来法治海洋激荡的地方，有着制度与传统创新的土壤；而任由外来法治文化的倒灌，未必能改造自然形成的环境，反而使传统深受其害。

横看，于法治的河流急流险滩处俯视，如行我思，可为激励，知我得失进退。不以刻舟之法就事论事，不以争扰之声而裹足不前，不以阻碍之艰而停滞不行，更不可能完全守着古董不放，妄想复制过往。在此，可赏厉行法治之激流勇进、不羁束缚之惊涛拍岸。于法治史河流平静缓行处静观，如映我影，可为镜鉴，知我仪容整肃。不固守一成不变之法，循其发展逻辑因果，顺乎时代发展态势，客观理性审视法治进程。在此，可赏良法善治之迤逦蜿蜒、善序良俗之温润滋养。

如此，于法治史的弱水三千中，时常取一瓢水饮之。

甘之如饴，捧之共飨。

沈志林

农历丁酉年正月于嘉兴

一 旧案探踪

朱买臣的离婚“公案”

朱买臣（约公元前174—前115），字翁子，汉朝会稽人（今嘉兴人）。朱买臣之所以有名，大约有三个原因：其一是擅辞赋，曾为汉武帝说《楚辞》，可惜其辞赋今俱不存。其二是贵为太守，即做过会稽太守，是当时的封疆显吏。其三就是他的婚姻，在民间传说中留下了“马前泼水”“覆水难收”等典故和《烂柯山》等一系列文学故事，影响也在三者之中最为深远，可谓中国历史上最著名的离婚案。

最早记载朱买臣事迹的是《史记·张汤传》，但其中并无羞妻内容。朱买臣羞妻的故事最早见于《汉书·朱买臣传》：朱买臣，字翁子，吴人也。家贫，好读书，不治产业，常刈薪樵，卖以给食，担束薪，行且诵书。其妻亦负戴相随，数止买臣毋歌讴道中。买臣愈益疾歌，妻羞之，求去。买臣笑曰：“我年五十当富贵，今已四十余矣。汝苦日久，待我富贵报汝功。”妻恚怒曰："如公等，终饿死沟中耳，何能富贵！"买臣不能留，即听去。其后，买臣独行歌道中，负薪墓间。故妻与夫家俱上冢，见买臣饥寒，呼饭饮之……会稽闻太守且至（朱买臣拜为太守时回乡），发民除道，县吏并送迎，车百余乘。入吴界，见其故妻、妻夫治道。买臣驻车，呼令后车载其夫妻，到太守舍，置园中，给食之。居一月，妻自经死，买臣乞其夫钱，令葬。悉召见故人与饮食诸尝有恩者，皆报复焉。

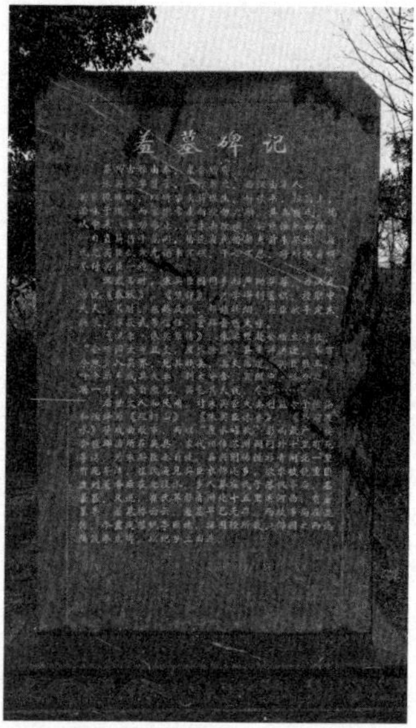

羞墓碑记　嘉兴落帆亭

之所以不厌其烦摘录《汉书》原文，在于此后历史把朱买臣的婚姻个案变成了"公案"，若想厘本正源，还需以原文为准。

现在回到《汉书》中来。我们约略可知，首先，朱氏离婚，不是朱买臣休妻，而是他的妻子主动提出离婚并再嫁。可以想见，汉代法律中的离婚和离婚后再嫁还是比较自由的。另外有两个常被当作汉朝婚姻制度束缚较少的例证，可作参考。一为《史记·外戚世家》记载，汉武帝之母王太后的母亲臧儿曾嫁同里王仲，王仲殁后改嫁长陵田氏，把长女（即后来的王太后）嫁予金王孙并生一女。

但后来臧儿认为女儿“当贵”，不管金家同不同意，又从夫家夺回，献给太子（后来的汉景帝），生了刘彻（汉武帝）。二是朱买臣同时期的司马相如，也有与卓文君私奔的传说故事。其次，朱买臣与妻子离婚后还有互动。前妻在朱买臣饥寒落迫时曾对他有所接济，而朱买臣在显贵后将前妻夫妇接到官舍，也可算作一种回报。《汉书》语涉“报复”之语，应与当今贬义的“报复”有异，可作中性的回报理解。最后，朱买臣前妻自经而死，但不知是受朱买臣羞辱而死，还是自感羞愧而死，甚或是被后夫逼迫而死，为后人留下巨大的想象空间。

三国时，社会上已经对朱买臣的离婚案形成了一定倾向性认识。《三国志·张裔传》中：“（孙权）问（张）裔曰：‘蜀卓氏寡女，亡奔司马相如，贵土风俗何以乃尔乎？’裔对曰：‘愚以卓氏之寡女，犹贤于买臣之妻。’”孙权想用司马相如私奔的事让来自蜀国的张裔难堪，张裔却巧用朱买臣前妻来应对，认为卓文君贤于朱买臣前妻。可见，这时社会对朱买臣前妻的评价已然不高，整个社会对于妇女主动追求婚姻的自由仍然持保留态度。

到唐朝时，对朱买臣前妻的负面评价几成定论。唐朝范摅《云溪友议》（卷上）曾记载，颜真卿为临川内吏时，曾判决一桩与朱买臣婚姻相似的案子。当时有个叫杨志坚的贫穷书生以朱买臣自比，其妻难以忍受，“索书求离”，颜真卿判道：“朱叟之妻必去，宁见锦衣？污辱乡闾，败伤风俗。若无褒贬，侥幸者多。”裁决责其妻二十杖，任改嫁。这一判，至江左数十年，“莫有敢弃其夫者”。在这桩与朱买臣较为相同的“妻休夫”案子里，颜真卿明显露出同情朱买臣、谴责旧妻的道德评判。而从婚姻制度上看，唐代法律已较汉代更为完善，规定了“七出”“三不出”“义绝”等婚姻制度，离婚需要“索书求离”，不像汉代“不能留，听去”那样简便了；但离婚仍然相对自由，当事人仍有一定自主权。

宋代婚姻法律制度基本延续唐代，但在其倡导理学的背景下更加凸显大男子主义，其“良贱不通婚”的规定进一步加大了朱买臣与前妻之间的婚姻认同落差，贬低朱买臣前妻已是一边倒。宋代太平兴国年间形成的《太平寰宇记》（卷九十五）“秀州嘉兴县”条下记载有死亭湾，曰：“在县北七里有死亭湾，即朱买臣为内史，衣锦还乡，其妻羞死于此，故号死亭湾。”宋代著名诗人梅尧臣曾写七言十六句《羞墓》一诗，有“旧妻呼载后乘归，悔旧夜落无声啼”等语，仍以朱买臣前妻羞愧悔恨为旨。此诗后被明代反映嘉兴乡土传说的故事集《鸳渚志馀雪窗谈异·羞墓亭记》及万历年间《秀水县志》引用，《秀水县志》还确认了死亭湾所在，增加了羞墓、羞母亭等地点记载。这些，都将朱买臣前妻自经的死因定性为自感羞愧而死。此外，也有相对客观的声音出现，如宋代曾专门作《嘉禾百咏》、对嘉兴风土人情较为了解的张尧同，就以为朱买臣离婚是世情使然。清光绪乙亥（1875）刻印的王惟梅辑《嘉兴典故纂要》曾记载张尧同的一首诗："旧吏家何在，空寻古柳堤。世情今亦尔，莫笑买臣妻。"

到了元代，朱买臣的离婚故事开始被搬上杂剧舞台，大体演绎《汉书》记载，但也出现了为朱买臣翻案、塑造朱买臣夫妇复合结局的杂剧《朱太守风雪渔樵记》。这出戏把朱买臣前妻逼夫休离变成了激将法，大大突破了朱买臣故事的原有套路，成为朱买臣诸多故事中绝无仅有的奇葩。这可能得益于元代统治者蒙古族婚姻较汉族束缚少，对婚姻制度规定得较为宽松。如《大元通制》规定："诸夫妇不相睦，卖休买休者禁之，违者罪之，和离者不坐。"夫妻自愿和平离婚并不需要追究什么责任。

到了明清两代，传奇《烂柯山》《马前泼水》和笔记《国色天香·客夜琼谈·买臣记》《鸳渚志馀雪窗谈异·羞墓亭记》等市井文学不断增加朱买臣离婚的戏剧情节，不仅故事的发生地点被明确为嘉兴杉青闸，而且朱买臣前妻的姓氏、后夫的职业也被杜撰出来。再随着京剧《马前泼水》、昆曲《烂柯山·痴梦》等经典戏剧的广泛传播，朱买臣离婚故事的细节越来越生动，却离真相越来越远了。在这些故事的背后，则是明清两代法律对婚姻越来越凸显封建"夫为妻纲"伦理纲常的规制。明清法律规定："婚娶皆由祖父母、父母主婚，祖父母、父母俱无者，从余亲主婚。其夫亡携女适人者，其女从母主婚。""若卑幼或仕宦或买卖在外，其祖父母、父母及伯叔父母、姑、兄姐自卑幼出外后为定婚……未成婚者从尊长所定，自聘者从其别嫁，违者杖八十，仍改正”（《大清律·户律·男女婚姻》）。婚姻当事人、特别是女性已经没有多少婚姻自主权了。在这种情况下，对朱买臣前妻的道德批判也愈发严厉，不难想见其舞台角色在迎合市井文化需求下所承受的社会鞭挞。

概而言之，朱买臣的离婚从个案成为“公案”，不仅反映了婚姻法律制度的历史变迁，也承载了历朝历代对于婚姻的道德评判，犹如从汉朝打出的水漂，在法治史的河流中荡出一圈圈的涟漪。

揭秘万历“梃击案”中的地域群体

明代万历晚期的“梃击案”“红丸案”“移宫案”三案是明史上互为关联又最为纠缠的案件，以其拖延之久、影响之深而为后世瞩目。对案件真相的厘清与评判自有公论，这里不再细究，倒是浙江嘉兴人在“梃击案”过程中的角色十分抢眼，有颇多值得梳理之处，而时人以明末党争为背景，多以浙党笼统之，有失偏颇。

上

“梃击案”的背景，是万历皇帝虽经群臣集议立长子朱常洛为太子，但他对太子并不怎么看好，反而他宠信郑贵妃，使内外都以为他可能要废长立幼，让郑贵妃之子朱常洵成为太子。万历四十三年（1615）五月初四，有手持枣木棍的汉子闯入皇太子居住的慈庆宫，将守门太监打伤后被内侍抓获。案发东宫，举世震惊。万历皇帝得奏后，命将案犯交近处法司先行审问。

负责首先审理此案的是巡皇城御史平湖人刘廷元，讯问得知，“犯名张差，蓟州人。止称吃斋讨封，语无伦次。按其迹，若涉疯癫。稽其貌，实系黠猾。请下法司严讯”（《明史·王之寀传》）。首讯如何，可决定案件的走向，刘廷元认为张差有疯癫嫌疑，建议进一步法司严加讯问。刘廷元是否在首讯时问出更多实情，又隐瞒了实情，无从得知，但向上汇报之言多模棱两可，按温功义先生在《三案始末》中的说法，应属“官场应付公事的惯技”。其他也有人指出，“廷元之倡为若说者，无心为国是，而有意保身家者”（［清］陆圻：《纤言·张差梃击》）。

接下来，案子转到了刑部。由刑部山东司郎中平湖人胡士相、员外郎赵会祯和崇德（桐乡）人劳永嘉会同审理。会审得到的情况一如刘廷元审讯所指，于是拟出了“按律当斩，加等立决”的奏稿定本（《明史·王之寀传》）。由于“梃击”一案案情重大，时人皆认为有主谋指使，以郑贵妃及其父亲郑国泰嫌疑为重。因此，在胡、赵、劳等人稿本还未奏上时，群臣就纷纷上奏要求严惩幕后主使。刑部也有人认为胡、赵、劳与刘廷元等都是浙人，而且胡士相又是刘廷元的姻亲，有互相串通包庇、草率断案之嫌。

于是，刑部提牢主事王之寀等人决心查个水落石出。五月十一日，王之宷利用入牢散饭的时机，到张差那里私诘其实，以“吐实与饭，否则饿死”相胁，结果得出了惊天内幕。张差交代：他是马三舅、李外父使来到京，跟随一名叫不出名字的太监，说事成会给他几亩地，让闯一下，遇人就打死，打死了人后也会有人来救他；所以就拿着太监给的枣木棍，从后宰门闯到宫门，结果被抓。王之宷把张差的话记录了下来，并且认为张差“不癫不狂，有心有胆”，具成揭贴让刑部侍郎张问达代为入奏，希望在文华殿前朝审，或交由“九卿科道三法司会问”。根据这一新出现的情况，刑部再次由胡士相、劳永嘉、赵会祯、陆梦龙、傅梅、王之宷及邹绍光七人会讯，逐渐问出张差的目的就是“打小爷”（《明史·陆梦龙传》）。但胡士相等人不想推翻原有结论再审讯下去，催促张问达上疏请旨，认为上疏一定会被皇帝留中，那么其事情就可以过去了。事实上，万历皇帝确实将追问此事的各种奏疏全部留中不问，也不予批示，就这么拖在了那里。

刘廷元眼看事情越闹越大，也复请从速查检诸疏，下法司讯断。御史过庭训（平湖人）也上奏指出：“祸生肘腋”，事情发生在皇帝眼皮子底下，不容不问。结果万历皇帝同样不给批示。过庭训遂移文蓟州调查张差的情况。蓟州知州戚延龄很快回文，说张差确实是个疯癫，是因为郑贵妃遣太监建佛寺，张差卖薪卖田与太监做生意，结果被当地人烧掉了他的炭薪，控诉不成后成疯，持着木棍欲告御状。这下似乎印证了刘廷元等人之前的讯问。但仍然有人认为，这是郑贵妃等人四处活动、行贿戚延龄的结果。

五月二十一日，刑部主政者张问达接受陆梦龙等人的建议，令刑部会十三司司官胡士相、陆梦龙、邹绍光、曾曰唯、赵会祯、劳永嘉、王之寀、吴养源、曾之可、柯文、罗光鼎、曾道唯、刘继礼、吴孟登、岳骏声、唐嗣美、马德沣、朱瑞凤等再审。其中又有两位嘉兴籍人物出现，岳骏声为嘉兴人，马德沣为平湖人。这次讯问的结果更令人震惊。张差供认了马三舅（名三道）、李外父（名守才）的真名，并且指出了那个不知名的太监实为庞保，去过的宅子就是内侍刘成的住宅，还指出他的姐夫孔道也是一个同伙，所谓小爷就是太子，甚至还交代出了郑氏在家乡以红封教敛财的事情。这下案情大白，于是刑部行文至蓟州道，提马三道等，上疏请法司提庞保、刘成对质，而给事中何士晋与首辅方从哲等亦俱以为言，上疏要求究查。万历皇帝一看此事确实压不下去了，就下谕究主使，会法司拟罪，随后再次下谕，令“严刑鞫审，速正典刑”（《明史·王之寀传》）。

事已至此，郑贵妃坐不住了。那庞保、刘成都是她的执事太监，一旦提审，后果实难预料。于是，她三番五次向万历皇帝求情，要求替她做主摆平此事，后来又到太子那里哭诉。太子惊恐于事情变化太快，就拟旨要诸臣不必纠缠此事，可这一招好像也不顶用。万历皇帝见此，便结束了25年不上朝的习惯，自己出面把首辅方从哲及诸臣召集到慈宁宫，把皇太子和三个皇孙也都叫过来，先是责备群臣不该借机离间他们父子，又下令处置张差、庞保、刘成，无他及。因执太子手曰："此儿极孝，我极爱惜。"既又手约太子体，谕曰："自襁褓养成丈夫，使我有别意，何不早更置？"意思就是说，如果我要废太子，就不会等到现在了，这纯属廷臣多事。太子也表态，"疯癫之人宜速决，毋株连"（《明史·王之寀传》）。第二天，张差被处死。又过了十几天，庞保、刘成也在内廷被处死。朱常洛最终也登上了皇位。

按常理，皇帝的家事，皇帝自己都不去追究了，那么这案子就算结了。

下

按下"梃击案"及其后"红丸案""移宫案"的后续故事不表。现在，让我们来梳理一下嘉兴人在"梃击案"中的言行和角色，在法治史上研究样本意义。

首先，有一个疑问，为什么有那么多嘉兴人牵涉到了"梃击案"？是一时的偶然，还是有官场奥妙？据史料记载，直接参与"梃击案"的有上述六位嘉兴人，包括御使二人、刑部四人，尤其是刑部四人都还是刑部十三司的司官，显示了万历后期刑部的人员结构中嘉兴人占有一定比例的事实。这应该是随着科举业发达，嘉兴人把科举入仕作为走入官场、获取功名重要途径的一个结果。据统计，嘉兴在明一朝共有进士666人（含武进士27人）。这些进士除了外任地方官员之外，有相当一部分人员在朝为官，其经历刑部、都察院、大理寺任职三法司职的概率也高。再者，嘉兴人也确实表现出了明法尚治的治政传统。明一朝，嘉兴一共出现了十位刑部尚书、南京刑部尚书，甚至出现了正德初刑部、南京刑部尚书相继为嘉兴人的盛况，这在嘉兴人任职六部尚书职位中蔚为奇观。此外，还出现了一些世代有刑曹官员任职的刑曹世家，如平湖的刑部尚书屠勋家族、陆杲家族以及参与“梃击案”的马德沣家族等。其中，马德沣本人曾任刑部郎中，马德沣子马嘉柱也历任刑部江西司主事、进员外郎；马德沣之孙马绍曾累官刑部左、右侍郎。再加上一些由同乡提携后进的地域人情照顾因素，嘉兴人在明朝三法司任职人员保有一定比例，也并不让人感到十分意外。因此，“梃击案”牵涉到大量嘉兴官员实属偶然，但也有一定应然成分在内。

其次，嘉兴人在“梃击案”的角色有待客观分析。嘉兴人在“梃击案”中的抢眼之处在于审理过程中的官官相护。《明史·王之寀传》记载：郎中胡士相等，主疯癫者也；堂官张问达，调停疯癫者也。寺臣王士昌疏忠而心佞，评无只字，讼多溢词。堂官张问达语转而意圆，先允疯癫，后宽奸宄。劳永嘉、岳骏声等同恶相济。张差招有“三十六头儿”，则胡士相搁笔；招有“东边一起干事”，则岳骏声言波及无辜；招有“红封票，高真人”，则劳永嘉言不及究红封教。清初计六奇的《明季北略》等笔记甚至记载有劳永嘉、岳骏声、胡士相等人在红庙收受郑国舅巨额贿赂的事情。鉴于嘉兴人在此案中的形象不佳，后人也大多因嘉兴属浙江地域的原因，将此案中的嘉兴人都归入浙党行列而诟病。但事实上，嘉兴人在此案中也体现了应有的独立品格。如刑部郎中马德沣就支持陆梦龙、王之寀等人。在张问达再令十三司会审时，“差供逆谋及庞保、刘成名，一无所隐。士相主笔，踌躇不敢下，郎中马德沣趣之。永嘉复以为难。梦龙咈然曰：‘陆员外不肯匿，谁敢匿？’狱乃具”（《明史·陆梦龙传》）。马德沣利用同乡的身份催促胡士相下笔，毫不留情面。而前文中未出现的嘉善人钱士晋时任刑部福建司主事，对于张差疯癫一事也不肯署名认定，差点被排挤遭迫害，赖其兄状元钱士升的关系才得免。因此，若将嘉兴人全部归结为浙党并不确切。嘉兴人在“梃击案”中既表现出了朝臣门户之争背景下的集体自保和维护皇家颜面的委曲周全，也表现出了秉持正义的独立人格和维护司法公正的履职责任。

再次，多名嘉兴人在“梃击案”中的同时参与也反映出了明代司法官员回避制度的漏洞。历朝历代为加强中央对地方的控制，实行一定程度的亲族回避、籍贯回避和职务回避等制度。明朝在司法审判领域同样实行官员回避制度。明洪武元年（1368）颁布的《大明令》就规定："内外管属衙门官吏，有系父子、兄弟、叔侄者，皆从卑回避。"不管中央或地方官员，只要有父子、兄弟、叔侄三种关系，统属一个部门或在同一地区任职，概由职位低的官员回避职位高的官员。洪武朝之后，虽然对回避制度有了进一步完善，但仍然没有明确规定姻亲关系要回避，这就给一些官员为求增强影响或自保而通过姻亲关系进行勾连提供了空间；同时，这里也没有对前后审次（级）的官员实行籍贯回避制度作出规定，为可能涉及利益交换的案件移送、移交埋下了司法寻租的楔子。这些虽然在普通案件审理过程中不常见，却在"梃击案"中集中暴露了出来。"梃击案"一审由刘廷元负责，刑部初审由胡士相主导，而胡士相是刘廷元的同乡兼姻亲，虽然在"梃击案"中本不需回避，但由于两人立场相近，难免让人感到蹊跷和怀疑。

第四，刑部安排那么多嘉兴籍的人士参与审理，可能还有不得已的原因。万历朝后期，万历皇帝怠政，不朝、不见、不批，对于朝廷官员出现空缺，大多不予置否，任其空缺，造成朝廷中枢机构近于瘫痪。在"梃击案"发生前后，"六部堂上官仅四五人，都御使数年空署，督抚监司亦屡缺不补。……诏狱囚，以理刑无人不决遣，家属聚号长安门。职业尽弛，上下解体"（《明史·方从哲传》）。“梃击案”发生时，刑部即缺尚书一职，只能由刑部左侍郎张问达署理。在这种情况下，刑部只能将就着使用现有官员，哪里还管得着去完善回避制度，能够把案件查清、有个了结已经算不错了，何况还是涉及皇帝自己家里的案件。若不是当时党争激烈，也许当时一些官员的敷衍塞责，就这么稀里糊涂地让事情过去了。

最后，值得一提的是“梃击案”的后续发展。“梃击案”与其后来发生的“红丸案”“移宫案”一起合称“明末三案”。到了天启朝，在魏忠贤主导下，阉党汇编了《三朝会典》，企图以“三案”翻案为契机打击那些在这些案件中抨击、阻击后宫干政的文人官员，甚至编制了《东林点将录》等迫害名单。随着阉党的倒台，那些在“梃击案”中站在皇权（包括皇党、后党）立场上的在朝嘉兴人中，有多人被列入了阉党行列。如刘廷元、岳骏声等参与“梃击案”者，列入以“交结近侍又次等论徒三年输赎为民者”。但由于崇祯打击阉党一开始颇有意气用事的成分，有打击面扩大化的嫌疑，随后又有反悔，延阉党余孽阮大铖当政时掀起逆党翻案之风，逐步平反了一些阉党人物，刘廷元、岳骏声等人俱在此列。这显示刘、岳两人虽名列阉党，但从其参与阉党活动的介入程度、危害朝政程度来看，远非阉竖集团骨干。而同时参与“梃击案”的嘉兴人中，或不附阉党者，或以外任免受牵连。胡士相在外任地方官员时，拒建魏忠贤生祠，也体现了不附会阉党的独立人格，要知道当时边防重臣袁崇焕也是积极建魏忠贤生祠的代表。而一直关注“梃击案”的过庭训曾把“梃击案”矛头指向了万历皇帝，也颇让人感到意外。光绪《嘉兴府志·过庭训传》谓其“梃击事起，疏清笃慈孝以绎乱萌，又以廷臣门户相攻，极陈其弊略，曰：诸臣章奏，是非公私，一检发可立辨，惟因一概留中，混无所别，酝酿至此”。这也是我们在重新审视嘉兴人在“梃击案”中的角色时所不能忽略的。

三百年“争田案”官司

撇开历史上那些笔墨官司不谈，一场真正的官司能够打到百年以上，绝对是中国法治史上的奇葩。在嘉兴，有一场前后打了300年的官司，历经明清两朝，堪称历史之最，未闻出其右者。那就是嘉兴府嘉兴、秀水、嘉善县三县“争田案”。自明朝万历九年（1581）开始，至清朝康熙年间，共九次结案，其中明代共五次结案，分别在万历十三年（1585）、万历二十六年（1598）、万历三十一年（1603）、万历四十二年（1614）、崇祯四年（1631），清代四次结案，分别在康熙十年（1671）、康熙三十年（1691）、康熙三十八年（1699）、康熙四十六年（1707）（清代结案数按刘文华：《清代嘉兴府争田述论》），最终影响到清朝同治年间，俨成公案。

二

这官司的源头在于明宣德年间的嘉兴析县。明初，嘉兴府仅有嘉兴、海盐、崇德三县。宣德四年（1429）时，大理寺卿胡概巡视嘉兴府，以当地“齿众、赋繁、地广”为由奏请划分增县。宣德五年（1430），析分嘉兴府城之西伍福等乡为秀水县，县治附于府郭；析嘉兴县东北境的迁善等六个乡的部分都、里设立了嘉善县。但与其他地区“分土分民”来分县的做法不同的是，嘉兴府是“按籍分民，随民分土”的政策来析县的，有几个乡被同时辖于两县以下，导致嘉兴、秀水、嘉善三县许多接壤地区有不少你中有我、我中有你的“嵌田”“错壤”，形成了此后官司的诱因。

这种“嵌田”和“错壤”在明朝并不鲜见，不仅嘉兴府所属嘉兴、秀水、嘉善三县有，而且平湖、海盐、崇德等县也有，其他外地也十分常见。广东按察司佥事曾鼎在宣德八年（1433）的上奏中曾指出，“今广东、浙江、江西等处寺观田地多在邻近州县，顷亩动以千计，谓之寄庄，止纳秋粮，别无科差。……又有荒废寺观土田报为寄庄，收租入己，所在贫民无田可耕且多差徭，而僧道丰富，安坐而食”（《明宣宗实录·宣德八年三月甲寅条》）。对于这种情况，明朝法律设计了寄庄制度来解决，如“（洪武）二十四年，令寄庄人户除里甲原籍排定应役，其杂泛

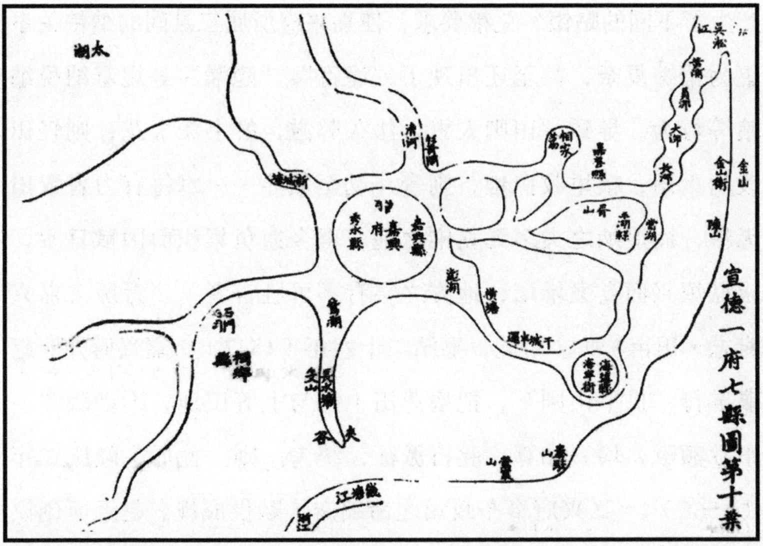

嘉兴府全境图 《万历嘉兴府志》

差役皆随田粮应当”（《大明会典·户部七》）。即规定寄庄田土的税粮和杂泛差役由寄籍所在县征取，而里甲正役则按人户原籍地的里甲次序应役。对于这个问题，嘉兴府所属三县则采取了一种惯例来解决这一问题，即允许人户就两县间的错壤，比较税则高下，相互贴银，通过私下暂时让渡产权来就地纳粮当差。从宣德五年（1430）到万历九年（1581），约150年间，嘉兴三县就一直在执行这种正式法律之外的土政策，倒也相安无事。

但是由于嘉兴民田多，田则较轻；嘉善官田多，田则较重；而秀水官民田相当，所以田则处于两者之间。这种田则的不同，导致了三县不同地区“错壤”之间，进而不同肥力土地之间，都产生了不同的贴银、兑粮要求，使嘉兴府所属三县间的纳粮关系更为错综复杂，甚至还出现了“诡寄”“隐漏”等规避纳税纳粮等行为，导致“田则太繁，法久弊滋，奸书派金花，则轻田改为重田；粮里收白粮，则壹斗勒至数斗……每每有力者置田无粮，而追纳之夫多无立锥之地。至今逋负累积而国赋日亏，讼狱烦兴而卷案堆堵，地方之害有不可胜言者”（万历《嘉兴府志·田亩》）。对此，嘉靖二十六年（1547），嘉兴府知府赵瀛推行“扒平田则”，把瘦薄田土配与上等田地，不动版图，不亏额赋，均一扣算，验亩派征，统为一则。此后，隆庆二年（1568），嘉兴府奉布政司之命编定了赋役成规。赵瀛所创议的“扒平田则”，不但在当时得到了中央政府允准在嘉兴府推行，而且在整个江南地区也产生很大影响，出现了一场“扒平田则”的运动。嘉靖四十四年（1565），浙江巡按庞尚鹏创立条鞭法，“岁计杂费该银若干，随粮征发，民甚便之”（万历《嘉兴府志·赋役一》）。这些制度创新进而成为以后“一条鞭法”的先声。万历六年（1578），张居正主持了全国土地的重新丈量，开展大规模的田亩统计，重新编定黄册和鱼鳞图册；万历九年（1581），张居正通令全国推行“一条鞭法”。“一条鞭法者，总括一州县之赋役，量地计丁，丁粮毕输于官。一岁之役，官为佥募。力差，则计其工食之费，量为增减；银差，则计其交纳之费，加以增耗。凡额办、派办、京库岁需与存留、供亿诸费，以及土贡方物，悉并为一条，皆计亩征银折办于官，故谓之一条鞭”（《明史·食货志》）。

由此，嘉兴三县的“争田”公案拉开了帷幕。

初始，嘉善县在万历九年（1581）进行清丈，由管丈总书杨翱和算手山昆负责。在清丈期间，杨翱为图功绩，先行开报田数；但后来根据二十区区总造来的册籍，全县总田地比额数有亏空，且一时还无从查对，只好作了“权宜酌处”，每丈实田一亩，加田若干以补足原额。

嘉兴、秀水两县同样遇到了麻烦。先是嘉兴县以短弓丈量，积余达数万亩；后又令按标准弓丈量，结果田亩数又缩小；当年又查出金圻欺隐田地达1365亩，震动整个嘉兴府。秀水县则丈出亏空田地6000多亩，于是临时将运河演武场及一切寺院间旷等项补足亏数。

由于各县土地田数涉及漕粮赋税，而嘉兴赋漕“天下赋江南居十九，浙东西居江南十九，而嘉禾半之，浮巧之役名，积重难返”，又谓“江南之赋浙为重，而全浙独浙西有漕，漕独嘉兴为首，全浙夏秋两税共米二百五十一万二百九十九石，……（嘉兴）一郡当全浙之半也”（［明］文德翼：《均徭役》《严漕兑议》，转引《嘉兴市志》）。故而自称“全浙之税莫重于嘉郡，而嘉郡之税莫重于嘉善”（［明］章士雅：《正疆界议》，万历《嘉善县志》卷四十四）的嘉善便将本县亏田原因归结为嘉兴、秀水两县的欺隐，要将亏田之数税赋相与推去。

对于这次争执，三县都将原因归咎于他方，一时也难以查清。到了万历十年（1582），按嘉兴府贴文，通县田地除全额不丈外，应清丈的地方都进行了清丈。为保证国家赋税不失原额，避免引发更大的滋扰，各方妥协选择以万历八年（1580）未清丈以前的旧册为准，照旧征输。后经万历十三年（1585）奉文摘查改正，万历十六年（1588）知府龚勉奉旨勒碑。

二

万历二十六年（1598）十二月，嘉善里老吴旃、殷仕等人再次向有关院道告亏田三万亩。嘉兴县粮里施於国等人也为嘉善假公以济私贪之名联名向嘉兴府呈词。于是经三院批复，准许兵巡道牌行嘉兴府，转委同知朱邦喜、通判曹维藩、推官王养俊及海盐李当泰、平湖林梦琦、桐乡谢谏四知县，会同嘉、秀士夫、举监、生员、耆民等人，与嘉兴郑振先、秀水邓美、嘉善邓心纯三位知县一起，于万历二十八年（1600）正月初一，调来分县版图、碑额、志记、历年推收册籍底簿，履亩查实田地。经会勘，因嘉善粮里在万历十三年（1585）请复旧额后不到一年又用新册，导致争论再起，而万历二十七年（1599）地方政府的迁延耽误又激起了嘉兴、秀水士民之争，所以现在仍应当遵循旧额并以万历八年（1580）实征为主，如有不明之处就参照隆庆五年（1571）大造的黄册或万历十三年（1585）知府龚勉申呈嘉善照旧额办粮的征册。这一勘议得到当地官民的一致通过，嘉兴府就将结果通告全府。万历二十八年（1600）二月经三院详批的“嘉、秀、嘉三县田粮碑记”勘定。同月，三院两司各道并府县对嘉兴、秀水、嘉善三县田地作出的公同酌议被立石刻碑，永为遵守。

由于相关问题没有得到真正解决，时隔不到三年，万历三十一年（1603）争端再起，解决程序也大体如上次，由嘉兴府官员与海盐、平湖、桐乡、崇德等四县令和嘉兴、秀水、嘉善三县令一齐到府城的城隍庙，再次找来府县志书及各项田籍备查。解决结果也跟上次一样，只有复旧额的方法符合三县士民的共同要求，仍照万历八年（1580）以前实征册额征输，暂时平息事端。

万历四十二年（1614），嘉善俞汝猷等人再次提出“争田”事由。万历四十五年（1617）四月，钦差分巡嘉湖道金事王钟岱与知府庄祖诲下令嘉兴知县刘余佑、秀水知县林闻诏、嘉善知县吴道昌会同三县乡绅齐集府城的城隍庙，秉公评论三县田粮问题。五月初六日，有数百嘉善人呐喊着闯入府堂，冲击巡道辕门，其中以俞汝猷、郭文翰、孙昌祚、吴德贤、孙大吕、金声扬等为首一干人员在道府衙门“鼓噪”不能如愿后，到秀水乡绅岳元声家，打毁门匾、桌椅等物，形成民间抗争的一次高潮。经此，道府加快了核查进度，结果又发现，万历四十二年（1614）

两方互查之时，郭文翰、俞汝猷等人将本县鱼鳞图册中的嵌田部分统统割去，更使嘉善部分的嵌田追查变得不可能，也失去道义上的制高点，俞汝猷、郭文翰等人因此受到了处罚。而王钟岱与庄祖诲则相继提出“乞休”与“休致”，林闻诏等虽履职不到十日，也被迫上文请求罢职。“争田”会勘之事不了了之。

其后，嘉善县民称天宁寺僧陈玄灯（曾多年充当秀水粮长）等隐藏田粮有三万三千多亩，在嘉善有田而嘉兴无收，由此突然挑起争端。当时嘉兴、秀水两县百姓胡文等人恰解运白粮到京师，听闻嘉善县民进疏上告，也在崇祯四年（1631）九月初二日具本上奏，详述“错壤碑勒”的原因及民间鼓噪事件的始末，认为“争田”事件在万历年间四次公勘结局，错壤几乎已成历史事实而很难变更，对田粮之争则要求下旨查册、丈田，以期“绝觊觎”而息争端。在当年九月，抚按即奉旨进行查勘。

事实上，造成三县亏田的原因是非常复杂的，既有宏观上随着土地兼并、地方兑粮、换田之类做法盛行，使明代中期之后的黄册、鱼鳞图册制度逐渐崩溃的原因，也有清丈细节上，以圩为单位的田土疆界划定做法的瑕疵。以秀水县籍编修黄洪宪为例，其在万历九年（1581）丈量之前就有祖遗田460余亩坐于嘉兴，自嘉靖三年（1524）以来就办粮于秀水，“万历九年清丈，缘田界两县，犬牙相连，以致彼此推调，失于报知，及业户自行首明，嘉兴顾候丈明，照旧归会秀水办粮”（［明］黄洪宪：《与秀水郭中尊论田粮积弊书》，崇祯《嘉兴县志》卷二十三），至崇祯年间，黄洪宪之子、福建巡抚都察院右副都御史黄承玄，同弟凤阳府推官黄承乾、都察院御史黄承昊向秀水县令申明本户田粮来历，称有先世遗田坐落嘉善者共1600余亩，包括了“嵌田”和“错壤”两种情况，分属嘉善和嘉兴、秀水的原额，其中在嘉善办粮者991亩，在嘉兴、秀水办粮者646亩。在后者的600余亩田中，除先前卖主年远无存者242亩外，有244亩系与嘉善杨岑户兑田，又有170亩与嘉善潘继、马孙、蒋谱等九户兑田（《附黄乡宦辩揭》，崇祯《嘉兴县志》卷九）。这足以说明三县间田粮归属本身情况之复杂。而丈量的人为失误，同样错综复杂，“查得万历九年奉文丈量，嘉善图长有稔知田在嘉善粮在嘉秀而丈入两县者，有不知而误丈入嘉善者，有明知而故丈入嘉善者，有失报而并丈入嘉善者，有错报而误丈入嘉秀者，有妄报而故丈入嘉秀者”（［明］王儒：《三县关会田粮七辩》，崇祯《嘉兴县志》卷九）。

在这种情况下，三县都不能通过完全清丈或者矫正疆域等措施来解决问题。在明朝争端过程中，三县的乡宦积极参与“争田”之中，并形成两个影响力强大的对立集团。嘉兴、秀水以岳元声、朱国祚、王儒为代表，嘉善以丁宾、钱士升、魏大中、钱继登为代表的两大对立集团，势力相当，争持不下。看一下万历《嘉善县乡官公揭》署名者就有：南京工部尚书丁宾、翰林院修撰钱士升、兵科给事中李奇珍、原任河南道御史顾际明、拟授四川道御史魏廷楠、都察院经历毛尚忠、刑部福建司主事钱士晋、南京吏部验封司主事计元勋、兵部车驾司郎中庄则孝、刑部山西司主事陈国是等26人（光绪《嘉善县志·土田》）。各方势力的分量旗鼓相当。更严重的是，乡宦集团主导了“争田”的过程，地方官员深感无能为力，这也是明代后期三县“争田”屡次勘定结案却仍屡起争端的重要原因之一。

三

到了清代，清廷为稳定在江南的统治，采取一系列政治、经济上的极端措施整治士心，比如，在政治上打击明末盛行的文人结社，在经济上严惩偷漏赋税行为，在顺治年间发生了“哭庙案”“江南钱粮奏销案”等事件，“凡绅衿欠粮者，无论多寡，一概奏请褫革，名曰奏销”（［清］顾公燮：《丹午笔记·哭庙异闻》），江南士人乡绅集团就此被统治者打击瓦解（范金民：《鼎革与变迁：明清之际江南士人行为方式的转向》）。在这一背景下，清代嘉兴府的“争田案”固然有所风波反复，但其方式已经发生了明显变化，清廷各级政府在“争田案”中占据了绝对的主导地位，在争端引起方式上也趋向理性。

康熙三年（1664），清廷着令全国土地清丈。嘉善县因“清赋平役新书，其时丈量初法颇严，后因原额多亏，复令照旧圩额抄册报部”（光绪《嘉善县志·土田》）。原额即为万历年间原额，但在康熙五年（1666）上报的清丈册上，又写入“互嵌田粮”事项。于是，户部在康熙七年（1668）驳咨浙江巡抚蒋国柱，由其行文各县，要求更定疆界，但实际并没有执行。这里也不计入案件审理次数。

康熙十年（1671），嘉善县令莫大勋“悯善民赔粮之苦”，“将善田清丈核查，凡各区圩嵌入兴、秀完粮之田尽行查出”，请求将嵌田归还嘉善。加上康熙十二年（1673），因接连收到嘉善、嘉兴、秀水县士民的呈词，浙抚、布政司、嘉湖道批示嘉兴府转行三县清查。三县清查结束后，会合详称：“各无欺隐，额赋无亏。相应遵宪各照旧完粮，其嵌田亦各照现在征输，永为遵守。”对此答复，浙江布政使及布政司并不满意，要求查明“秀、善县士民陈舜荐、顾仁等具控一田两征”等事宜。嘉湖道也提出异议，“三县嵌田，官吏纷争已久，今照旧归正，民间犹有讼者。未可以控吁在先，仅取一回呈详结也。仰府即提陈舜荐等亲讯，确供具详”（康熙《嘉兴府志·田赋下》）。要求从程序上处理相关县民具控。三县回复，将陈舜荐等“详加确讯，据各口供，互换归正亩数相符，俱在原额之中，各无重征之累”。布政司随后定案：“今三县公同清查明晰，各照原编归正，亩数亦即相符，在国课之定额曾未稍亏，而里民之征输复无重累。”

并敕行三县勒石，各照旧额，严禁互换。转了一圈后，嘉兴、秀水、嘉善三县田粮税赋又回到原额。问题依然存在。

康熙三十年（1691），清廷颁行直陈东省事例，要求清查欺隐。嘉善知县徐现麟将嵌田一事禀报给督抚，总督兴永朝委令李通判督同三县县令查对册籍，在这年七月二十七日，在嘉兴府精严寺开局连对十日，据说“其时欺隐已尽查出，藩司马如龙详请将漏粮田12000余亩归还嘉善”（光绪《嘉善县志·土田》），不过巡抚张鹏翮批示再确议，后来总督兴永朝升任，此事又不了了之。

再后来的两次结案都是“钦案”。

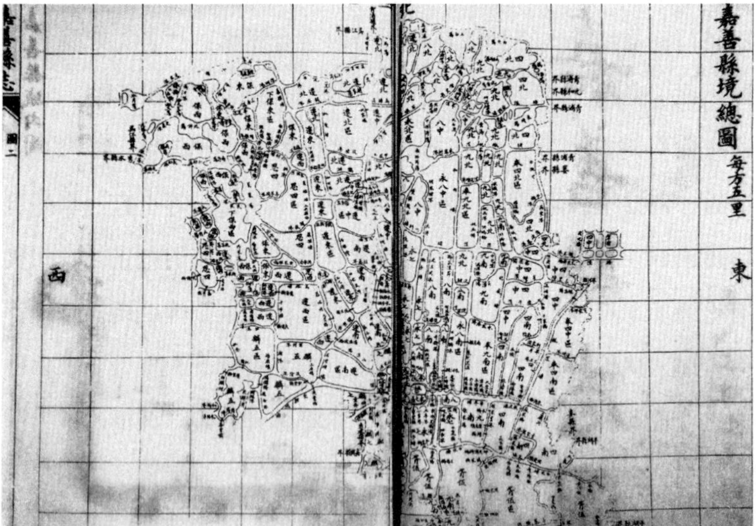

嘉善县全境图

清康熙三十八年（1699）三月三十日，康熙帝南巡到嘉兴，嘉善县民张履绶携田地册籍，为澄清三县田赋、归正隐田等事伏路叩阍，圣祖准奏。康熙四十年（1701），浙江上报三县田地比照旧额，均有缺额，建议将丈量缺少田地的钱粮均匀加派在丈量现存田地之内，以足课额。对此户部进行驳回和质疑。康熙四十四年（1705），浙江巡抚再查上奏，康熙皇帝同意了户部"各照疆界各归坐县完粮"的意见，但嘉属三县执行好像无所成效。

康熙四十六年（1707）三月二十九日，嘉善县民姜熊、薛成又乘康熙帝南巡之机，至嘉兴将同样要求告御状，奉旨准奏，要求嘉兴府会同嘉兴、秀水、嘉善三县士民复丈，丈量结果是嘉善缺额田地23985亩，嘉兴缺额田地18516亩，秀水缺额田地16040亩，与前两次丈量结果基本相符，所以户部及浙江地方政府"始信三县各有缺额，各有嵌田，并无隐占徇情等弊"，但是处理结果仍是"将三县缺额之地各自补足原额完粮"（光绪《嘉兴县志·田赋下》）。"争田案"又一次回到了原点。

经历了那么多次"争田"的官司之后，屡次掀起案件波澜的嘉善县官及士民终于明白，无论事实上田额缺漏多少，国家的税赋始终是不能少的，即使在体制内、在程序上可以一次次地复勘、清丈土地，最后也只能自己想办法补足原额。此后，嘉善开始改变策略，从乾隆年间起到同治的近百年时间里屡次请求豁免虚粮。不过，每次都被户部以国课不能亏缺而予以拒绝。直至太平天国起义之后的同治年间，江南地区生产经济遭受巨大的战乱破坏，在江南减赋的大背景下，才免除了嘉善县的虚粮。

在明清两代嘉兴府的“争田案”中，嘉善县始终自认为利益受损严重、是“争田案”最为积极的一方。但九次成案，每次兴起的理由各不相同，挑起的方式也多种多样，政策变迁、官员上奏、士民告官、群体事端、告御状等，不一而足，结局却几乎是一样。在这样周而复始的循环中，中央政府的赋税足额成为解决纠纷的最高准则和不可挑战的权威，地方政府在官僚体制内的博弈中更多表现为公文往复和利益妥协。无论上下级官员们以怎样职责担当或委蛇敷衍的行为表现，三县士民都只能在沉重税赋的压迫和不合理的制度设计框架下承受利益被剥削的结果。

文字狱案连祸嘉兴

文字狱是中国古代统治者为加强思想文化控制、钳制异己士人力量、广事迫害、株连无辜的反动措施，在明清两代尤为突出。江南是清朝文字狱的重灾区，而嘉兴更是重中之重，在清初屡遭文字狱之祸而不能幸免，相继有康熙朝的庄廷鑨《明史》案、雍正朝的查嗣庭案和吕留良案牵连，致百姓噤声、生灵涂炭。庄廷鑨《明史》案、吕留良案和戴名世《南山集》案一般被认为是清初三大文字狱案。这样，吕留良案为一件，庄氏《明史》案可算半件，嘉兴一地就占了清初三大文字狱案的一件半，加上查嗣庭案等，影响不可谓不深远。而且，对于嘉兴的文字狱案历来传说纷纭，如查嗣庭案涉及"雍正无头"预兆，吕留良案涉及吕四娘刺杀雍正、导致"雍正无头"的故事，经民间传说、武侠小说等文学渲染，愈发扑朔迷离。

一、庄廷鑨《明史》案

顺治年间，双目皆盲的浙江乌程（属湖州）富户庄廷鑨玩了一把任性，效仿同为盲人的左丘明著史留名，买来明天启朝大学士朱国祯的《明史》遗稿，延揽江南一带有志于纂修明史的才子吴炎、潘柽章等十六人加以编辑，增润删节，又补写崇祯朝和南明史实，署上了自己的名字，由其父亲庄允城于顺治十七年冬（1660）将此套《明史钞略》（也名《明书辑略》，以下简称《明史》）刻成发行。书凡一百余卷，仍尊奉明朝年号，不承认清朝正统，还提到了明末建州女真的事，直呼努尔哈赤为“奴酋”、清兵为“建夷”。这些，皆成了后来引发文字狱案的把柄。

顺治十八年（1661），被罢官的归安县令吴之荣将这套书告发，湖州知府陈永命因收受了庄允城数千金的贿赂，拒不审理。吴之荣又向浙江将军松魁告发。松魁移命巡抚朱昌祚处理，朱昌祚又转交督学胡尚衡办理。庄氏遂向胡尚衡行了重贿，将书中指斥清人的文字修改重刻。吴之荣又找到初版直接告到北京，由刑部立案追究，掀起大狱。同时，吴之荣又诬称南浔富人朱佑明是《明书辑略》中所指“朱氏原稿”的本人，公报私仇，牵连无辜。康熙二年（1663），凡《明书辑略》作序者、校阅者及刻书、卖书、藏书者并一干地方官吏均受牵连，被处死者达70余人，充军边地者数百人，妻女均发边为奴。时庄廷鑨已死，被掘墓开棺焚骨；其父庄允诚入狱病死，其弟庄廷钺伏诛。

为一部史书大动干戈，清王朝统治者想的就是确立在史书中的正统地位。明末清初，有不少江南文人有志于私著明史，如著名学者黄宗羲、顾炎武、王夫之、万斯同、全祖望、谈迁等。这些史家的著作多奉明朝为正朔，在社会上形成了较大影响。如海宁人谈迁从天启元年（1621）起费六年时间著《明史》一稿，在全稿于顺治四年（1647）被窃后，谈迁又发愤重写，以前后30余年精力，访问前朝遗老、皇室、宦官、降臣等，阅读公家档案，终撰成《国榷》一书。谈迁在《国榷》中署名“江左遗民”，表明仍不肯承认清朝正朔，书中也对清朝颇多贬责，与朱氏原稿类同。而涉及庄氏《明史》案的另一个海宁人查继佐后来也牵涉到明史修撰问题，对清的态度与庄氏、谈氏近似。这显示民间明史修撰中奉明贬清绝非个案，清王朝统治者显然对此颇有警觉。扼制这一史学潮流，争夺历史话语权，成为清廷的必然选择。顺治二年（1645），清廷即下诏官修《明史》，但实际进展缓慢，成效甚微；转而打击私著明史，却是立竿见影，借庄氏《明史》案而杀一儆百。

庄氏为显《明史》声望，附攀不少名士列入编校。海宁人查继佐（字伊璜）就这样躺着中枪，因与同邑范骧等人名列庄氏

《明史》参校而受到牵连。查继佐被捕入狱后，幸经友人多方营救，才得免死；后又与范骧等人因告发有功，无罪开释。这里有两点值得稍费笔墨，一是关于谁人营救？一般认为查继佐等人是两广总督吴六奇曾受查氏馈赠而报恩所救。但在查继佐弟子沈起所著《查继佐年谱》里，认为查继佐是受曾任潮州提督的陆晋所救。陆晋落魄时曾受查继佐救助，后人将此事附会到吴六奇身上，遂以为吴六奇所救。二是如何告发？有人以为庄廷钺《明史》案主要由查继佐告发，甚至查氏为此得到了庄氏财产。《查继佐年谱》里对告发一事也有涉及，指出查继佐在案发前的顺治十八年（1661）时看到庄氏《明史》后曾投书浙江督学胡尚衡等，中有"倘若犯于所忌，间有非所宜言"等语。《查继佐年谱》所引查继佐日记也有类似信中"语涉鼎革而衡文，不知之乎？他日门户之忧，当与共之，勿谓此日不言，故警"之语（［清］沈起：《查继佐年谱》）。这大约就是告发脱罪的依据了。由于查氏顺手将范骧等人列入投牒名单，也顺便救了范骧等人。此外，或许考虑到案发时康熙皇帝冲龄上位、没有亲政，清朝统治者在庄氏《明史》案中对湖州郡外人士网开一面、昭示厚德。总之，查继佐还是幸运的。

当时，查继佐已为名士，且已经开始筹备撰写《明书》，即后来的《罪惟录》。据其自序，撰稿时间从顺治元年（1644）开始，康熙十一年（1672）写成，用时二十九年。《罪惟录》取材来源，一部分采自明纂国史和实录；一部分是作者自身所经历明末史事，如在明末鲁王府中经历，甚至有可能参考了同在鲁王府共事的黄宗羲所著《续时略》及其父亲黄尊素的《时略》；再一部分是调查访问得来，即《自序》中所谓“耳采经数千人”所得。综观《罪惟录》这部纪传体明史，查继佐在《自序》中明确表示，自己是明朝人，不是清朝百姓；书中都用明朝年号，直到清康熙三年（1664），仍称永历十八年。南明各主，均列本纪。福王称安宗简皇帝。建文、崇祯两帝谥号，皆从弘光朝所定，不用清廷所谥。对清朝或称“满人”，或称“后金”，或称“建彝”“建虏”，或称“东师”“北师”，绝不称“大清”。按此推理，查继佐不可能主动告发，否则，自己也有可能引火烧身。因此，查继佐所谓告发庄氏《明史》，极有可能是意识到了写史的“门户之见”，是一种事发后借以脱罪的现实选择。

因牵连庄廷鑨《明史》案下狱，查继佐撰《罪惟录》一直不敢示人，藏在夹壁墙里，辛亥革命后始公诸于世。经海宁里人张宗祥等人整理，《罪惟录》定为一百零二卷，含《帝纪》二十二卷，《志》三十二卷，《列传》三十六卷。而谈迁所撰《国榷》同样没有在当时流传，也由里人张宗祥着手整理校订，编为一百零八卷，直至新中国成立后由中华书局出版。这些都是庄廷鑨《明史》案的后话。

二、查嗣庭案

接下来受到文字狱株连的仍然是海宁查氏，为查氏家族中的查嗣庭一支。

查嗣庭（？—1727），字润木，号横浦，浙江海宁袁花人。著名诗人、康熙朝文学宠侍查慎行之弟。康熙四十五年（1706）中进士，选庶吉士，散馆授翰林院编修，得隆科多赏识，累官至内阁学士兼礼部侍郎。雍正四年（1726），出为江西乡试主考官，民间传说以“维民所止”出题，被人告发为“雍正无头”，陷狱病死后又被戮尸枭首，不仅牵连家族无辜受罪，而且影响浙江士人科考，其影响已超出一时一地。

查嗣庭曾主持过两次江西乡试。雍正元年（1723）那次没有引起什么反响。雍正四年（1726），查嗣庭任江西乡试正考官时，首题两道：一是“君子不以言举人，不以人废言”，出自《论语》；二是“正大而天地之情可见矣”，出自《易经》；次题两道：一为“其旨远，其辞文”，出自《易经》；二为“百室盈止，妇子宁止”，出自《诗经》。这里都没有出现所谓“维民所止”之题，大约由次题《诗经》中两句为误。总的来说，这次考试顺利结束，并没有显出什么明显差错。乡试完毕后，查嗣庭离开江西南昌北上返京，孰料刚回到寓所，便遭雍正帝派人查抄。个中原因，雍正帝在上谕里说了个明白：

查嗣庭向来趋附隆科多。隆科多曾经荐举，朕令在内廷行走，授为内阁学士。后见其语言虚诈，兼有狼顾之相，料其心术不端，从未信任。……今岁各省乡试届期，朕以江西大省，须得大员以典试事，故用伊为正考官。今阅江西试录所出题目，显露心怀怨望、讥刺时事之意。料其居心浇薄乖张，必有平日记载。遣人查其寓所及行李中，则有日记二本，悖乱荒唐、怨诽捏造之语甚多。又于圣祖仁皇帝之用人行政，大肆讪谤，以翰林改授科道为可耻，以裁汰冗员为当厄，以钦赐进士为滥举，以戴名世之获罪为文字之祸，以赵晋之正法为因江南流传对句所致，以科场作弊之知县方名正法为冤抑，以清书庶常复考汉书为苛刻，以庶常散馆为畏途，以多选庶常为蔓草、为厄运，以殿试不完卷黜革之进士为非罪，……似此一派荒唐之言，皆未有之事，而伊公然造作书写。至其受人嘱托、代人营求之事，不可枚举。又有科场关节及科场作弊书信，皆甚属诡秘。今若但就科场题目加以处分，则天下之人必有以查嗣庭为出于无心，偶因文字获罪，为伊称屈者。今种种实迹现在，尚有何辞以为之解免乎。……查嗣庭，读书之人，受朕格外擢用之恩，而伊逆天负恩，讥刺咒诅，大干法纪。着将查嗣庭革职拿问，交三法司严审（《清世宗实录》卷五十七）。

按照雍正帝上谕的意思，查嗣庭乡试时出的科场题目确有问题。至于如何不对，雍正帝没有明说。是不是《诗经》中那两句只有“止”而不“正”，未必可知。但雍正帝也知道，如果只凭科场题目来定罪，肯定不会使人信服。所以，雍正帝只是说科场作弊向来非常诡秘，没有直接证据；但间接证据，雍正帝则罗列了一大串，尤其是查嗣庭日记中记载批评时政所言，再加上他是隆科多的党羽，有勾结狼狈之相，因此决意不轻饶他。于是将查嗣庭逮狱。查嗣庭没有等到对他的宣判，于雍正五年（1727）五月病死狱中，但仍被戮尸枭示；其子16岁以上判斩刑，15岁以下遭流放。查嗣庭名下家产也被变现，留于浙江充海塘工程之用。

查氏家族其他人员也受到牵连。首当其冲的是其长兄查慎行，雍正帝大约是念其为父皇康熙的宠臣，其子刑部郎中查克建也为官清正，于是在众臣求情之下，以“年已老迈，且家居日久，南北相隔路远。查嗣庭所为恶乱之事，伊实无由得知”为由，着将查慎行父子俱从宽免，释放回籍。但查慎行已届78岁高龄，对全家入狱的担忧，半年内的狱中折腾，使其郁郁寡欢，南归后才一个多月即病逝家乡。其次受株连的是其二哥查嗣瑮，以76岁高龄与其子查基虽俱免死，但也被流放到人烟稀少的关西，于雍正十一年（1733）九月卒于戍所。

同时，雍正帝将查嗣庭定性为“与汪景祺相为表里”，把查嗣庭与同一时期涉及年羹尧案被查处的浙江钱塘（杭州）人汪景祺联系在了一起。因为汪景祺、查嗣庭都是浙江人，雍正帝认为“浙江文词甲于天下，而风俗浇漓，敝坏已极。如查嗣庭、汪景祺自矜其私智小慧，傲睨一世，轻薄天下之人，遂至丧心悖义，谤讪君上”，另从查嗣庭家中“搜出科场怀挟细字、密写文章数百篇，似此无耻不法之事，不但藐视国法，亦且玷辱科名”（《清世宗实录》卷五十七）。为防止浙江士子因此效尤，雍正帝停止浙江乡试、会试三年，以示惩戒。

不过，将汪、查联系起来，倒也证实了雍正帝打击汪、查的心思，在于打击汪、查背后的年羹尧与隆科多等势力。查嗣庭案发生后不久，雍正帝即对辅佐自己上位有功的隆科多下了手。雍正五年（1727），雍正帝在隆科多与沙俄谈判边境时，以其结党营私并私藏玉牒，立即谴其回京逮捕、抄家；后定隆科多41条大罪遣于禁所。

到了乾隆元年（1736），乾隆皇帝即位后大赦，下令刑部将悬挂在菜市口枭示的汪景祺头骨取下“制竿掩埋”，接着又降旨赦免了被发遣的查嗣庭及汪景祺的亲属。此后，为避免大规模发生以文字罪人之事，乾隆帝听从大臣意见，下令：今后凡告发旁人诗文书札等悖逆讥刺的，如无实迹，一律照诬告反坐；如果承审的法官率行比附成狱的，以“故入人罪”论。但颇具讽刺性的是，据后人统计，乾隆时期文字狱130多起，超过了顺治、康熙和雍正时期的文字狱案的总和（李凌：《乾隆时期的文字狱及其恶果》）。

三、吕留良案

雍正年间乃至清朝最大的文字狱案是桐乡的吕留良案。

吕留良（1629—1683），字庄生，一字用晦，号晚村，浙江崇德县（今桐乡市）人，明末清初的著名学者、思想家。明末清初，吕留良散万金以抗清。顺治十年（1653）被迫应试为诸生，后隐居不出。康熙五年（1666）浙江学使来嘉兴考试士子，吕留良拒不应试，结果被革掉秀才，弃去青衿。康熙十七年、十九年（1678、1680）两次拒应清朝“鸿博之征”后，削发为僧，名耐可，字不昧，又号何求老人，于康熙二十二年（1683）病逝。

顺治元年甲申（1644）以来，清兵入关南下，“扬州十日”“嘉定三屠”以及嘉兴陷城，均烧杀劫掠，在吕留良心中留下不灭印记。其《乱后过嘉兴》三诗，其中有：“兹地三年别，浑如未识时。路穿台榭础，进汲骷髅泥。生面频惊看，乡音易受欺。烽烟一怅望，洒泪独题诗。”（［清］吕留良：《吕留良诗文集》）其三兄吕愿良曾随史可法镇守扬州，兵败归乡；其一同长大的侄儿吕宣忠（长留良四岁）散家财招募义勇，与入浙清军抗衡，兵败后于顺治四年（1647）遇害，吕留良为之呕血几绝。吕留良本人也直接参与过抗清战斗，左股中箭，留

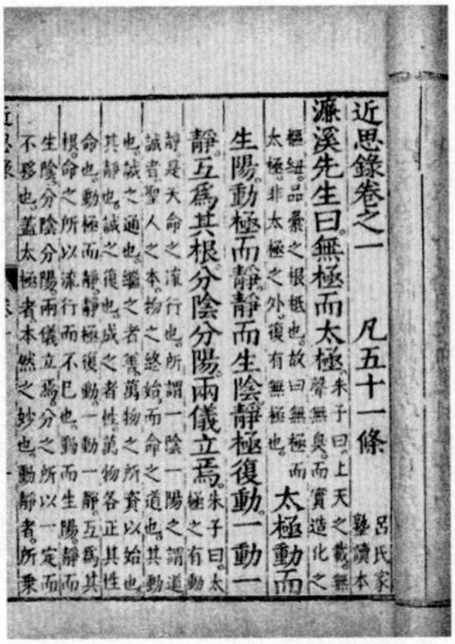
近思錄卷之一　凡五十一條　呂氏家塾讀本

濂溪先生曰。無極而太極。朱子曰。上天之載。無聲無臭。而實造化之樞紐。品彙之根柢也。故曰無極而太極。非太極之外。復有無極也。太極動而生陽。動極而靜。靜而生陰。靜極復動。一動一靜。互爲其根。分陰分陽。兩儀立焉。朱子曰。太極之有動靜。是天命之流行也。所謂一陰一陽之謂道。誠者聖人之本。物之終始。而命之道也。其動也。誠之通也。繼之者善。萬物之所資以始也。其靜也。誠之復也。成之者性。萬物各正其性命也。動極而靜。靜極復動。一動一靜。互爲其根。命之所以流行而不已也。動而生陽。靜而生陰。分陰分陽。兩儀立焉。分之所以一定而不移也。蓋太極者。本然之妙也。動靜者。所乘

《近思录》书影　吕留良刻书版本

下终身创痛（陈祖武：《吕留良抗清考事》，《清史论丛》第七辑）。

武力抗清不成，吕留良走向了另外一条反抗道路。在明崇祯十五年（1642）时，吕留良参与的征书社就开始选文行世。入清后，吕留良发扬这一传统，自建天盖楼刻书铺，自刻自营，评选八股时文，实践其“今欲使斯道复明，舍目前几个识字秀才无可与言者”的理念，宣传其坚持“夷夏之防”等政治主张，对君主私天下的私心和奴役人民的暴行大加谴责。他前后选评时文近二十年，较有影响的有《天盖楼偶评》六卷、《十二科程墨观略》十九卷等。此外，还有后人汇刻其时文评语数种，如周在延编的《四书语录》四十六卷（1684年）、陈纵然编的《四书讲义》四十三卷（1686年）、车鼎丰刻的《晚村吕子评语正编》

四十二卷、《余编》八卷（1716年），等等。吕留良的时评，下笔行文无所顾忌，尤其对康熙时政指斥颇多，一度畅行天下，政治影响极大。

吕留良的学说思想在其身故后仍在传播发扬。湖南靖州人曾静到州城应试，看到吕留良力倡华夷之别的部分诗文后，于雍正五年（1727）派弟子张熙到吕留良家中求吕氏遗书。吕留良的儿子吕毅中接待了张熙，并介绍了吕留良之徒严鸿逵以及严鸿逵之徒沈在宽等人。雍正六年（1728）九月，曾静以为雍正帝抑制宗室、猜忌功臣、打击政敌、不得人心，列雍正帝十大罪状，派张熙游说被误作岳飞后人的川陕总督岳钟琪起兵反清复明。孰料岳钟琪使诈，与张熙伪作盟誓，诱使张熙供出其师及交好严鸿逵、沈在宽等人，终牵连酿成吕留良案。

至雍正十年（1732），吕留良案历时四年有余定谳，以大逆之罪定论。在吕留良死后近五十年时，吕氏家族及其门人遭遇血雨之灾，株连无数。已死的吕留良、吕葆中被戮尸枭示，吕毅中斩立决；其孙辈发遣宁古塔于披甲人为奴。已死的吕留良弟子严鸿逵同样被戮尸枭示，其祖父子孙兄弟及伯叔父兄弟之子，男十六以上皆斩立决，男十五以下及母女妻妾姊妹、子之妻给功臣之家为奴。沈在宽遭凌迟。其他受牵连弟人门人及家属分受处斩、流放、杖责等刑。一时风声鹤唳、哀鸿遍野、学林噤声。

不过，雍正帝对于吕留良的学说思想却有一种莫名的自负，甚至不惜放下堂堂皇帝的身份与一个民间思想家辩论。他出人意料地下令“著将吕留良、严鸿逵、曾静等悖逆之言，及朕谕旨，一一刊刻……俾读书士子及乡曲小民共知之”（卞僧慧：《吕留良年谱长编》），后收录两年来关于此案的十道上谕，以及曾静口供和表示忏悔的《归仁录》，刻成《大义觉迷录》一书，对曾静等人指责他的十大罪状进行了一一辩解，重点阐述华夷一家等思想。又赦免曾静、张熙两人，让他们亲到浙江地区去宣讲，当众忏悔认罪，消弭反清意识。这还嫌不够，又着大臣研究吕留良的学说，并摘编吕留良的《四书讲议》等言论进行反驳，官方刊刻了《驳吕留良四书讲议》一书。

但是，雍正帝的儿子乾隆帝登基后认为《大义觉迷录》刊行有损父皇的尊严，在实际上传播了对清王室极为不利的言论，便在即位两个月后（雍正十三年十月，1735年）下令收回原颁之书。后又违背雍正帝的命令，将已赦免的曾静、张熙借故处死。乾隆帝也没有对吕留良后裔手下留情，像对待查嗣庭家属一样进行赦免。被发往宁古塔的吕氏后人中，吕留良孙吕懿兼、曾孙吕敷先于乾隆三十八年（1773）捐纳监生，结果被乾隆帝谕令大逆重罪不得概免为奴出户，将二人及家属发往更远的黑龙江，给予披甲人为奴。

在曾静案发之前，吕留良门人董采结识明崇祯皇帝的流亡儿子朱慈，并辅导、监护皇孙朱和尧等，涉及了康熙年间的“朱三太子案”，清政府当时就搜查了吕留良的家，拿问了他的后人，只是因为控制影响未有所牵连。此番抓牢吕家的把炳，自然下了狠手。

钩沉历史，吕留良思想传播的影响远不止于曾静一案。在曾静案发之后，有天台齐周华在清朝统治者严厉镇压之下，坚持为吕留良鸣冤叫屈，直至乾隆三十二年（1767）终遭凌迟。到了清晚期，吕留良诗文及选刻时文仍有传播，甚至晚清重臣曾国藩也以为吕留良选的时文，皆有最盛之气势（［清］曾国藩：《曾文正公家训·卷下·同治四年》）。

更为传奇的是，在民间传说中，吕留良的孙女吕四娘潜入皇宫，砍下了雍正的头颅，为“雍正无头”这个清王朝的宫廷迷案增添了一份传奇色彩。

四、结语

在嘉兴遭受的这些文字狱案件里，充分体现了清王朝统治者的残暴统治。在康乾盛世的显名之下，清王朝统治者为维护自己的既得利益，动辄用戮尸枭示、凌迟、流放、灭族等残忍手段大肆镇压政治、文化上敌对者、反对者，不仅从肉体上消灭，也从文化上摧残，却自以为有所宽恕、心安理得。

而嘉兴之所以屡次成为文字狱的重灾区，有几个地域文化方面的因素值得注意：

一是嘉兴是明末抗清斗争的发生地。一些明朝大臣和士大夫积极参与抗清斗争，显示不事二主的决心。曾任明朝刑部尚书的徐石麒原本居住在嘉兴城外，“城将破，石麒曰：吾大臣也，城亡与亡！复入居城中，以闰月二十六日朝服自缢死，年六十有八”（《明史·徐石麒传》）。入清后嘉兴又多次爆发反清斗争。清顺治二年（1645）闰六月，嘉兴民众以明朝翰林屠象美为首借反对剃头留辫之际毅然起兵抗清，明代状元钱士升次子钱棅及堂兄弟钱旃则率义旅在嘉善、松江、震泽等坚持抗清，直至身败。这些抗清义举虽惨遭失败，但也让清朝统治者极大震惊、余悸犹存。

二是嘉兴是明末清初的理学理想重要传播地域。明末清初是嘉兴人思想激荡、文化争鸣的重要时期，诞生了陈确、陆陇其、张履祥、吕留良等理学思想家，通过门人传播、聚徒教学、选文刻书等形式，在地方上有着广泛影响。这其中，除陆陇其入仕为官外，陈确、张履祥、吕留良等人均持节不仕，采取了与清朝统治者不合作的态度。陈确隐居乡里，张履祥、吕留良还一度加入了抗清复明的行列。清朝统治者对此隐感忧虑，不惜借文字狱案重下杀手。

三是嘉兴为江南士人结社重要据点。清初江南士人沿袭明末旧习，结社盟誓，尤以吴越间联络为盛。至顺治十年（1653），有“连舟数百艘，集嘉兴之南湖”（光绪《诸暨县志·骆复旦传》）的壮观场景，称为嘉兴鸳湖之集，亦称十郡大社。清朝统治者将此视为眼中钉、肉中刺，恐结党结社若明末党争般成为心头大患，不除不快。这些，都让清朝统治者在借文字狱案震慑江南士人时毫不留情面。

四是嘉兴为明代史学研究重镇。明代嘉靖以来，杭嘉湖所在的浙西地区文人热衷于修史明志，仅嘉兴府较有影响的史学名家就有许相卿、徐咸、郑晓、卜大有、项笃寿、袁黄、支大纶、岳元声、沈国元、刘廷元、过庭训、徐昌治等人。这些史家奉明朝为正朔，积累了丰富的史料，对谈迁、查继佐等人在清初的修史活动产生深刻影响，让清廷确立天下至尊一统的想法受到威胁。清朝统治者欲掌握历史话语权，掩盖入关后屠戮生灵等事实，必防之为大忌，绝之为后快，让天下噤声。

因此，从嘉兴文字狱案里，不难看出清朝统治者大兴文字狱的目的：在庄廷钺《明史》案里争夺的是历史话语阐释权，打击忠于前朝的“正史”观念。在查嗣庭案里，则是直接打击威胁统治者的政治对手。在吕留良案里，打击目标是抗拒统治者正统的遗民思想，清除所谓的“歪理学说”。从发生时间和受祸程度来看，庄廷钺《明史》案涉嘉兴只是有所牵连、侥幸得免，查嗣庭案涉嘉兴还算恩威并施、有所保留，那么到了吕留良案就是肆无忌惮、大肆镇压，发展到了极致。

商务印书馆与中华书局的“商战”与“讼战”

商务印书馆与中华书局是近现代中国出版界的双雄。商务印书馆成立于1897年，由夏瑞芳等人在上海创办；中华书局成立于1912年，由陆费逵等人在上海创办。两者颇有渊源，不仅陆费逵曾是商务印书馆的员工，而且在创办初期两者的实际掌门人一度都是出生在外地的嘉兴人。

张元济像

商务印书馆的掌门人张元济（1867—1959）是浙江海盐人，字菊生，出生于广东，是清光绪十八年（1892）进士，入翰林院任庶吉士，历任刑部贵州司主事、总理各国事务衙门章京等职，曾参加戊戌“百日维新”，变法失败后被“革职永不叙用”。1902年，张元济进入商务印书

陆费逵像

馆，历任编译所所长、经理、监理、董事长等职，是商务印书馆在新中国成立前的主要掌门人。

中华书局的执掌者是陆费逵（1886—1941）是浙江桐乡人，字伯鸿，出生在陕西汉中，且终其一生未到过桐乡，但他以历任《四库全书》总校官、副总裁的桐乡籍曾祖陆费墀为荣，一直自认为是桐乡人。1904年，他创办了新学界书店，1906年与人创办《楚报》，1907年任文明书局编辑。1908年至1911年，陆费逵经高梦旦引荐并经张元济同意，成为商务印书馆重金聘任的出版部部长。1912年离职商务印书馆后创办中华书局，终身致力于教育和出版事业。

中华书局的创办，给原本商务印书馆一家独大的印刷出版行业带来了空前的竞争活力。双方在出版、印刷、发行等方面都形成了全面竞争的态势，在出版领域尤甚，双方的教科书、工具书、古籍、杂志各不相让：商务印书馆印《四部丛刊》，中华书局即出《四部备要》；商务印书馆出《辞源》，中华书局则有《辞海》；商务印书馆创办《东方杂志》《教育杂志》，中华书局即出刊《中华教育界》《中华学生界》等杂志针锋相对；甚至出现了1913年8月14日《申报》并排刊列两家相互攻讦对方教科书广告的现象。

双方“商战”之争，终于在1919年因日本译著事件发生了一场“讼战”。1919年春，中华书局出版印行《日本人之支那问题》一书，内有译自某日本杂志的文章《支那问题》，该文说商务印书馆附有日本股份。为推销此书，该局一边印发传单，分寄各省学校；一边在报纸上大登广告，屡屡提及商务印书馆附有日本股份。当时正值“五四运动”在全国轰轰烈烈开展之时，各地纷纷向商务印书馆谴责抗议，其中学校师生尤为激烈，致商务版图书尤其是教科书发行量急剧下降，损失惨重。

事实上，商务印书馆早期确有日本人参股，不过这些股份在1914年已全部收回。于此，商务印书馆见事不妙，便于1919年7月在报上刊登广告，悬赏一千大洋求人告知文章的作者。第二天，中华书局即致函商务印书馆，承认文章翻译自日本某实业杂志，希望领取千元赏金，捐给中国寰球学生会筹办的贫民学校。商务印书馆收到回信后，又在报上刊登广告《水落石出》，详述收回日股的经过，以证明中华书局译书中的说法违背事实。同时，商务印书馆邀请颇具威望的《申报》老板史量才居中调停，要求中华书局登报更正错误，消除不良影响，但没有结果。

无奈之下，商务印书馆于同年12月聘请律师丁榕，将中华书局告诸会审公廨，指控被告出版发行谎称该馆附有日股的《日本人之支那问题》一书，有意引起国人仇视，破坏营业，损害名誉，要求赔偿损失大洋一万元。12月16日上午，此案首次开庭审理。商务印书馆董事、经理张元济在庭上发言，阐述了商务印书馆之前日资入股和完全收回的情况，指出中华书局经理陆费逵当时在商务印书馆亦有股份三十股，现在尚存十股，作为股东应知收回日股一事，又将各种日报及部批执照等材料呈案。此后经多次开庭，双方在法庭之上唇枪舌剑，争执良久。陆费逵也在庭上承认了自己持有商务印书馆股份一千元等事实，但也指出从原告书馆出来后，再也没有回去过，所以从未列席其股东会。中华书局也已将原告要求更正的书信登在《日本人之支那问题》首页。按照报纸条例，既得来函登载，即可视为已尽职。

1920年2月10日，法庭宣布了七次开庭审理后的判决结果，认定原告商务印书馆控诉证据充足，判被告中华书局赔偿损失大洋一万元并缴纳堂费。中华书局不服判决，请求会审公廨复审。此后，又经过多次开庭审理，最后仍维持原判。

这一场“讼战”仅是双方“商战”过程中的一段插曲，但也在一定程度上反映了两家出版公司的管理模式不同。商务印书馆或许是由于张元济出身前清刑部官员的原因，在管理上尤为注重“厉行法治”，“自公司组织、部门执掌、业务经营、人事管理以至信件收发、勤杂服务，均在先生的指示和参预下分别订立章则制度，巨细无遗，以便全馆各地职工遵循行事”（海盐县政协文史资料委员会、张元济图书馆编：《出版大家张元济：张元济研究论文集》）。而在版权保护方面也是近代出版机构的先行者，是我国近代最早实行版税制和与著作人签订版权合同的出版机构。此番“讼战”获胜，当有其积累底蕴所在。而陆费逵则推行类似家族式管理，“人治”色彩较浓厚，各种事务多由总经理直接处理，各级人员亦多由其直接指挥，事权并无严格界限而宽松管理，员工迟到早退不会被“计时扣薪”而怡然相处（王建辉：《教育与出版——陆费逵研究》），与商务印书馆的管理形成了鲜明对比。

“讼战”已罢，“商战”继续。两家出版社也绝非水火之争。1917年中华书局遭遇“民六危机”，商务印书馆并未落井下石，两家还进行了持续近半年的合并谈判，只是最终未果。1921年年底，两家老对手坐下来签订了销售小学教科书的协议，对发行折扣、回佣、赠品以及违约罚款等作了规定。此后，两家还曾合作创办国民书局发行教科书。1935年，陆费逵代表中华书局多次约请商务印书馆、世界书局、大东书局、开明书店等出版社，商讨同业行规，减少同业竞争的负面影响。1938年，邹韬奋以生活书店名义发起中性出版社联合抗议，抗议国民党政府的图书审查办法，中华书局的陆费逵和商务印书馆的王云五首先签名响应。

尽管陆费逵一度被视为商务“叛将”，也有两家“讼战”过节，但同为著名近代出版家，张元济与陆费逵都是中国优秀文化道德传统的继承者和发扬者，对待出版与教育的大是大非问题立场分明又富于进取，俱能翻开往篇共同向前，在竞争与合作中共同推动着近代中国出版和教育事业的发展。

徐志摩西式离婚案

历史往往充满巧合。汉代嘉兴人朱买臣的离婚案件被视为古今公案，众说纷纭。而另一个嘉兴人的婚姻也为时人瞩目，那就是近代著名诗人徐志摩的婚姻，可以说是近代最早、最有影响力的西式离婚案。世人大多关注徐志摩追求爱情与自由的闪逝人生，但极少有人注意其婚姻背后中国历史上新旧婚姻制度变革的背景。

徐志摩（1897—1931），浙江海宁硖石人，近代著名诗人、散文家。原名章垿，字槱森，志摩是其留学英国时改的名。其父徐申如是清末民初的实业家，早年继承祖业，独资经营徐裕丰酱园。就在徐志摩出生的那一年，合股创办硖石第一家钱庄——裕通钱庄，后又开设人和绸布号，合作创办了浙江最早的火力发电厂——硖石电灯厂，成为远近闻名的硖石首富，对沪杭铁路改线海宁产生过重要影响，并于1911年递补当上了浙江省谘

徐志摩故居　海宁市干河街

议局议员。

在这位精明的父亲安排下，徐志摩在四岁时即进入家塾启蒙，十一岁时进入硖石开智学堂。十四岁时进入杭州府中学堂读书（1911年停办，1913年改名杭州第一中学重新开学）。十九岁时考入上海浸信会学院（上海沪江大学前身），同年迎来了他的第一段婚姻。

徐志摩首任妻子就是张幼仪（1900—1988），亦名嘉玢，一个他此前从没谋面的女人。虽然张幼仪也就读过苏州第二女子师范学校，与徐志摩一样受过一定的新式教育，但两人的结合几乎是标准的“父母之命、媒妁之言”包办婚姻，一方是徐志摩的父亲徐申如，另一方是张幼仪的兄长张公权（也有说是张君劢）。那时，徐志摩十九岁，张幼仪十六岁；民国才建立四年，新式婚姻思想已有萌发，但制度还没完成变革。1914年北洋政府的法律编查委员会刚刚制定《民律亲属草案》，仍然规定“结婚须由父母允许”（草案第一三三八条），由于袁世凯解散国会而胎死腹中，婚姻制度仍沿袭清制。

对于这段沿袭旧式制度而形成的婚姻，徐志摩应该是相当有感触的。他在1920年就读美国哥伦比亚大学经济系所写的硕士论文《论中国妇女的地位》中认为“中国妇女在许多情形下，未获得应有的尊敬，与男人并不平等。离婚便是个明显的例证。按照法律，男人可找出不能生育等诸多理由抛弃妻子，而妻子除被遗弃外，什么也得不到。比这更糟的是，女人因什么理由离婚，都会被瞧不起”，“随着中国一代女性接受更多的教育，她们最先努力争取的应该是最为关切的婚姻与爱情问题”（徐志摩：《论中国妇女的地位》，转引自周静庭：《逝水人生——徐志摩传》）。

因此，在他看来，向张幼仪提出离婚是其告别旧式婚姻、追求自由的当然选择。他也想当然地要求张幼仪“彼此有改造社会之心，彼此有造福人类之心，其先自作榜样，勇决智断，彼此尊重人格，自由离婚，止绝痛苦，始兆幸福，皆在此矣”（胡适：《追悼志摩》，转引自《徐志摩全集》第一辑）。为此，他甚至不顾最初提出离婚时，张幼仪已经怀孕三个月；正式离婚时，张幼仪刚生产其次子出院。1922年3月，徐志摩终于与张幼仪在德国离婚。为平息离婚给两大名绅家族带来的尴尬和社会舆论对他的伦理谴责，徐志摩在1922年11月从英国回国后，专门刊载了

《徐志摩张幼仪离婚通告》，影响之大，一时为“中国第一桩西式离婚案”。徐志摩的老师梁启超随后专门写信劝诫，但已难以遏制徐志摩熊熊燃起的爱情火焰，回信云：“我之甘冒世之不韪，竭全力以斗者，非特求免凶惨之苦痛，实求良心之安顿，求人格之确立，求灵魂之救度耳。……我将于茫茫人海中访我唯一灵魂之伴侣：得之，我幸，不得，我命，如此而已。”

徐志摩雕塑　海宁徐志摩故居内

点燃徐志摩爱情火焰的，就是才女林徽因。1921年林长民带着女儿到欧洲访问时，徐志摩一发不可收拾地爱上了这个仅16岁的女孩。撇开种种故事不说，“是年林徽因在英，与志摩有论婚嫁之意，林谓必先与夫人张幼仪离婚后始可，故志摩出是举，他对林徽因倾倒之极，即此可见”（陈从周：《徐志摩年谱》）。林徽因坚持要徐志摩先离婚的原因，不知是否依1920年民国政府颁布《结婚服务法》，其中已规定了婚姻自由、夫妻平等和一夫一妻制等内容，也规定了重婚罪，男人只有与原配离婚才可结婚，不能不离婚又结婚，否则即犯重婚罪。

徐志摩应该懂法，他曾经也是专门受过法律训练的。他1916年肄业上海沪江大学后就进入天津北洋大学法科预科学习，1917

年秋随学校合并进入北京大学法学院修政治学。据徐志摩的同学，后来成为著名法学家、立法院委员的吴经熊回忆，徐志摩在北洋大学时取一个和美国第一任财政部长亚历山大·汉密尔顿一样的名字，“因为他很想成为大立法者和经济学家。这样他就会被人们称作‘汉密尔顿·徐’了”（吴经熊著，周伟驰译：《超越东西方》）。尽管在法学上无所建树，但徐志摩在若干年后在其并不出名的政论文章里写下了“照群众行为看起来，中国人是最残忍的民族。照个人行为看起来，中国人大多数是最无耻的个人。……中国人只会在杀人场上听小热昏，决不会在法庭上贺喜判决无罪的刑犯；只想把洁白的人齐拉入混浊的水里，不会原谅拿人格的头颅去撞开地狱门的牺牲精神”（徐志摩：《就使打破了头，也还要保持我灵魂的自由》，《徐志摩全集》第六辑）的激昂文字，对中国传统法治的桎梏提出了批判。

当然，法治不是他关注的重点。他喷薄而出的生活诗情容不得自身情感的大段空白，使他在林徽因之后又找到另一位女性来填补，也就是他后来的第二位妻子：陆小曼。陆小曼原为有夫之妇，与徐志摩互生情愫后与前夫离婚。这段感情并不为世人看好，一个叫余协中的读者在1925年底将一篇论婚姻制度的文章投书徐志摩主编的《晨报副刊》，劝其提防新式婚姻制度下的危险性：“世界上也有一种拆白式的女子，好与男子往还，可怜一般挨不过青春悲哀的青年男子们便以为淑女有心，遂不惜竭其拍马之能，百方求欢。却不知这种拆白式的女子，她们对自己终身大事问题并不十分重视；她们与男子交往的惟一目的，只是在骗取男子的金钱供她自己挥霍。”徐志摩将这篇稿件压了一个多月后再刊发，并附了按语：“余先生说什么‘危险’，这我约略懂得，但我的答话却是——世上没有不带一些危险性的值得的经验。出娘胎来做人本身就是危险事业。就比是绝海里行舟，海是反正有波浪的，问题就在你把得稳还是把不稳。我们该注重的，按我说，不是跟海去商量要它减小它波浪的危险，我们该研究的是怎样才能练成功我们航海的本领。”（徐志摩：《余协中〈新式婚姻制度下的危险性〉按语》，《徐志摩全集》第四辑）

徐志摩有没有掌握在婚姻里“航海的本领”留给后人评说。反正徐、陆两人在历经周折之后于1926年10月的农历七月初七走到了一起。迫于各方面的生活压力，徐志摩不得不在上海各大学兼职授课，曾兼过东吴大学法学院的英文教授等职，至1931年由胡适介绍到北大英文系任教，又因陆小曼不愿北上相陪，频繁奔波于平沪两地，终于在1931年11月9日在从南京乘飞机赴北平时，命殒济南党家庄附近。

此时，中国第一部实际施行的婚姻法——《中华民国民法·亲属编》于半年前的5月5日生效。一个现代婚姻法律制度建立了，一段颇具争议的婚姻结束了。

沈钧儒与“七君子”案

沈钧儒（1875—1963），字秉甫，号衡山，浙江嘉兴人，著名爱国民主人士、政治活动家、法学家。他是清末最后一科进士出身，一生经历清、民国、新中国三个阶段，从留学日本起便致力于推动宪政民主、救国图强，为社会各界所敬重。令谁也没有想到的是，在1931年，他因呼吁团结抗日救国而被卷入了“七君子”案。

1931年“九一八”事变后，中国各地掀起了抗日救国运动的浪潮。上海成了全国抗日救国运动的重要中心。1936年5月31日，宋庆龄、何香凝、马相伯、沈钧儒、章乃器等人在上海成立全国各界救国联合会，通过了《抗日救国初步政治纲领》，向全国各党各派建议：立即停止军事冲突，释放政治犯，各党各派立即派遣正式代表进行谈判，制定共同救国纲领，建立一个统一的抗日政权等。7月15日，沈钧儒、章乃器、邹韬奋、陶行知联名发表《团结御侮的几个基本条件与最低要求》，呼应中共停止内战、组成抗日民族统一战线的主张，要求国民党停止剿共。由于救国会“停止内战、抗日救亡”的主张与当局“攘外必先安内”的政策相左，一时成了国民党的“眼中钉”。1936年11月23日，南京国民政府便以“危害民国罪”在上海逮捕了救国会领导人沈钧儒、章乃器、邹韬奋、李公朴、王造时、沙千里、史良七人，这就是震惊全国的救国会“七君子”事件。

七君子像（中为沈钧儒）

现有研究表明，沈钧儒等七人的被捕，既有日本政府背后施加的黑手，也有蒋介石的暗中支持。又逢当年12月12日发生的“西安事变”，张学良与杨虎城提出停止一切内战并立即释放上海被捕的爱国领袖等八项抗日救国主张，使整个案件更为复杂曲折。海内外同胞对这件案件给予了极大关注，知名学者、进步人士纷纷要求国民党政府释放他们，连著名文学家罗曼·罗兰、著名科学家爱因斯坦等世界名人也向国民党政府提出了抗议。可国民党政府既然已经决定动手，就不会那么轻易就范。

沈钧儒纪念馆　嘉兴市城南路

原被告双方在法律上的第一次重要交锋是在法院审理归属权上。七人被捕当日，沈钧儒、李公朴、王造时由江苏高等法院第二分院审理，鉴于原告上海市公安局受南京密令逮捕，无法院捕状，亦无充分证据，被裁定交保释放。沙千里随后也获得同样裁定。章乃器、邹韬奋、史良则在江苏高等法院第三分院审理，也被裁定无犯罪行为，不予起诉，交律师保释。可这天深夜，上海市公安局又以从前逮捕的共产党员供认沈钧儒有共产党嫌疑为借口，以要求高二分院防止沈钧儒等人逃亡的理由，再次将他们拘案。章乃器、李公朴、史良等虽因种种原因未受逮捕，但后来也相继自动投案。24日，高二分院开庭，不顾被告律师提出的保释后又加逮捕已属违法、需充分证据方许移捕等理由，将李公朴等人交上海市公安局带走。其他人也相继被提解到上海市公安局。彼时，国民党政府虽然已经收回租界的会审公廨，但在租界的高二分院、高三分院在法院审理方面仍然要受到中国政府与外国政府协定的限制。而将人犯提解给上海市公安局，沈钧儒等人的案件就可以交由国民党政府完全控制的法院来审理了，从而企图达到不可告人的目的。这样，国民党政府就自认为已经掌握了事情处理的主动权。

原被告双方在法律上的第二次重要交锋是在起诉应诉上。原本根据国民党政府法律，沈钧儒等人被捕羁押期为两个月，于1936年11月24日遭押起算本已结束，又被无辜延长了两个月。直到1937年4月3日，沈钧儒等人终于收到江苏高等法院检察官提出的起诉书，其中以1931年1月公布的《危害民国紧急治罪法》第六条“以危害民国为目的组织团体，并宣传与三民主义不相容主义”的“口袋罪”为依据，罗列了“有意阻挠中央根绝赤祸之国策”、“不承认现政府有统治权，并欲于现政府外更行组织一政府”、“蔑视现政府，故为有利于共产党之宣传”等十大罪状。在被捕七人中，沈钧儒、沙千里、史良等均为律师出身，沈钧儒坚持入狱以来“主张坚决，态度和平”的斗争策略，张罗聘请律师为七人辩护。沈钧儒自己聘请了张耀曾、秦联奎、李肇甫为辩护人，其他人的律师也多为沈钧儒推荐，后来组成了二十一人的豪华义务律师团队。律师团写了一篇长达两万言的答辩书，经沈钧儒等人审定后，于6月7日送达江苏高等法院，并在上海各大报纸刊登，强烈要求“秉公审理，依法判决，谕知无罪，以雪冤狱而伸正义”（《沈钧儒答辩书》，《申报》，1937年6月8日至

15日）。

原被告双方的第三次重要交锋在法院庭审上。沈钧儒等人在公布答辩书后，拒绝了国民党背后的劝降，迎来了1937年6月11日的庭审。沈钧儒作为第一被告出庭，大义凛然地回答审判长的讯问。

审判长问：你赞成共产主义吗？

沈答：赞成不赞成共产主义，这是很滑稽的。我请审判长注意这一点，就是我们从不谈所谓主义。起诉书竟指被告等宣传与三民主义不相容的主义，不知检察官何所依据？如果一定要说被告等宣传什么主义的话，那么，我们的主义就是抗日主义，就是救国主义。

审判长问：抗日救国不是共产党的口号吗？

沈答：共产党吃饭，我们也吃饭，难道共产党抗日，我们就不能抗日吗？审判长的话，被告不能明白。

……

审判长问：你知道你们被共产党利用么？

沈答：假使共产党利用我抗日，我甘愿被他们利用，并且不论谁都可以用我抗日，我都甘愿被他们为抗日而利用。

铿锵有力的回答表明了沈钧儒等人坚持爱国无罪的决心。沈钧儒等人也一再提出要求法庭对起诉书中涉及的马相伯、张学良、宋哲元等人进行调查，认真对待答辩书中指明的文件和证据，力证被告无罪。鉴于法庭不理这些要求，沈钧儒等人在当天回到看守所后与辩护律师商议，并于次日开庭时按照《刑事诉讼法》第二十二条规定，以审判长拒绝对起诉书所列的事实进行调查对证为理由，认为法官拒不重视采用辩护律师所提出的有利于被告的证据，显系故意偏袒检察官，要求主审的审判长和推事全体回避。律师也宣布罢席。这使6月12日开庭时，律师席上空无一人，法庭只能暂停诉讼程序。

原被告双方的第四次重要交锋在法庭调查取证上。江苏高等法院前一次审理沈钧儒受到挫折后，改由刑二庭6月25日再次审理案件。程序与前面类似，但审判重点逐步移到了“西安事变”与救国会的关系上。起诉检察官诬指沈钧儒与张学良勾结引发了“西安事变”。沈钧儒在庭上申辩：勾结军人，应用危害民国罪第一条，判处死刑，至少应判处无期徒刑，但蒙检察官“宽容”，却用了第六条。起诉书既说“勾结”，但检察官侦察四个月，罪证尚未确定，要请检察官彻底调查证据。我宁愿受“国法处分”。对此审判长等人也只能选择向军事委员会调查审问张学良的案卷，定期开审。但显然，“西安事变”后被软禁南京的张学良是不可能被喊来对证的。此后，法庭也没有再次开庭。

国民党政府逮捕“七君子”事件既无事实依据，也不得人心，在法庭上没有占得什么便宜，在法庭外也引发全国各界一浪高过一浪的反对声潮。宋庆龄、何香凝等人在6月25日，向江苏高等法院递交状纸：沈钧儒等，从事救国工作，并无不法可言，羁押囹圄，已逾半载，倘竟一旦判罪，全国人民均将为之惶惑失措。……爱国如竟有罪，则具状人等，皆在应与沈钧儒等同受制裁之列。……为特联名具状，束身待质，仰请钧院将具状人等悉予羁押审讯。爱国无罪，则与沈钧儒等同享自由；爱国有罪，则与沈钧儒等同受处罚（转引自周天度、孙彩霞：《沈钧儒传》），并发动救国入狱运动，给国民党政府施加巨大的压力。

蒋介石对于沈钧儒等人，最初是希望严厉镇压，可在“西安事变”后不得不转变态度，希望将沈钧儒等审判一下后送外省院，给他们一点教训，再由人保释出去。随着“七七事变”后全国一致抗日局面的形成，再羁押“七君子”已没有理由，蒋介石也只能顺应民意电令江苏高等法院放人。1937年7月31日，江苏高等法院裁定，沈钧儒等证据未竣，延长羁押，致被告精神痛苦，家属失其赡养，应家属沈谦等声请，停止羁押。前上海律师公会会长张一鹏等为其开具保状。是日，沈钧儒等人交保释放，受到群众夹道欢迎。

但“七君子”案件的法律程序还没有走完。1937年9月4日，国民党政府公布修订《危害民国紧急治罪法》，删除了原来的宣传与三民主义不相容之主义为犯罪的条款。沈钧儒等人于是要求撤销案件，彻底还他们以清白。1938年底，沈钧儒与邹韬奋、王造时、沙千里、史良等人联名呈文国民政府司法行政部，要求依法撤销“七君子”案。司法行政部在12月12日以第4455号训令由最高法院检察署核办。经最高法院批准，四川高等法院第一分院取代已不能行使审判权的江苏高等法院行使审判管辖权。1939年1月26日，四川高等法院第一分院撤回了对沈钧儒等人的起诉。2月11日，在重庆的沈钧儒、邹韬奋、沙千里、史良收到了四川高等法院第一分院检察处送达的撤回起诉书，章乃器、王造时、李公朴等也以牌公告形式送达。至此，“七君子”案才走完了最终的司法程序。

“七君子”案是国民党政府制造的震慑、打击文化界诸多案件中的一件官司，亦被称为“爱国无罪”案，使社会各界对于国民党一党专政有了更为清醒的认识，对于从舆论上形成团结统一抗日声势也起到了重要推动作用。沈钧儒没有因“七君子”案身陷囹圄而自甘消沉，反而以更大的热情投入到抗日救国事业中来，与国民党专政进行了更为坚决的斗争，继续坚持他一生追求宪政民主的道路，直至迎来了新中国的成立。“七君子”诸人中，沈钧儒成为新中国成立后首任最高人民法院院长，史良则成为首任司法部部长。

二 文中章法

戏中戏与案中案

嘉兴地区戏曲文化底蕴深厚，早在元代即有海盐人杨梓创海盐腔戏曲，列南戏“四腔”之首；至明朝更有海盐县“有习为倡优者，名曰‘戏文子弟’”（［清］陆容：《菽园杂记》卷十）为业。而近邻海宁更有文士参与戏剧创作，代代相传。陈与郊就是其中一位杰出代表。

陈与郊（1544—1611），字广野，明万历二年（1574）进士，“性嗜学，自六籍外，留心太玄潜虚，好屈、宋、扬、马、张、左诸家赋，考订梓之。所为文上下两京、六朝，诗咏间作，其藻思之歌歈，被管弦以自娱”（康熙《海宁县志》）。他著有传奇《樱桃梦》《鹦鹉洲》《麒麟罽》《灵宝刀》四种，杂剧《昭君出寒》《文姬入塞》《袁氏义犬》《中山狼》《淮阴侯》五种，今存前三种。陈与郊所著传奇杂剧多取材于历史故事，生动刻画了《麒麟罽》中的韩世忠、《灵宝刀》

中的林冲和宋江、《鹦鹉洲》中的韦皋、《义犬记》中的袁粲等忠心为国之士，同时又多赋予时代感受，借塑造忠义之士之机，讨祸国殃民之逆。其中《袁氏义犬》（亦有称为《义犬记》）更是融合了自己的个人遭遇，可谓戏中有戏、案中有案。

《袁氏义犬》取材于《南史·袁粲传》，剧作主题是“为国忘家袁景倩，为家亡国戴僧静，人心兽面相门獒，人面兽心狄灵庆”。剧情大意是袁粲为南朝宋末的大臣，其门生狄灵庆初对袁氏趋奉甚恭，视若父亲对待。但在萧道成篡位成立南齐时，袁粲被萧道成部下戴僧静所杀，袁氏乳母抱其幼儿求狄掩护时，狄却为“官升三级，赏赐千金”所诱惑，反将袁子出卖。后狄氏一家被袁氏家犬咬死，又入阴间受审，遭鞭打、拔舌、抽肠之苦。

陈与郊创作此剧，在形式上采用了以戏剧故事中套用其他戏剧故事、事件的“戏中戏”表现手法。《袁氏义犬》一开场，陈与郊就用袁粲与狄灵庆对于弋阳腔杂剧《没奈何》的不同观戏感受，表现了两人的不同人生价值取向。狄灵庆在看戏时说：“逢快活时须快活，得风流处且风流，不要管他，再做。”而袁粲却忧虑感叹：“常言道，忠义一变而为气节，气节一变而为封章，封章一变而为教唆词讼，愈趋愈下，一至于此，再做。”两人境界之高下立判（［明］陈与郊：《袁氏义犬》）。随着本剧故事的发展，这段“戏中戏”在全剧整体情节结构上发挥了巨大效用，几乎占据了全剧的一半篇幅，虽然不免让人有喧宾夺主之感，但确也有力地推动甚至直接牵制着全剧情节的演变。

所谓“真作假时假亦真”。陈与郊在全剧最后一出戏中，又运用了“阴司审判”的重构手法，由阴间阎罗天子审理阳间没有了结的恩怨：先是判处狄灵庆挨铁鞭，再拔舌抽肠；卢獒着送轮转殿，世世官拜兰台令史（即狄灵庆生前的官职）；乳母延寿二十年。随后，由袁粲与小儿一起将狄灵庆鞭打并拔舌抽肠，以泄怨愤。狄灵庆在阴间刑罚之下，也承认自己的罪过。

陈与郊创作此剧，表达了对于那些忘恩负义者的强烈谴责，用趋炎附势、见利忘义的狄灵庆与袁氏义犬作了鲜明对比，是谓犬尚知报恩、负义者不如犬。而用“戏中戏”创作此剧也是别有寓意，隐含着有关他儿子陈祖皋的“案中案”。明代嘉兴人沈德符在《万历野获编》卷十五中称述：“浙之海宁太学生陈祖皋，治《春秋》最有声，其应辛卯顺天乡试，已举榜首。时乃父吏垣都谏，方以聚劾去位。比拆榜知为都谏子，遂置之，而别以他卷登贤书。后频摈场屋。至乙巳岁，以妻母殁，其仆治奠于途，有误杀满指挥事。陈时实在家不与知也。当事者憎之，拷掠楚毒，罗织致大辟。都谏有己丑《春秋》房门生二人，时同在词林显重，并有相望，都谏哀恳其道地，勿能得。因恚恨甚，作杂剧名《诊痴符》（应为《袁氏义犬》，《诊痴符》是陈与郊传奇集名）者，中有狄灵庆，以比二词林，而身似袁粲。都谏殁后，祖皋事得白，且还其诸生，出狱未几病卒。其事得白，又得二门生力云。”

沈德符与陈与郊当时虽然按籍分属嘉兴府与杭州府，但两地地理相邻，风俗相通，言语相近，其记载应该并非空穴来风，应有所据。事实也大抵如其所言。万历三十三年（1605），陈祖皋以命案入狱，其妻也因此自杀。此事在嘉兴及杭州两府引起了轰动。陈与郊的朋友李维桢曾“从浙人问公家事，云当事者也知祖皋冤，爰书再三，谳明审，独以公故，狱不可反”（［明］李维桢：《太常寺少卿陈公墓志铭》，《大泌山房集》卷七十八）。既如此，又何故耽搁十余年翻不了案呢？陈家人认为，陈与郊任给事中时曾因事弹劾而得罪了某位在任高官，致狱不可解。清代嘉兴人盛枫则从另一方当事人的角度记述了此事经过，云：“满氏小字金，海宁卫指挥满某女也。指挥无子，钟爱之。金有才色，知书吏，善骑射。父为陈氏仆误殴死，金年十六，诉之官事，连其主陈祖皋下狱，展转十年未决。金誓不嫁，诣京师求白其冤。朝士以其女也，怜而右之。值廷鞫，金必周视刑具，下狱则迴察往来，陈大惧。”（［清］盛枫：《嘉禾征献录》卷五十）这或许可让人了解此案的复杂性。

陈与郊痛心疾首，深切感受到了受劾去位后墙倒众人推的世态炎凉；遂四处奔走求救，几乎写信乞求过所有相识。他曾请求十六年前他参与主持春试时录取的门生吴道南、陶望龄二人帮他说情，被拒绝。遭拒之后，陈与郊失望而怨愤，故而仿明代著名杂剧《中山狼》创作了《袁氏义犬记》。这也是他生命中的最后一部剧作。

曾经的陈与郊，中进士后于万历五年（1577）授河间府推官（掌刑狱），执法颇为宽宥。康熙《顺德府志》谓其“与人蔼然可掬而凛然难犯，剖决疑狱，人咸悦服。时监司委署郡邑二篆，新法积谷不敷者降罚，公毅然曰：‘民亦穷矣，我复剖剥以应时求，非民父母也。’卒一无所积，当时号‘陈佛子’云”。但其纵有再大剖决疑狱之能，却难以白其子之冤，想必何等惶惑；而其用“阴司审判”之意，判狄灵庆天谴极刑，也是何等无奈。万历三十八年十二月（按公历为1611年1月），陈与郊在其子入狱五年后，在杭州积极营救奔走时病发而亡于途，终年六十七岁。

袁黄《了凡四训》以刑劝善

劝人行善是中华民族传统美德。作为主旨劝人行善的善书，往往融合儒、释、道中的劝善思想，以较为通俗性的语言进行道德教化，自明代以后日渐流传，民间传抄传诵者众多，一般被用作对子女、族人、信徒等进行思想教育的教材。而提到善书，就不得不提及明代的袁黄。

《袁了凡文集》

袁黄（1533—1606），初名表，字坤仪，号了凡，浙江嘉善人，万历十四年（1586）中进士，是明朝重要思想家，是迄今所知中国第一位具名的善书作者。袁黄从小聪颖敏悟，卓有异才，后对天文、术数、水利、兵书、政事、医药等无不研究，撰有《宝坻政书》《两行斋集》《劝农书》《史汉定本》

《群书备考》等诸多著作。

袁黄在历史上的功绩，既有征战朝鲜抗倭的战功，也有编劝善书、行“功过格”的善举，在社会上产生的广泛影响，尤以后者为甚。他在晚年写的著名善书《了凡四训》，融会禅学与理学，以“立命之学”“改过之法”“积善之方”“谦德之效”四篇各具要旨的短文，劝人积德行善、诸恶莫作。其中，“积善之方”几乎占了全书一半篇幅，用“与人为善、爱敬存心、成人之美、劝人为善、救人危急、兴建大利、舍财作福、护持正法、敬重尊长、爱惜物命”十个故事，着重阐明了善的含义、明辨善恶的标准、行善的道理和方法等。

值得注意的是，在“积善之方”篇中，包含了鄞人杨自惩、布政司谢都事、嘉兴屠勋（实为平湖人）、嘉善支立之父等四个有关执法的法治故事，来说明“积善之家，必有余庆”的道理。其中两个故事就发生在嘉兴地域，摘之如下：

嘉兴屠康僖公（即屠勋，曾任明正德刑部尚书），初为刑部主事，宿狱中，细询诸囚情状，得无辜者若干人。公不自以为功，密疏其事，以白堂官。后朝审，堂官摘其语，以讯诸囚，无不服者，释冤抑十余人。一时辇下咸颂尚书之明。公复禀曰：“辇毂之下，尚多冤民，四海之广，兆民之众，岂无枉者？宜五年差一减刑官，核实而平反之。”尚书为奏，允其议。时公亦差减刑之列，梦一神告之曰："汝命无子，今减刑之议，深合天心，上帝赐汝三子，皆衣紫腰金。"是夕夫人有娠，后生应埙、应坤、应埈，皆显官。

嘉善支立之父，为刑房吏，有囚无辜陷重辟，意哀之，欲求其生。囚语其妻曰："支公嘉意，愧无以报，明日延之下乡，汝以身事之，彼或肯用意，则我可生也。"其妻泣而听命。及至，妻自出劝酒，具告以夫意。支不听，卒为尽力平反之。囚出狱，夫妻登门叩谢曰："公如此厚德，晚世所稀，今无子，吾有弱女，送为箕帚妾，此则礼之可通者。"支为备礼而纳之，生立，弱冠中魁，官至翰林孔目。立生高，高生禄，皆贡为学博。禄生大纶，登第。

这对乡邻在历史上有一定名望，如屠勋为刑部尚书，曾上疏要求"暑月疏决囚徒两京一体、五年一遣官录州郡狱"，旨有令行（［明］顾清：《故刑部尚书致仕东湖屠公勋行状》，［明］焦竑辑：《国朝献征录》卷四十四）。支立充任顺天同考官时，大太监汪直 "投千金欲荐其侄，立以状白当事，入闱检其卷抹去，名大震"（光绪《嘉兴府志·支立传》）。对于这些故事，袁黄应有耳闻，因而有一定可信度。我们也可从中粗略感受袁黄的劝善叙事策略，那就是通过身边的善人典范以及可见的善举回报，用具象化的真人故事来教育世人积善修德，颇有老人对子女们进行谆谆告诫的味道。事实上，《了凡四训》就是袁黄为教育子女而作的“训子文”，只是因其具有普遍的警世教育意义，便由家训而成为著名的劝善书。

袁黄墓　嘉善县惠民街道王家村

以刑劝善，并不是袁黄的首创。中国历史上就有“以刑弼教”的法制宣教传统。自唐代形成了德主刑辅的法律体系以来，用刑罚来辅助德治目标的实现始终是统治阶级的理想。因此，对刑事法治故事的宣传说教自然而然地成了社会教化的一种重要形式。“言刑以弼教，使之畏威远罪，道以之善尔。唐虞之治，固不能废刑也。惟礼以防之，有弗及，则刑以辅之而已”（《宋史·刑法志》）。只是可惜，此类道德教化和法律宣传之目的，其底线乃是要求乡民安分守己，勿作非为，否则即是出礼入刑。说白了，就是威刑之下，要求平民百姓尊礼重教，少给统治者添麻烦。

对袁黄这些以刑劝善的故事，可以进行更为宽泛的解读。在这几个故事里，袁黄在教导普通民众劝善行德的同时，也一直在树立公正执法即是积善行德的观念，企图把伸张正义作为执法官吏们的自觉追求。在司法体制腐化、贪官污吏横行、百姓权利得不到有效保护的封建社会里，倡导官吏积善行德来维护社会的公平正义，其实是一种无奈的选择。即使如此，要求执法官吏们具有“善”的道德底线，在今天仍然具有深刻的借鉴意义。

在袁黄的“积善之方”里，积善修德的因果回报是十分明确的。屠勋后来生了三子，又都当了高官；支立之父后娶妾生立，立中进士，子孙之中又有人登第。在其他的法治故事中，鄞人杨自惩同样子孙满堂，二子为南北吏部侍郎，长孙、次孙又俱为名臣；谢都事之子中状元，孙子中探花。总的来看，无非是多子多福、进士及第、高官厚禄、光宗耀祖。这是古人人生价值追求的历史局限，对此，我们不能强求袁黄超越当时的认知水平，提出超越时代的价值理念。

需要特别指出的是，袁黄《了凡四训》以刑劝善的可贵之处，在于宣扬佛家因果报应之说的同时，告诫世人不要被“宿命”论束缚手脚，只要自强不息，积德为善，积行为善，就能在一定程度上改变命运，这无疑具有一定的积极意义。

袁黄不仅是善书《了凡四训》的撰写者，而且也是行善的实践者。他为官时，奉命清核苏松钱粮，上《赋役议》，又请减免额外加征米银十余条款，只是被豪绅所阻而作罢；任河北宝坻知县时，该县赋役倍于他县，积欠粮赋达万石，袁黄上条陈请减免旧额，建议由会通河水运皇米代替车运，朝廷允准。他的言行经历和劝善思想受到后世的推崇，其影响流布至贵州等边远地区，在当今的宗教界以及港澳台等地区仍深深留痕印记。

查慎行著《阴阳判》

敬業堂詩集卷一
海寧 查慎行 悔餘
慎旃集上 盡己未一年
己未夏同邑楊以齋先生以副憲出撫黔陽挌余
入幕時西南餘寇未殄警息烽烟傳聞不一而余
忽爲萬里之行其在陟岵之詩曰尚慎旃哉由來
無棄夫當行役之時不忘父母兄弟而終以危苦
之辭讀其詩者傷其志焉余不幸早失怙恃終遠
兄弟麻衣被體瞻望漣洏因取慎旃以命集自隴
也亦以慰予季也自己未迄壬戌首尾三年凡如
千首釐爲三卷

查慎行《敬业堂诗集》

查慎行（1650—1727），浙江海宁人，初名嗣琏，字夏重，号查田；后改名慎行，字悔余，号他山，赐号烟波钓徒，晚年居于初白庵，所以又称查初白。康熙四十二年（1703）进士，特授翰林院编修；五十二年（1713），乞休归里。雍正四年（1726），因弟查嗣庭案，以家长失教获罪被逮入京，次年放归，不久去世。查慎行是清代著名诗人，著有《敬业堂集》《苏诗补注》《黔中风土记》等；同时，他也是一个戏曲家，著有公案传奇作品《阴阳判》。

《阴阳判》主要讲述的是明洪武年间的事。武进县人朱挺秉性耿宜，好施仁义，常周济孤寡。因为赈济饥民事，与富商庞易生隙。庞易率族人至朱家寻衅，殴朱挺致死。朱挺临终嘱其子朱翊必定要为父亲报仇。然而由于庞家大儿子庞洪在监禁期间受惊吓而中暑瘐死狱中，庞家于是捏造事实，诬告朱挺父子，并贿赂县令卓韦，使庞易等无罪开释，致朱家之冤不得伸张。朱挺子侄辈层层上告，皆因官吏或贪或昏，百控而不得伸冤。阳判不公，遂有阴判。伍子胥显灵，庞易一族及府县贪官皆受阴谴。朱挺之子朱翊因恸哭亡父而死，炎天骤雪，朱挺、朱翊同升天界，朱氏一门亦受旌奖（《中国古代戏曲文学辞典·阴阳判》）。

与同为海宁人的陈与郊著《袁氏义犬》借用历史故事一样，《阴阳判》虽为传奇，也确有实事，为清初嵺城孝子为父复仇之实事而作，只对姓氏、里居稍加改易。剧中朱挺实为朱琦，其子朱翊实为朱羽吉，仇家庞易即庞衡。朱氏一案延续数十年，轰动一时，全案有关材料见《戴天恨述略》一书。今存《阴阳判》为康熙年间刊本，《戴天恨述略》即附刻于后。查慎行为避嫌而将剧情背景改为明初洪武年间，免得朝廷或后人追究，也有利于戏剧演出。作者自述作意云："雀砚尘封，鸾笺虫蚀，十年不秉春秋笔。偶拈别录听声冤，心伤孝子青衫湿。屈陷难平，悲哀罔极，补天孰炼娲皇石？愤呼斗酒谱宫商，助君楚冢鞭三百。"（［清］查慎行：《阴阳判·弁言第一》）

《阴阳判》剧共二十八出。虽然剧中冤案长达二十五年，但朱挺遭殴致死案情并不复杂，剧情重点不在查案，而在于其子伸冤复仇过程以及雷部神如何判案。最终，查慎行以“冥判”的艺术表现形式，对阳间不可能得到的正义判决，通过阴判来显示天下公理与社会正义的存在。在中国古代戏剧史上，此类表现手法屡见不鲜，《窦娥冤》《盆儿鬼》《双报应》《未央天》等杂剧和传奇以及陈与郊的《袁氏义犬》都可归入此列。周贻白在评论《阴阳判》时认为：“全剧宫调颇为整齐，声律及文词皆极稳练。查本以诗名，而作曲亦如是当行，亦人所未知也。至于报仇不成托诸阴判，纯为泄愤之意。”（周贻白：《周贻白戏剧论文选》）

在戏曲中表现神明之判，其实有着悠久的法源传统和深厚的民间信仰基础。法古字写作“灋”，从“水”，表示法律、法度公平如水的表面；从“廌”（zhì），即解廌，神话传说中的一种神兽，能辨别曲直，以角触不直。尽管在法治演变过程中，神兽判决被历史淘汰，但在民间，基于人们对世界认识的局限和无知，对鬼神的恐惧与信仰，通过鬼神宗教信仰来代替神明之判，是普通民众最后的寄托。嘉兴自古信神敬鬼，司马迁《史记·封禅书》记有“越人俗鬼，而其祠见鬼，数有效”等语；《隋书·地理志》说吴中“信鬼神，多淫祀”。嘉兴为吴根越角之地，概不例外。地方著述《古禾杂识》中也有记：“禾人最佞佛，百谄渎鬼神，亦由积习。”在《阴阳判》剧中，朱翊最终受老僧鹤洲片言点化而顿悟出家，由雷部神伍子胥行使阴判，令庞易、卓韦等人一一伏诛，明显是作者劝善惩恶，持因果报应之说，以民间鬼神宗教之判来代替国家惩治，虽大快了人心，却也感受到了现实的无奈。

在这部戏曲本身呈现的神明法治观念之外，查慎行本人的戏曲经历也给这部传奇添上了别样的现实解读。查慎行撰写传奇有其家族传承的因素。海宁查氏以诗书礼乐传家。查慎行族叔查继佐为明崇祯朝举人，精音律，喜弹唱拍曲，家有女乐班，亲自教授，蜚声江南，并著有杂剧《续西厢》《鸣鸿度》，传奇《三报恩》《非非想》等。同时，海宁地方戏曲氛围浓厚，其与明代南戏四大声腔之一海盐腔发源地海盐习俗相近，当地习唱戏曲之风浓厚。因喜爱戏剧，查慎行在康熙二十八年（1689），牵涉洪升在康熙皇帝母亲佟皇后丧期内演出的《长生殿》事件，一并株连了五十余人，这使查慎行直观感受到了祸端随时将至的危机。

查慎行印章

因此，查慎行在创作《阴阳判》时秉持春秋笔法，将真实事件通过易代换地改名托出，如同自己因《长生殿》事件改籍换名一样，避免与当朝统治者有更多瓜葛。长松下散人在《阴阳判·跋》中也云：“此传之作，三吴诸君子读《声怨》《悯冤》二录，悲练川挺奇朱公之惨死，孝子羽吉之百控不得伸而作也。阳判不公，自有阴判，理所固然，至姓氏里居稍加改易，亦有梨园子弟之登场地耳。”（［清］长松下散人：《阴阳判·跋》）

至于写作目的，查慎行明言是希望“为人子者，阅是而知亲之不可忘；为人臣者，阅是而知法之不可枉；贪暴邪淫者，鉴此而回头苦海；好刚任气者，感此而低于底抽薪”，是为“为孝子补缺陷之事，并能为天下后世补缺陷之心”，更是“合天下后世百千万人之公怒、公骂、公乐以报孝子欲报之冤”（［清］查慎行：《阴阳判·序》）。

巧的是，康熙二年（1663）湖州庄廷鑨的明史案中查继佐受牵连，至康熙二十八年（1689）查慎行受《长生殿》牵连，间隔26年，与剧中人朱氏含冤二十五载的时间基本相同。这暗藏了春秋笔法的《阴阳判》，是否别有意味可以体会？

沈之奇撰《大清律辑注》

中国传统法律自成体系，隋唐时已渐完备，至《大明律》而蔚为大观。清初沿用《大明律》，律例更为纷繁芜杂。为保证法律顺利实施，在明清两代，不仅有官方注律，而且形成了私家注律的传统。这些私家注律也经常会被直接作为法律运用的渊源。在这种情况下，一部优秀注律作品不仅具有理论研究价值，而且具有更为重要的现实司法审判指导意义。沈之奇的《大清律辑注》便是这样一部律学名著，被称为“清中叶以后学者引用最多、最具权威的律学著作”（何勤华：清代律学的权威之作——沈之奇撰《大清律辑注》评析）。

文学史上一篇成名作可信手拈来。沈之奇也因一部《大清律辑注》，遂为一代名幕。沈之奇，字天易，浙江秀水县（今浙江嘉兴）人，生卒年不详，正史亦无记载。只是根据《大清律辑注》序言及每卷首印有“秀水太学生臣沈之奇辑注”字样而确定其为嘉兴人。另外，从其《大清律辑注》中的《自序》及蒋东锡《叙》中，可知其曾于淮、徐间的院、司、府、州、县，游幕三十余年，潜心名法，屡佐“烦剧之幕”。从事幕僚，也就是俗语里的“当师爷”，在古代并不是一个十分吃香的职业，当出点名堂来的更是少之又少。沈之奇能凭借其撰写《大清律辑注》而一举成名，必有其过人之处、奇才之得。

一奇之处在于《大清律辑注》之体例完整。沈之奇《大清律辑注》注释的是顺治年间颁布的清王朝第一部完整的成文法典《大清律集解附例》。沈之奇将其四百五十八条大清律文、四百四十八条例分别进行了注释，以个人之力将其逐条解读而成巨著。同时，其自刻本排版分为上、下两栏，下栏是当时行用的律文、条例，每条律文之后有总注（亦称律后注），即所谓“顺文解释于每条之后”（［清］沈之奇：《大清律辑注·自序》），其主要内容是对律文进行逐字逐句的注解，或附以条例作进一步说明，或评析其他律学著作的观点，或加以评论等。而上栏则为沈之奇对律文、注解、条例的注释与评论（亦称律上注），所谓“而又有未尽者，逐节发明，分列上层”（［清］沈之奇：《大清律辑注·自序》），其主要内容是对律意及注释作进一步说明、对律文、条例中的名词作解释、介绍律文产生背景和源流沿革等（何勤华：《中国法学史》第二卷，修订本）。这对于《大清律辑注》研读十分方便实用，不仅可以清晰地看到作者的观点，而且也能够方便读者对照法律条文寻求自己的理解。

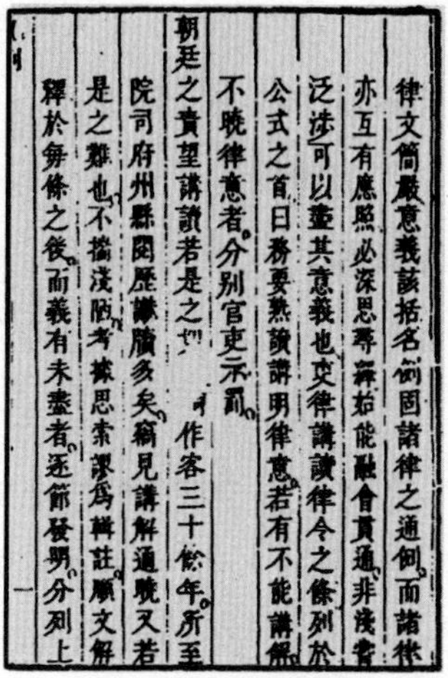
律文簡嚴意義該括名例固諸律之通例。而諸律
亦互有應照。必深思尋繹始能融會貫通。非淺嘗
泛涉可以盡其意義也。吏律講讀律令之條列於
公式之首。曰務要熟讀講明律意。若有不能講解
不曉律意者。分別官吏示罰。
朝廷之責望講讀若是之切。作客三十餘年。所至
院司府州縣閱歷讞牘多矣。竊見講解通曉又若
是之難也。不揣淺陋。考據思索。謬為輯註。順文解
釋於每條之後。而義有未盡者。逐節發明。分列上

沈之奇《大清律辑注》书影

二奇之处在于《大清律辑注》之内容洞见。沈之奇撰写《大清律辑注》花了相当大的功夫，按其《自序》是花了六七年的时间。期间其遍读解律之书，如《读律管见》《读律琐言》《折狱指南》《刑书据会》《读法须知》，等等，并且阅历谳牍多矣，对于各家发明，摒弃穿凿附会之处，“采辑诸家十之五，出于鄙见者半焉”，又对“诸家谬误之处，为世所遵信者，间为指出”。比如，对于被明清时期律学家奉为圭臬的明代律学大家王肯堂的《律例笺释》，沈之奇在《大清律辑注》里对其评述按语有十四条，其中十三条为沈氏的反驳意见，一条为赞同意见（王志林：《〈大清律辑注〉按语的类型化解析》）。又如，沈之奇《大清律辑注》偏重刑律、户律的注释，这既与大清律在社会生活实践中的运用频率相适应，也与沈之奇当幕僚直接接触的案件经历有关。正是这些结合了理论与实践的精彩见解，鲜明体现了沈之奇不迷信权威、注重法律实践的科学态度，也成为这部综合了长期办案经验、精研律学及诸家注律作品的律学名著的精髓。

三奇之处在于《大清律辑注》之流传曲折。沈之奇的《大清律辑注》成书于清康熙五十四年（1715），为沈之奇自刻本。《大清律辑注》一书出版后，受到了清代律学家的好评。何敏在其博士论文《清代注释律学研究》一文中指出，“《辑注》的面世标志着由清人完全用自己观点解释清律时代的到来，也标志着清律学走上了独立发展的道路”（何敏：《清代注释律学研究》）。由于该书的权威地位，后来清廷在乾隆五年（1740）修订律例时，对其观点多有采纳。乾隆十一年（1746），洪皋山增订整理了沈之奇的《大清律辑注》，但因律文变革等原因，洪氏增订本对沈氏辑注内容作了相应删节，已非原本全貌。其他流传也多为节选，与原著有一定差距。尽管时代变迁，但沈之奇对律例辑注的思想观点、历史考证等仍然被重视。在清末法学大家薛允升《唐明律合编》和《读例存疑》中有相当多的引用。但由于各种原因，到了近代，沈之奇的《大清律辑注》正本传世不多。《清史稿·艺文志》（民国初年）中已不载其目。大陆出版的《中国古籍善本书目》（1985年，上海古籍出版社出版了经部，丛书部和史部分别于1990年和1992年出版）对《大清律辑注》一书并无记载，台湾张伟仁的《中国法制史书目》（台湾“中央研究院”历史语言研究所，1976年版）也未提及此书。

好在到了20世纪90年代末，何勤华教授等学者对保存于中国政法大学图书馆的康熙本《大清律辑注》开始进行深入研究。

2000年，法律出版社出版了怀效锋教授主编并由怀效锋、李俊点校的《大清律辑注》，综合了中国政法大学图书馆所藏的康熙原本及北京大学图书馆所藏的乾隆十一年洪皋山本，使后人对于沈之奇《大清律辑注》的研究有了较为完整的第一手资料。今有学者闵冬芳《〈大清律辑注〉研究》专著。

法医学名著《洗冤录详义》

南宋淳祐七年（1247），提点湖南刑狱使宋慈撰成了中国古代法医学圭臬之作——《洗冤集录》。在此之后，元、明、清历朝历代都有人对《洗冤集录》进行研究，并形成了一系列法医学著作，如宋末元初人赵逸斋和元人王与分别撰著的《平冤录》和《无冤录》。清嘉庆十七年（1812），吴鼒（字山尊）将顾广圻（字千里）所藏《洗冤集录》《平冤录》《无冤录》三书合为一书，名《宋元检验三录》，付刻刊行。清康熙三十三年（1694），律例馆更在参证数十种古代医书的基础上修成并颁行《律例馆校正洗冤录》一书，从官方角度对《洗冤集录》进行了系统的总结、整理和修正。尽管如此，海宁人许梿仍然认为谳狱大事，人命至重，而前人著述却未堪尽用。于是，他在《宋元检验三录》基础上进行修订，撰写了清代的法医学名著《洗冤录详义》（四卷），成为清代法医学研究的重要代表作之一。

许梿（1787—1862），初名映涟，字叔夏，号珊林、乐恬散人，清朝藏书家、经学家、书法家、律学家。道光十三年（1833）进士，历官直隶知县（未赴任）、山东平度知州、江苏粮储道，以“吏事精敏、善决疑狱”著称。在任山东平度知州时，“始莅任，决狱捕盗类老吏”，显示了决狱理案的才能。“牧平度八年，邻封有疑狱，大府辄檄委往勘，无不结正或平反者”（《海宁州志稿·许梿传》）。据说他在山东平度任内，七年共审结新旧案一万三千余件。可见许梿决狱理讼效率之高，是一位具有丰富司法实践经验的官员。

正是许梿的丰富司法实践经验，使他认识到了案件检验的重要性。许梿感叹《洗冤录》（即《洗冤集录》）：“自宋迄今，辗转更易，不无讹舛，坊刻鲁鱼尤夥。”（［清］许梿：《洗冤录详义序》）同时，许梿认为狱事检验，于情于理都需慎重：“今夫狱者，受成于众人者也。我不能决，岂无忠信？如仲氏者，起承其后，而今世庶狱轻重，壹皆取平于律例，苟失其平，外而司臬，内而部寺，皆得原情指驳，以正其偏颇，而检验者受成于一人者也。州县而已，伤之有漏无漏，畸重畸轻，司臬不知也，部寺不知也。惟视格目以为断。间有疑所检与案情歧异，驳令他人复检，至于再，至于三，朽骼腐胔，备受惨毒，而亦止于此矣。是有迹者之难凭视，无情为更甚。”（［清］许梿：《洗冤录详义序》）

许梿知道，对《洗冤集录》进行注解、补充、论证，完成对《洗冤集录》的补订和超越并非易事，不仅需要丰富的实践经验和律学理论修养，而且需要具备投入大量精力的奉献精神、务实严谨的治学态度和坚定执着的法治信念。为此，许梿首先选定了《洗冤集录》的早期范本，以免以讹传讹。于是，“搜集各旧本，并元椠本宋慈《洗冤集录》，及无冤、平冤诸录，参互考订，以求其是，亦既有年矣，因勒为详义一书”（［清］许梿：

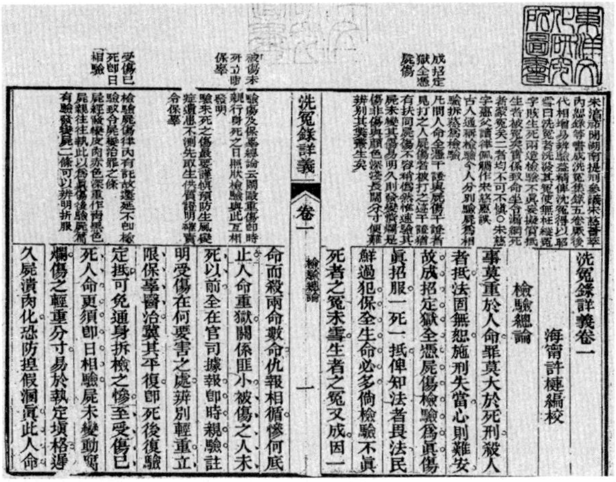
洗冤錄詳義卷一
海甯許槤編校
檢驗總論
事莫重於人命罪莫大於死刑殺人
者抵法固無恕施刑失當心則難安
故成招定獄全憑屍傷檢驗爲眞傷
眞招服一死一抵俾知法者畏法民
鮮過犯保全生命必多倘檢驗不眞
死者之冤未雪生者之冤又成因一
洗冤錄詳義 卷一 檢驗總論 一
命而殺兩命數命仇報相循慘何底
止人命重獄關係匪小被傷之人未
死以前全在官司據報即時親驗註
明受傷在何要害之處辨別輕重立
限保辜醫治冀其平復即死後復驗
定抵可免通身拆檢之慘至受傷已
死人命更須即日相驗屍未變動寃
爛傷之輕重分寸易於執定填格遲
久屍潰肉化恐防揑假涸眞此人命

许梿《洗冤录详义》书影　日本东洋文化研究所藏本

《洗冤录详义序》）。又得到影宋本《洗冤集录》及诸家校本，再次对原书进行修改，凡斟酌损益，四易其稿，最终完成《洗冤录详义》。其次，许梿博采众长，充分吸收前人成果。在《洗冤录详义》之中，许梿录有《洗冤集说》《洗冤集证》《洗冤录表》《洗冤录补》《洗冤录备考》《洗冤录辨正》《洗冤录补遗》《洗冤录节要》《洗冤录续辑》《洗冤汇编》《伤寒杂病论》《梦溪笔谈》《折狱龟鉴》等三十余种律学及相关著述，显示了许梿深厚的研学造诣。再次，许梿精选了自己历年亲检的案件，使之更具说服力。在《洗冤录详义》成书之中，许梿精选自己历年亲检各案附载一二于内，从而使《洗冤录详义》得到司法实践的有力支持。诸此种种，足以使《洗冤录详义》成为法医学著作中的经典。

《洗冤录详义》一经成书，即受到很高的评价。湖北布政使潘霨在重刻《洗冤录详义》序言中写道："古刑名家言存于今者，莫如晋和凝《疑狱集》、宋郑克《折狱便览》。其书皆论平反冤滥抉摘奸佞之事，而于检验未详焉。至理宗朝，湖南提刑宋慈始为《洗冤集录》，专论检验诸法，既详且明矣。国朝许珊林太守复采成案，胪列上方，名曰《详义》，条分缕析，益复了然，于是折狱之吏皆得守其法以定案，而奸胥件作无以售其欺，岂非惠民之良法哉。"（［清］潘霨：《重刻洗冤录详义序》）沈家本在评价《洗冤录详义》也说："近人《详义》诸书，则更于旧《录》之固者通之，疑者析之，缺者补之，讹者正之，辨别疑似，剖析毫厘，并荟萃众说，参稽成牍，视故书为加详矣。"（［清］沈家本：《历代刑法考（四）》，《寄簃文存》卷六）

《洗冤录详义》成书后，不断被后人吸收和借鉴，如葛元煦在《洗冤录详义》的基础上又撰《洗冤录摭遗》二卷（《清史稿》卷一百四十七·艺文三）。光绪三年（1877），湖北布政使潘霨有感于许氏自刻难寻，“购觅之艰”，遂捐俸重刻。刚毅编纂《洗冤录义证》也吸取了《洗冤录详义》中的重要内容，他评价许梿之书为“海内风行，不胫而走”（［清］刚毅：《洗冤录义证序》，清光绪十七年江苏书局刻本）。光绪十七年（1891）近人沈家本在《王穆伯佑新注无冤录序》一文中也指出：“《洗冤录》世多研稽，近来《洗冤录辨正》《续辑》《汇编》《集证》《集注》《集说》《附记》《附考》《摭遗》诸书，其名难偻指数。海昌许珊林太守梿之《详义》，世尤风行。”（［清］沈家本：《历代刑法考》（四），《寄簃文存》卷六）

概而言之，清代研究《洗冤集录》形成的著述多达十余部，许梿的《洗冤录详义》在其中独树一帜，堪称清代法医学研究“影响最大、水平最高、最受欢迎的法医学代表之作”（张晋藩主编：《清代律学名著选介》）。

《唐律·附音义》再现惊奇

中国印刷术的发明与发展，极大地促进了文化出版事业发展与繁荣，刻书、藏书成为文人骚客们十分热衷的兴趣和爱好。自宋以降，各地藏书业渐盛，名楼栉比，藏家辈出，卷帙浩繁，精品迭现，至明清蔚为大观。嘉兴自古是文化之邦，人文渊薮，十分注重文化的传承与积累，产生了大量的藏书家。据《嘉兴藏书史》统计，自宋以后嘉兴历代藏书家达551人（陈心蓉：《嘉兴藏书史》）。嘉兴绵长的藏书史，对于法律书籍的流传与研究有着重要帮助，留下了不少惊喜。譬如，1918年民国藏书大家海宁人张宗祥据私藏宋刻本影写《纂图互注扬子法言》。此书从清廷内阁流出，《四库全书》也未收入，是为孤本。张宗祥影抄三份，一份补充京师图书馆藏，一份交商务印书馆准备刊印，一份自留。而商务印书馆本又毁于日寇“一·二八”战火。若非如此，此版本可能就会绝迹了。

而嘉兴藏书对于法律史的贡献远不止于此，对于宋版《唐律·附音义》的再发现也堪称惊奇。嘉兴藏书家钱泰吉在《甘泉乡人余稿》中记载了发现此书的过程："余偕邵懿辰观蒋氏昆季（蒋光焴）所藏经籍，如入山阴道上，目不暇给，涉览稍倦，位西（即邵懿辰）忽于寅昉架上得一书，连称至宝。余惊异取观，则《宋律》了。偶展此册，但惊为目所未睹而已。"钱泰吉所谓宋律，实为《唐律·附音义》一函四册。钱泰吉是藏书家也是书籍校勘专家，治学严谨，好校古书，曾假人善本，一连勘校数周，一字之舛，也旁求众证。他与同是藏书家的邵懿辰都把《唐律·附音义》误作《宋律》，并非学识不够、草率鉴定，一方面是此书为宋代版本，另一方面确实是有关唐律书籍中除《唐律疏议》之外鲜见存世，两人均未见过类似图书。

收藏《唐律·附音义》的藏书楼是海宁"衍芬堂"，其主人是蒋光焴（1825—1892）。而藏书则从蒋光焴的祖父蒋开基就已经开始了，经其子蒋星纬、蒋星华，大集于蒋光焴，历三代而得各种珍善本十余万卷，内有明末史学家海宁人谈迁的《国榷》抄本一百多卷、宋刊小字本《晋书》等。"衍芬堂"由此与蒋光焴宗兄蒋光煦（1813—1860）的藏书楼——"别下斋"齐名，均为海内外闻名的藏书楼。与蒋光煦经常延揽学者张廷济、费晓楼、管庭芬、许光清等聚集于"别下斋"校勘评论、问难析疑一样，蒋光焴也经常邀请钱泰吉、俞樾、邵懿辰等当时著名学者到他家里鉴别校勘、欣赏研习。《唐律·附音义》就是在这样的背景下被发现的。

嘉兴藏书家对于《唐律·附音义》的贡献不仅在于发现，而且在流传方面也有不少贡献。对于这部弥足珍贵的宋版《唐律·附音义》，黄彭年影印了蒋氏宋刻抄本，嘉兴藏书家沈曾植又命胥吏再抄此本，九行十八字仿宋抄本，刻印蓝格，书口镌“灵溪精舍”，宋体字写成，尾有柯逢时跋，略述此本来历。沈曾植是律学大家，曾供职刑部十八载，精研古今律法，著有《汉律辑存》《晋书刑法志补》等书，薛允升推为律家第一。他对《唐律·附音义》这部书籍的重视和鉴识，既是作为法律学者对这部书籍在法制史上重要地位的承认，也是作为藏书家对于这部珍贵书籍流传的自觉推动。

在《唐律·附音义》这些藏书发现和传承的背后，我们不能忽视藏书家们的辛苦付出。对于《唐律·附音义》等“衍芬堂”的精品藏书，蒋光焴可谓煞费苦心。就在钱泰吉发现《唐律·附音义》一书后不久，海宁受到了太平天国战乱的影响。蒋光焴先是将万卷古籍移藏于海盐南北湖蒋氏丙舍“西涧草堂”；后又将藏书分装五十余箱、十六个橱溯长江而上，辗转江汉间，历时三年，待江浙平定后，才运回硖石。抗战期间又几度易地迁藏，最后迁至上海，藏于某银行保险库中八年，才得以完好保存下来。最终，蒋氏家族于1952年初将藏书悉数捐献国家，分藏于北京图书馆、上海图书馆、浙江图书馆。《唐律·附音义》现藏于国家图书馆。

1977年，上海古籍出版社将《唐律·附音义》影印出版，使这部书籍为更多人所知。冀淑英为之作序，曰："唐律一书，敦煌曾出有唐写本数卷，惜多为斯坦因、伯希和掠往英法。传世刻本则唯今所影印者。四库仅著录《唐律疏议》，未录此书。此本旧藏海宁蒋氏衍芬草堂，有邵懿辰、钱泰吉咸丰五年二跋，皆误称为宋律。独有嘉庆间校勘学家顾广圻获见影宋抄本，审其为唐律。唐律承隋律之旧，宋亦多采用唐律。明改为大明律，篇目仍参照之，故其影响深远。《唐律疏议》本馆已影印入岱南阁丛书中，此宋本唐律，除二、三传抄本外，世不多观，故特影印流通，庶可与《唐律疏议》参读，以供治律学者之参考。"这再一次论述了宋版《唐律·附音义》这部书籍对于法治研究的重要参考价值。

附带要说明的是，蒋光煦的"别下斋"藏书则没有"衍芬堂"藏书那么幸运，不仅书籍在太平天国战乱时被焚，蒋光煦本人闻此噩耗后也呕血而亡。这也从另一个侧面反映出了数百年来历代藏书聚聚散散的不易与艰难，也反衬出《唐律·附音义》等珍贵历史文化遗产流传至今的幸运。也许值得告慰的是，蒋光煦后人蒋百里后来在上海曾仿其刻"别下斋丛书"而出版了《共学社丛书》，在1920年9月到1935年7月的十五年间出版丛书十六套，共八十六种，是当时规模最大的学术文化丛书之一。此为后话。

沈曾植治律管窥

沈曾植（1850—1922），字子培，号巽斋，别号乙盦，晚号寐叟，浙江嘉兴人，是晚清著名学者，于经、史、音韵训诂、西北与南洋地理、佛、道、医、古代刑律、版本目录、碑帖、画、乐律莫不所学。《清史稿·沈曾植传》谓：“为学兼综汉、宋，而尤深于史学掌故，后专治辽、金、元三史，及西北舆地，南洋贸迁沿革。”胡先骕在《海日楼集跋》中称为“同光朝第一大师”。

沈曾植是清光绪六年（1880）进士，由刑部主事后升刑部贵州司员外郎、刑部江苏司郎中等职，在刑部工作十八年，研究古今法律甚有心得。其“专研古今律令书，由大明律、宋律统、唐律上溯汉、魏，于是有《汉律辑补》《晋书刑法志补》之作”（《清史稿·沈曾植传》）。沈曾植曾为刑部尚书薛允升作《汉律辑存》，薛允升也推为律家第一。只是，沈曾植的《汉律辑补》《晋书刑法志补》等著作今俱佚，难觅其律学研究之风采。

今之沈曾植遗留律学研究之作，约略见其《海日楼文集》第七卷，辑有《汉律辑存凡例》《影宋本重详定刑统跋》《高进宝狱辞》《书张氏二烈女事》等为数不多的几篇。今从《海日楼札记》辑其律学札记十余条，管窥一斑，钩沉一得，凡之有四。

沈曾植像　嘉兴市姚家埭沈曾植故居内

一曰考订律史。沈曾植治律严谨，善以考据史学对待律学研究，或为辨析律意，或为考订律史，或为考订版本，以阐述律史，有滋理解。《海日楼札记》卷一“利刑”条指证了利、刑两字“刀”字旁之不同，云：“利旁从刀。刀，泉布也。刑旁从刀。刀，罚锾也。”《海日楼札记》卷三“元世祖不用回回法”条，云：“至元二十七年，江淮行省请仓库官欺盗钱粮，依故宋法，黥而断其腕。帝曰：此回回法，不许。元祖知回回刑法不可施于中国，而宋人用之，可怪也。”以元世祖的说法，证明了宋代刑法中“黥而断其腕”是起源于回族的。《海日楼札记》卷三

“宋代律敕”条，详细记述了宋神宗对律敕格式等法律形式的定位。其云：“宋神宗置狱修敕，诏中外言法不便者。元丰二年，左谏议安焘等上诸司敕式，上以律不足周事情，凡律所不载者，一断以敕，仍更其目曰敕令格式，而律恒存于敕之外。谕之曰：禁于未然之谓敕，禁于已然之谓令，设于此以待彼谓之格，使彼效之谓之式。修书者要当识此。于是凡入笞杖流死自名例以下至断狱十有二门，刑名轻重者皆为敕。自品官以下至断狱三十五门，约束禁止者皆为令。命官之等十有七，吏庶人之赏七十有七，又有信全分厘之级，凡五等，有等级高下者，皆为格。表奏账籍关牒符檄之类，有体制模楷者，皆为式。八年书成，上云：按禁于未然四语，宋代士人相习称用，若法家之通例者。其实此了编敕三例，非律令通例也。宋自名例至断狱十二门，附律之敕也，自品官至断狱三十五门，附令之敕也。常存于敕外者，敕虽以律编次，而不相并合，律自为一书，敕自为一书。”其他如《海日楼札记》卷三“八条之刑”“法经六篇”条等，也都记载或考证了古代律学上的史实。

二曰稽古照今。沈曾植治律并非简单地钩辑史料，也对当时法治陋习有所意图。他在《海日楼札记》卷二“官评”条写下了偶读新安志的感慨，云：“古今势异，不独政令。至于官评，亦关风尚。羊欣为太守，在郡四年，以简惠政。江秉之在新安、临海，并以简约著称。宋世惟顾恺之亦以省务著绩。自余虽刑政修理，而未能简事。云伏恒在郡清恪，徐摛为政清省，唐以后无复此语矣。然窃谓史记所称循吏，诸公犹庶乎近之。”其对照古代官员考核评价，检视自己尽勉却难以简事之难，从一个侧面反映了晚清弊政难消的现实。《海日楼札记》卷三“杨振论律”条载杨振墓志云：“泰和中见公府文移因循苟简，私谓所亲曰，我往在丹州，见宋末案牍不求事实，止以虚文相欺。比来官政，殆似之矣。及泰和律下，阅之逾日，不乐者久之，曰：乱矣！或问之。曰：我见大定制不如皇统，皇统不如旧制。圣人之法，本从简易，人情不同，罪状亦异。一事可与相当者，但比附为义，使司法者得以恕心从事耳。今乃事事先之防，是犹千堤万堰以障江河，必无是理。无不可行，将日见抽易，纷纷不已，不将乱邪！”这同样反映了晚清刑政陷入了文牍来往的难改积习，潜藏着沈曾植推进刑政改革的期望，这与其所持君主立宪的立场一致。

三曰据史策己。沈曾植在刑部工作18年，晋升之途虽有前景，但或多或少总有些职业厌倦，于是在治律治史之外，不免有些许感慨，或有身同之感，或有策己之意。其《海日楼札记》卷二“陈璋明律”条载：“献征录：陈璋，字宗献。授刑部主事时，司寇张公子麟精法律，属多难之。璋曰：士不读书，谓之废学；官而不读书，谓之旷官，况生死人乎！乃研求法意，至忘寝食，有疑难，亲为注解，遂以法家名，历员外郎，有恤刑录行于世。”他记载陈明璋专研法意的表现，似乎正是鼓励自己深究古今律令终有所成，其后所著《汉律辑补》《晋书刑法志补》当是如此。同在《海日楼札记》卷二载“祁恭恪察狱”条，云：“祁恭恪为刑部侍郎时，有烧杀一家数命者，司员以误遗火种，风烈延烧为词。公不答，徐取日记小册示之曰：某日之夕，星斗灿明无风，君为囚地，独不为一家数命地邪？卒拟抵。其不为世俗之仁如此。公以嘉庆元年成进士，年二十。自刑部主事升员外郎中，皆坐秋审处，数随谳狱山西、直隶、湖南、广西诸省，展转郎官，越三十年。道光四年，乃外授河南粮盐道。五年，授浙江按察使。六年，擢贵州布政使。九年，拜刑部侍郎。去外擢才五年耳。武康徐蔡氏之狱，亦公雪之。”在这里，沈曾植似乎表达了自己不仅希望能够做个像祁恭恪那样恪尽职守的好官，而且也有希望自己外放为官时能够有所作为的心情。巧合的是，沈曾植的个人履历也几乎是在复制祁恭恪的轨迹，治政履职颇显其风范。《清史稿·沈曾植传》谓：“曾植为政，知民情伪，而持之以忠恕，故事治而民亲。”

四曰钩沉明法。沈曾植记载了有关前人学律、读律、制律、执律的经验总结，对后人研究律学有所帮助。如《海日楼札记》卷三载“元稹论刑之难”条，云：“元稹《行冯宿州刑部郎中制》曰：‘亟则失情，缓则留狱，深则疑恕，继则失奸。惟是四者，是刑之难也。’”《海日楼札记》卷三“律加减”条云：“姚文恪公曰：‘律如十二律，因加减而成者，或加一等、二

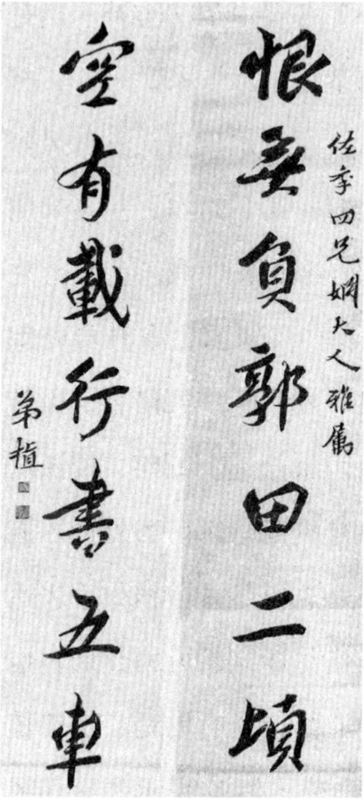

沈曾植书法作品

等、三等，或减一等、二等、三等。明于加减之故者，可以读律，可以作律矣。律中加减最精者，莫过于斗殴、诬告二条，欲明加减之故，自熟读此二条始。’”《海日楼札记》卷三记载了潘杓灿“刑名十六字”之说，云：“加减计通，坐听所依，并余递重，但亦称同”，谓之刑名十六字。《海日楼札记》卷三“律母”条云：“以准皆各，其及即若”八字，相传谓之律母。这些前人的智慧结晶，在沈曾植眼里是颇有意义的，对于后人研学也颇有借鉴。而这种近似口授相传的律学传承形式，不一定见诸正史，也值得研究。

沈曾植作为一代学者大儒，虽然在清末拥护新政，尽有革新之意；但辛亥革命之后在张勋复辟时被授学部尚书，成晚清遗老代表，纵学术成就可赞可举，然政治立场逆时代潮流。

张元济出版法律书刊

张元济（1867—1959），字筱斋，号菊生，浙江海盐人，著名出版家。清光绪十八年（1892）进士，翰林院庶吉士，历任刑部贵州司主事、总理各国事务衙门章京等职。曾创设通艺学堂于北京，传授西语及科学知识。参加戊戌百日维新，变法失败后被“革职永不叙用”。1902年，张元济进入商务印书馆，历任编译所所长、经理、监理、董事长等职。新中国成立后，担任上海文史馆馆长，继任商务印书馆董事长。作为商务印书馆这家国内知名出版机构的主掌者，张元济以其曾经刑部主事的身份以及参与“戊戌变法”的经历，主动顺应清末新政和民国建立的形势，在出版法律书刊方面颇有建树。

在国外法律图书译介方面。20世纪初，在清廷宣布推行新政后，社会迫切需要大量的西学引介作为理论应对，尤其对于近邻日本的法律法规和法学理论的需求更为迫切。张元济利用所主持

清末商务印书馆编译所

的南洋公学译书院和商务印书馆，翻译了大量日本法律书籍，如《法学通论》（织田万著，刘崇佑译）、《法律经济通论》（石水宽人著，何炳时译）、《国法学》（笕古参著，陈时夏译）、《民法原论》（富井政章著，陈海瀛译）、《民法要论》（梅谦次郎著）、《国家学原理》（高田早苗著）、《刑法通论》（冈田朝太郎著）、《国法学》（有贺长雄著）、《列强大势》（高田早苗著），等等，掀起了法政译书的高潮（参见程波：《〈新译日本法规大全〉与晚清新政》，《华东政法大学学报》，2009年第二期）。尤其在1907年，商务印书馆出版了10函81册、400万字的《新译日本法规大全》，取得了巨大的成功。清末重臣、曾出洋考察宪政的载泽评价张元济和《新译日本法规大全》："喜其用意深切，可为我国之导师也。因为之弁言，以质世之治法政学者。"（《新译日本法规大全（点校本）》第一卷，载泽序）当然，商务印书馆出版的法律书籍并不局限于日本法律书籍，也有严复翻译的法国孟德斯鸠的《法意》（即《论法的精神》）等。

在国内法律法规汇编方面。自1901年清廷宣布实行新政以来，到1911年辛亥革命止，清政府实施了大规模的宪政改革和变法修律实践，先后颁布推行的新政法令达2000余件，极大地推进了晚清政府在宪政、外交、内政与实业各个领域的深刻变革。张元济组织商务印书馆承担起了收集和整理新政修订法律的重任。在商务印书馆编译所主持下，将光绪二十七年（1901）以来的新政法令汇编纂集成册，先后出版《大清光绪新法令》二十册（1901—1908）和《大清宣统新法令》三十五册（1909—1911）。这两套书是中国近代出版史上规模最为宏大的法规汇编，全部是经过清政府正式认可、完成立法手续的法律文件，同时借鉴西方部门法编撰体系纳入宪政、官制、外交、民政、财政、教育、司法、实业、交通等各个领域的法律法规，全方位展示了清末十年新政改革与变法修律的法制建设成果，完整记录了清末新政期间中国社会近代转型中在政治、外交、经济、军事、教育等方方面面的巨大变化，不仅使当时人得以一睹新政修律的立法成就，而且更为后世学人的历史研究提供了一部全面、翔实、权威的基础史料。这套前后共计三百余万字的巨制在当时一经出版，即产生了极大影响。此外，商务印书馆还积极出版、推荐国内学者的法政著述，有杨廷栋的《钦定宪法大纲讲义》、陶葆霖的《新编现行法制大意》、孟森的《新编法学通论》、高梦旦的《九年筹备宪法一览表》以及专为各级议员使用的《谘议局、资政院、自治会议员必携》—— 一本集资政院院章、谘议局章程、府厅州县城镇乡及京师地方自治章程等资料的手册，等等。

在新兴法政杂志出版方面。张元济充分认识到了实现社会革新必须要有报刊杂志进行舆论准备的重要性，积极致力于用大众媒体传播宪政声音。1904年创办的《东方杂志》就带有浓厚的立宪色彩，在各期“社说”中录有《中外日报》的《论中国必革政始能维新》，《大公报》的《论中国立宪之要义》、时评《奏请立宪之风说》，等等（张人凤：《戊戌到辛亥期间的张元济》）。1911年初，张元济与沈钧儒、林长民、孟森、孟昭常等二十四人发起创办了《法政杂志》，刊发了大量由发起人撰稿的研讨、评论文章，翻译了大量外国法政文章，以及清廷颁布的法律、法令、条例、章程等文件，是我国较早的法律专门杂志。辛亥革命后，杂志转向支持与宣传共和，直至1915年停刊。这些报刊杂志，大量介绍了国内外的法政动向，鲜明地表达了张元济等人支持社会革新的倾向。但客观来看，这些杂志并没有取得特别大的成功。

在新式教科书发行方面。张元济敏锐捕捉到了新式学堂开办、国民教育肇兴对新式教科书的需求。商务印书馆在1904年编辑出版的《最新修身教科书》，不再提“忠君”和“三纲五常”，宣传了民主、平等、博爱等新观念，列入了“守法”等课程，取得了巨大的商业成功。清廷在辛亥革命的枪声中轰然倒塌后，商务印书馆顺应形势，迅速推出了更能反映现代民主法制要求的新式共和国教科书系列，其后十年间，共销售7000万册至8000万册之多，是当时影响最大的一套教科书，其中包括商务印书馆编辑陶葆霖（嘉兴人）撰写的《共和国教科书·法制概要》等分册，在《共和国教科书·新修身》分册中也有不少守法律、服兵役、纳税、教育、选举、平等、自由等涉及法律的课程。

张元济早期主持出版的这些法律书刊，在一定程度上可以说是变法新政思想的延续，也寄托着通过法政教育提升国民素养的希望，在特定背景下实现了商业经营与个人理想的合辙。

陶葆霖主编《法政杂志》

嘉兴人陶葆霖（1870—1920），字惺存，是清末重臣陶模的次子。其父陶模曾任新疆巡抚、后署陕甘总督，后调任两广总督，是清朝封疆大吏，在维护国家主权和领土完整方面不卑不亢，与英、俄等列强据约力争，使坎巨提、巴尔鲁克山等地回归中国。而更为重要的是，陶模思想开明，主张维新，在任两广总督时曾派吴稚晖率领学生赴日本留学，并且“请停捐纳，废科举，训旗兵，罢宫监，次第入告，绝无瞻顾意”（［清］陈豪：《两广总督陶勤肃公墓志铭》，见《嘉兴历代碑刻集》），积极推动清末“新政”。

受父亲影响，陶葆霖在光绪二十一年（1895）补嘉兴府学生员后，又在光绪二十八年（1902）留学日本法政大学，与后来的法学名家汪兆铭、程树德等皆为同学，成为日本法政大学法政速成科第二期修业生。1905年，陶葆霖毕业后应张元济邀请，加入商务印书馆，从事编辑、翻译和著述等工作。张元济主政的商务印书馆在中国近现代法律发展史上有着重要地位，不仅编译出版了一系列国外法律著作，积极引介国外先进宪政理念；而且在编辑整理本国法律资料方面也有着重大贡献，着力实践宪政行动。陶葆霖也在其中发挥了杰出作用。

当时，清廷在1901年宣布实行“新政”，设立宪政编查馆等机构，开始大规模变法修律；到1911年辛亥革命止，清廷先后颁布推行的新政法令达两千余件，推动了晚清政府在宪政、外交、内政与实业各个领域的深刻变革。张元济自主掌商务印书馆后，虽然已不再主动介入政界活动，但一直致力于推动“戊戌变法”时未竟的维新事业，对于清廷推行新政寄予了极大期望，对新政之后的新法令保持了出版人的敏锐关注，开始了新政法令的编辑整理工作。而将相关新政法令汇总并分门别类整理，编辑人员需要具备一定西方法学训练基础。于是，张元济组织商务印书馆编译所聘请具有留日法学背景的陶葆霖、刘崇杰、王我臧等学者进行了编辑与整理。

陶葆霖在商务印书馆编译所参与“新政”法令的编辑与整理，不仅是因为他具有留日法学背景，而且他还有一个重要的便利条件，那就是他的兄长陶葆廉任职于清廷宪政编查馆（1907—1911），使他收集新政法令更便捷、权威。在陶葆霖等人的努力下，商务印书编译所将光绪二十七年（1901）以来的“新政”法令汇编纂集成册，先后出版《大清光绪新法令》20册（1901—

1908）和《大清宣统新法令》（1909—1911）35册，共计三百余万字。此两部巨制在当时一经出版，即产生了极大影响，又多次再版，对于宣传“新政”起到了重要作用。而从现在来看，这两部“新政”法令汇编较为完整地记录了清末“新政”期间在政治、外交、经济、军事、教育等方方面面的国家立法变化，记录了对传统法律的目的性改造和对西方（主要通过日本）近代法律的选择性接受，是研究中国社会近代法律体系转型的权威资料。

陶葆霖在整理汇编、编译法律之外，还担任了《法政杂志》主编。宣统三年（1911）3月25日，由林长民、沈钧儒等人发起上海法政杂志社，由商务印书馆发行《法政杂志》，其主旨为：“研究法律政治现，参证学理，以促进群治”，最初旨在“以备预备立宪时代当立法司法行政之局者取资之用”，积极推进立宪“新政”；主要栏目设有：社说、资料、杂纂、专件、图画、记事、附录等。陶葆霖不久就担任了《法政杂志》主编，利用当时新兴的媒体力量推介宪政，宣传法律知识。例如，1911年8月，《法政杂志》刊出了《共和政体最良之宪法草案》（第二卷第七号）、《政党之观念》（同上）、《北京律师公会暂行会则》（同上）、《比较共和国宪法论》（第八号）、《论美洲合众国三权分立之真相》（第十号）、《司他摩拉氏之法理学说梗概》（同上）、《责任内阁论》（第四号）、《代议制衰秃论》（同上）等，对共和、民主、法治、三权分立、律师辩护、罪刑法定等观念作了介绍。陶葆霖主编《法政杂志》的风格稳健，在进入民国后没有使《法政杂志》拖着“保皇”的后腿，继续保持对宪政的一贯追求。可惜，《法政杂志》因种种原因于1915年12月停刊。

嘉兴图书馆　由陶葆霖等捐书筹建其前身嘉郡图书馆

作为中国较早的法政学人，陶葆霖不仅在出版业界为宪政摇旗鼓吹，而且还积极上阵撰文宣传、引介宪政和法律知识，贯穿了清末“新政”和民国初期。他先后撰写了《调查户口章程释义》《共和国教科书·法制概要》《中华民国国会组织选举法浅释》《惺存遗著》等著作，并发表了《中华民国之宪法》《比较共和国宪法论》《评宪法起草委员会之议决各项》等数十篇论文。纵观这些著述，不仅可以看到其履行《法政杂志》主编职责的强烈责任感，而且也可以看到历史所赋予法政学人的强烈使命感。

陶葆霖推动宪政并不仅仅停留在出版业界，还积极参与了地方与国家宪政实践。清廷于1908年公布了《各省谘议局章程及议员选举章程》，浙江于当年10月设立省谘议局。陶葆霖当选为第一届浙江省谘议局议员，与沈钧儒等14名谘议局议员同列。陶葆霖在一次常会上提出了《本省行政命令施行法》的议案，共五条，拟规定除章程规定之外的其他事件，非经谘议局议决，巡抚不能公布施行。这大大限制了浙江巡抚的权力，浙江巡抚当然不肯轻易就范，以“行政命令范围甚广，不能专以谘议局议决事件而设”作为答复。谘议局接讯后将原案改为《关于谘议局议决权内行政命令施行法》，再次议决并呈请施行。浙江巡抚不以为意，又将此呈送宪政编查馆核议。宪政编查馆回复，“此议案另行更正”。该法案被退回后，由于陶葆霖此时已选为资政院议员，改由谘议局副议长沈钧儒提出，并作了修改和归并，但核心议点不变。浙江巡抚仍交令复议，但谘议局坚持原议；浙江巡抚只得再次呈送资政院复核，终未能成为施行案。陶葆霖提出的议案虽然没有施行，但已经强烈地表现出了谘议局代表心中的议会制度影子。而在资政院，陶葆霖也积极活动，在第一次资政院年会的分股议事中出任特任股员达七次，为发挥资政院的议政功能、推动宪政实现做出了努力。

陶葆霖于1920年7月逝世，颇有壮志未酬身先死的遗憾。

昆曲《十五贯》的整理与改编

昆曲《十五贯》是清初戏曲作家朱素臣所作的传奇作品，是一出传统公案戏剧。它讲述的是明代永乐年间，无锡屠户尤葫芦被窃贼所杀，其女苏戌娟与商人熊友兰被当作嫌疑犯捕送官府；无锡知县过于执主观判断苏、熊二人通奸谋杀，将他们判处死刑；苏州知府况钟在监斩时发觉罪证不实，连夜去见巡抚周忱请求缓刑复查，获准后作深入细致调查，终于拿下真凶娄阿鼠，其中又有熊友蕙与侯三姑的冤案。两桩案子都因十五贯钱而起，两桩冤案的受害者都姓熊，况钟审案之前还曾有两只熊托梦，因而此剧又名《双熊梦》。1956年，经过改编的昆曲《十五贯》作为戏剧界执行“百花齐放，推陈出新”方针的典型，进京演出取得了极大的成功，得到了毛泽东、周恩来等中央领导同志的赏识和文化部的肯定。这不仅改变了昆曲剧种的命运，被称为“一出戏救活一个剧种”，也为传统戏剧界迎来了发展的春天，在中国戏曲发展史上写下了重要一笔。而这出戏的整理与改编，不得不提及两个嘉兴人，一是张宗祥，另一为黄源。

上

张宗祥（1882—1965），原名思曾，后慕文天祥为人，改名宗祥，字阆声，号冷僧，别署铁如意馆主，浙江海宁硖石人。清光绪二十五年（1899）中秀才，二十八年中举人。先后任教于嘉兴、杭州等多所学堂。宣统二年（1910）赴北京应试，得殿试一等（相当于旧科举中的赐进士及第），任大理院推事兼教清华学堂地理课。辛亥革命后，在浙江军政府教育司工作。民国三年（1914）进京任教育部视学，民国四年（1915）参加反对袁世凯称帝运动，后兼任京师图书馆主任。1922年南返杭州，任浙江教育厅厅长，奔走沪杭募款补抄文澜阁《四库全书》，又实行中等学校“三三制”等新学制整顿教育。1949年后，任浙江图书馆馆长、浙江

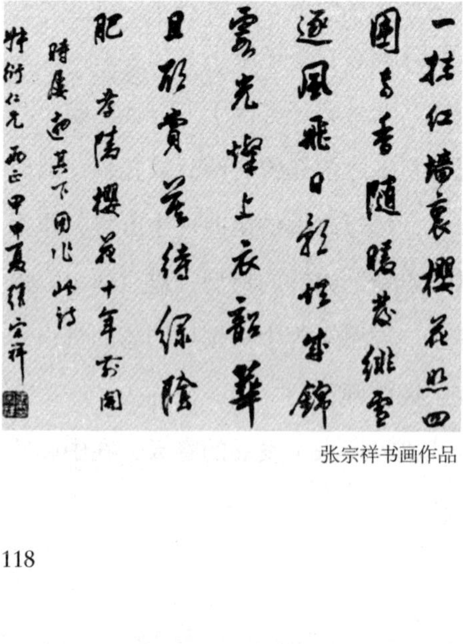

张宗祥书画作品

省文史研究馆副馆长、西泠印社第三任社长等职。

张宗祥改编昆曲《十五贯》应该说是公认事实，但张宗祥何时参与昆曲《十五贯》改编，却大多语焉不详。在1930年前后，昆曲传习社培养的刚出道的“传”字辈演员在上海以“新乐府”为班名演出，张宗祥就常去听曲，散戏后常邀小演员同饮，借此跟他们说剧情、讲解曲文，指明了历来写昆曲的都是文士、唱昆曲若不通文墨难有发展的道理。后来，张宗祥就挑选了“传”字辈中的周传瑛、张传芳、姚传芗等五人到他寓所切磋，为昆曲的传习、改编、发展作了重要铺垫。由于当时周传瑛等初出茅庐，张宗祥的昆曲造诣也没有达到一定高度，那时张宗祥就参与改编，可基本确定是不可能的。而纵观张宗祥一生的戏剧和主要戏曲研究成就，其创作与改编昆曲主要在50年代中期，也就是1953年周传瑛所在国风苏昆剧团（后改为国风昆苏剧团）落户杭州之后。张宗祥时任浙江图书馆馆长，曾勉力帮助剧团解决了栖身场所。此后，张宗祥便与国风苏昆剧团在昆曲演出、创作、改编等方面时有交集，其众多创作、改编戏剧也是在国风苏昆剧团

电影《十五贯》剧照

主要演员们的配合下完成的。昆曲《十五贯》的改编应该就在那时，即在1953年至1955年间。

那么，张宗祥为什么要改编昆曲《十五贯》？张宗祥一生改编、整理、创作戏曲，在于其听曲懂剧之后，先是校订和整理了清人姚燮的《复庄今乐府选》《某心雪传奇》等，后来又改编了《长生殿》《浣纱记》等昆曲，又创作了昆曲《荆州记》《平飓母》，另外还创作了苏剧、京剧《马二先生》《卓文君》，在戏曲理论方面著有《中国戏曲琐谈》等。若细究张宗祥参与改编、创作的传统戏曲，不乏出于现实目的，比如，为配合新婚姻法宣传，编写了京剧《卓文君》；也有饱含着对先辈艺术家的纪念，如纪念吴敬梓先生，编写了《马二先生》；为纪念著名戏剧家洪升而改编了《长生殿》。这可以看出，张宗祥之所以参与戏曲改编，既出于对传统戏曲的欣赏与热爱，也有希望传统戏曲能够适应时代的内心期许。为纪念洪升逝世250周年，张宗祥在1954年建议国风苏昆剧团改编、排练、演出了《长生殿》，曾专门题诗："褛衣旧帽破龙袍，卓艺绝技品自高，流落江湖终不悔，明珠出土在今朝。"因此，《十五贯》之类的传统戏曲需要适应现实的需要和观众的审美变化，不能停留在旧式文人的自娱自乐，接受改编是大势所趋。张宗祥改编昆曲《十五贯》也就适逢其时、恰逢其人了。

张宗祥改编戏曲有自己的独特方法。每次在改编、创作的剧本之后往往附有说明，不但“鸳鸯绣了从教看”，还“甘把金针度与人”。比如，改编《浣纱记》第二折《访施》，在说明中讲道：“原书《游春》一折，范、施订婚，事既突然，又蹈才子佳人老一套，此折是合《游春》《捧心》《迎施》诸折，剪裁而成的……原本用韵由麻转支，一折二韵，向有此例。惟可用一韵的，还是用一韵，唱时较协调……凡昆曲，一折曲牌，实有一定，首用何牌，次用何牌，不可任意删移，方合规律。”这种整理方式在今天看来也是难能可贵。可惜，张宗祥的昆曲《十五贯》整理本没有保存下来，我们不得窥其改编的原意。但我们知道，昆曲《十五贯》原剧共有26出戏，可分上、下两场演出，演出需要较长时间。而在1956年演出版本改定之前，国风昆苏剧团在杭州演出的初始版本较原剧已有较大改动，从原著的第八出开始，只选了11出戏（《商赠》《杀尤》《高桥》《朝审》《男监》《判斩》《见都》《踏勘》《访鼠》《测字》《审豁》），虽然戏中仍保留着熊友兰、熊友蕙兄弟双线发展结构，已可压缩在一个晚上进行演出。而这，应该就是张宗祥整理的昆曲《十五贯》版本了。

需要指出的是，昆曲《十五贯》作为一出传统公案戏剧，涉及明代司法制度（清朝基本继承了明朝的司法制度），若对此没有一定了解，想要把握原著精髓进行改编还是有一定难度的。而这对于张宗祥来说并不是问题。张宗祥当年以殿试一等入朝，以主事（正六品）任用，至大理院（原大理寺，相当于最高法院）民事二庭，不久改推事（法官），第二年又调刑事三庭，迁五品。尽管事实上，张宗祥并没有怎么到大理院任职，主要在清华学堂任地理教员，但这段经历却让张宗祥对司法制度和审判案件实践有了大致了解。这种传统司法经验也在其短暂的为官生涯中颇有体现，如1925年至1926年任瓯海道尹时曾整顿司法，狠刹赌风。相信在改编公案戏昆曲《十五贯》时，张宗祥的传统司法背景应该对改编大有裨益。

下

真正使昆曲《十五贯》成为戏曲经典中的经典，则是海盐人黄源。

黄源（1905—2003），名启元，字河清，浙江海盐人。1920年，就读于嘉兴秀州中学，与当时著名翻译家朱生豪是前后同学，后留学日本。1927年进入上海劳动大学编译馆工作，曾在鲁迅主持的《译文》刊物担任主编。1938年参加新四军，1943年调任鲁迅学院院长。1949年上海解放后，任军管会文艺处副处长、华东军政委员会文化部副部长、华东局宣传部文艺处处长等职。1955年调浙江，历任省委宣传部副部长、省文化局局长、浙江省文联主席等职。

黄源藏书楼　海盐南北湖

黄源选择改编昆曲《十五贯》有其现实目的。1955年春，浙江省省长沙文汉答应了著名剧作家田汉让国风昆苏剧团去北京演出的邀请，于是把这个任务交给了刚调来的黄源。黄源领命后，正琢磨着排什么剧目来配合“肃反”运动形势，来教育和启发干部群众在处理案件时明辨真伪，凭事实作出判断，杜绝片面主观武断行为。是年11月，黄源邀请上海电影局局长张骏祥到杭州三元坊解放剧场观看国风昆苏剧团的戏，那晚演出的恰巧就是昆曲《十五贯》，演出版本应该就是已经张宗祥整理过的版本。黄源敏锐地觉察到了昆曲《十五贯》中坚持按事实办案的况钟与官僚习气严重的过于执、周岑之间的典型对比，具有教育广大干部群众参加“肃反运动”辨明事实的现实意义。

于是，黄源当晚回家即寻找昆曲《十五贯》剧本观看，但只找到了其中的《判斩》《见都》《踏勘》《访鼠测字》四个主要折子戏。第二天，黄源又调阅了剧团的演出本（后来又从梅兰芳先生那里借来朱素臣原著）。紧接着，他和文教部文艺处处长、作家郑伯永及浙江越剧团著名导演、剧作家陈静合作，以他们三人为主，成立昆曲《十五贯》整理小组，以黄源为组长，郑伯永为副组长，陈静为整理本执笔和执行导演。参加整理小组的还有演况钟的周传瑛、演娄阿鼠的王传淞、演过于执的朱国梁、演周岑的包传铎、演熊友兰的龚祥甫和主笛李荣圻、司鼓项金根、主胡俞金荣等。

经过近一个月的改编和排练，整理本昆曲《十五贯》最终面世，共有八场戏：《杀尤》《受嫌》《被冤》《判斩》《见都》《踏勘》《访鼠测字》《审鼠》。整理本名为整理，实际上已作了较大的改编和再创作，不仅清除了原剧中夹杂的迷信、托梦等封建糟粕，强化了况钟坚持实事求是、明察秋毫查案的唯物主义精神，增强了况钟与过于执的对比冲突，鲜明地刻画了诸多人物形象；而且，新编本昆曲《十五贯》删去熊友蕙、侯三姑这条发展线索，使剧情脉络更为清晰，避免剧情过于“巧合”，同时又调整了每出戏的节奏，果断地对全剧文词进行大改，去掉生涩难懂、冗长及与人物身份不符的唱句，改写成通俗、贴切又不失文雅、机趣的文词，使演出现场效果特别好，得到观众的高度肯定。

昆曲《十五贯》整理本1956年元旦在浙江胜利剧院正式演出，竟然在杭州一发连演24场。接着，国风昆苏剧团移师上海，1956年2月14日起演出于上海永安公司剧场，又一连演出25场，获得了各界人士的广泛好评。于是，昆曲《十五贯》决定去北京演出，但这已经不是受田汉邀请去的，而是由时任中宣部部长的陆定一同志指定的。1956年4月1日，黄源所在的浙江省文化局请示省政府后决定：将民营的国风昆苏剧团改建为国营浙江昆苏剧团，成为表演昆剧的全昆剧团；同时，由剧团准备了《十五贯》和《长生殿》两台大戏，于4月4日起程赴京。黄源又专门确定了带队人员，对演出事项进行详细交代，要求到了北京要坚持演出《十五贯》，不能因为初演冷场而轻易换戏，并要求每天晚上向他打电话汇报北京演出情况。

浙江昆苏剧团于4月8日、9日开始内部招待演出《十五贯》《长生殿》；10日起，正式公演《十五贯》。虽然剧团开头的演出场面并不火热，但首都文艺界、戏剧界的名人都对《十五贯》给予了大力支持。梅兰芳、欧阳予倩、田汉等都来看戏，田汉等同志还专门著文评论《十五贯》，使《十五贯》在京演出比较快地热火了起来。4月17日，昆苏剧团进入中南海怀仁堂，为毛泽东主席等党和国家领导人演出了《十五贯》。4月19日晚上，刚从外地回来的周恩来总理在广和剧场观看了《十五贯》，并给予了高度评价。随后国家有关部门出台了一系列有利于戏曲发展的措施，4月30日，国家减免全国的文化娱乐税；5月3日公布《文化娱乐税条例和施行细则》，宣布戏曲等七项文娱税降低至2%—10%，并免征两年；同时，铁道部门宣布，降低剧团布景灯具托运费，为全国剧团减轻经济负担。5月2日晚，毛泽东、周恩来、朱德、董必武、邓小平、彭真等中央领导同志在中直机关礼堂又一次观看了《十五贯》。5月17日，周总理出席了在中南海紫光阁召开的二百多位首都文艺界人士参加的《十五贯》座谈会，并在座谈会上指出：《十五贯》的演出，复活了昆曲，为进一步贯彻执行“百花齐放，推陈出新”的方针，树立了良好的榜样。此后，《人民日报》发表了《一出戏救活了一个剧种》的社论和《满城争说十五贯》的文章。各地昆剧团也得到了迅速恢复发展，昆曲《十五贯》作为优秀曲目典型也开始走向海外。

回顾昆曲《十五贯》在当时的演出盛况，固然由于当时配合反对主观主义、官僚主义，大兴调查研究的风气，但仍然不免让人感慨黄源当初对于这出戏的慧眼识珠，以及挂帅精心改编剧本的全局把握。可惜的是，黄源、郑伯永、陈静等人在昆曲《十五贯》演出成功后第二年便以各种原因被错误地打成“右派”。至今，斯人俱已逝，而经典永存。

最后，还要说一下演出昆曲《十五贯》的浙江昆苏剧团与嘉兴的渊源。浙江昆苏剧团最早是由苏滩艺人朱国梁在 1929年在上海创办的“国风苏滩社”，“国风”之名还是经上海《新闻报》报人严独鹤（桐乡人）先生指点而定。1939年后，朱国梁引入当初昆剧传习所的传字辈演员王传淞、周传瑛等人，将剧团改为“国风苏昆剧团”，艰难演出于嘉兴、湖州、苏南一带。1949年，改名后的国风昆苏剧团在嘉善县西塘镇迎来了解放，遂落户嘉善。1951年，国风昆苏剧团根据民间故事《木兰从军》改编成大戏《靖海怒潮》（又名《光荣之家》）参加嘉兴地区戏曲汇演，配合抗美援朝宣传，受到观众和嘉兴地区领导的热烈欢迎，又落户嘉兴。可以说，嘉兴是昆曲发展中的新生之地、福缘之地。此后，国风昆苏剧团落户杭州，又有了后来两个嘉兴人修改整理昆曲传奇《十五贯》的经典故事，成就了昆剧历史发展轨迹中的另一番传奇。

三　职官执法

徐栩执法有报

东汉的徐栩在历史上并不出名。明代崇祯《嘉兴县志》卷十三有其记载：徐栩，字敬卿，由拳（今嘉兴）人，汉官员。少为狱吏，执法详允。迁小黄令，后为长沙太守。能做到长沙太守，想来也是一个不小的人物了。但现存嘉兴最早的志书——元代至元《嘉禾志》未有其记载。

明代崇祯《嘉兴县志》对徐栩的记载，一个出处可能源自三国时谢承的《后汉书》（本书已佚，而北宋《太平御览》屡引之，鲁迅曾校其辑佚本），其云：吴郡徐栩，为小黄令。时陈留遭蝗，过小黄，飞逝不集。刺史行部，责栩不治，栩弃官，蝗应声而至。刺史谢，令还寺舍，蝗即皆去。同时，《后汉书》又载：吴郡徐相为长沙太守。因此，疑徐相、徐栩为一人，且当以徐栩为是。另一出处可能为晋代干宝《搜神记》：后汉徐栩，字敬卿，吴由拳人。少为狱吏，执法详平。为小黄令。时属县大蝗，野无生草，过小黄界，飞逝不集。刺史行部，责栩不治。栩弃官，蝗应声而至。刺史谢，令还寺舍，蝗即飞去。

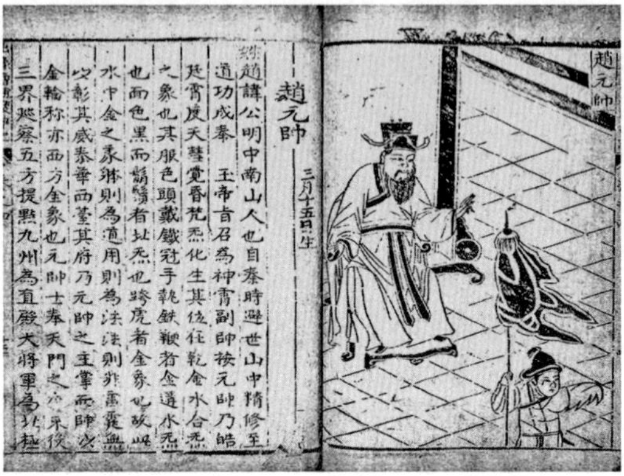
趙元帥 三月十五日生
趙諱公明中南山人也自秦時避世山中精修至
道功成奉 玉帝旨召為神霄副帥按元帥乃皓
廷霄度天華覺昏梵炁化生其位在乾金水合炁
之象也其服色頭戴鐵冠手執鐵鞭者金遁水炁
也而色黑而鬍鬚者北炁也跨虎者金象也故此
水中金之象夥則為道用則為法法則非靈無
以彰其威泰華而蓋其府乃元帥之主掌而帥次
金輪称亦西方金象也元帥士奉天門之令不役
三界巡察五方提點九州為直殿大將軍為北極

《搜神记》书影

比较谢承、干宝两人对徐栩的记载，谢承的《后汉书》不仅成书较早，而且也是史志体例，似乎较记载多为志怪故事的干宝《搜神记》更为可信。但干宝为嘉兴海盐人，与徐栩可算是同乡，对嘉兴本地掌故当有所了解，较谢书增加徐栩“字敬卿”以及“少为狱吏，执法详平”等记载，应有一定依据。

若以干宝《搜神记》所载徐栩“少为狱吏，执法详平”事参读，言语虽短，却与汉代法律体系息息相关，略可管窥中国古代法律制度与法律心理端倪。

一则，干宝点出了汉代“以吏为师”的仕途路径。汉代的官吏选拔制度，一条途径是举荐推贤。如汉武帝时的嘉兴人朱买臣即通过同乡严助的推荐而为汉武帝讲《楚辞》，留用后出任会稽太守；另一条途径就是以吏为官。徐栩出身狱吏，也就是管理一方狱政、司法案件的小吏，而后能成为一介县令，可谓专才所用。这在汉代不是孤例。《史记》记载与朱买臣同时代的张汤，就起于书吏，任长安吏、茂陵尉、侍御史等职，后迁升御史大夫。他曾与赵禹编定《越宫律》《朝律》等汉代法律，用法主张严峻，佐春秋、揣帝意而治狱，《史记》将其列入《酷吏传》。显然，徐栩走的是一条张汤式的入仕之路，只是没有张汤执法那么严峻，而是相对“执法详平”。这也反映出汉朝虽然反对秦朝的苛法峻刑，但仍然悄悄地继承了秦朝“以吏为师”的传统，只不过把秦朝“若有欲学法令，以吏为师”（《史记·秦始皇本纪》），转化为汉代的“吏道以法令为师”（《汉书·薛宣传》），把从基层执法官吏中挑选人员作为一种选拔人才的途径，把执用法律作为一种评估人才的方式。与此相应，汉代法律即使在“罢黜百家，独尊儒术”政策影响下，还是形成了外儒内法的精神气质，深深地影响了中国传统法律的发展。

另一则，干宝点出了执法惠政与自然因果报应的心理联系。干宝与谢承都记载了徐栩“飞蝗不侵”的故事，表面上都是在讲述一个自然异事，其实是从一个侧面彰显了徐栩的治县功绩。否则，何以先前蝗虫过境而不侵，徐栩弃官后而蝗虫又至？难道是徐栩懂蝗虫之语，抑或是蝗虫能辨人通灵、识人冤屈？但谢承只是记载了一件异事，而干宝较谢承多写了徐栩“执法详平”一语，自然而然从心理逻辑上解释了蝗虫过境不侵的理由，在于徐栩执法详平所带来的治县惠政，是上苍冥冥之中的回报。再进一步，从这一故事中觅踪，我们还可以发现，汉代法律在变革秦朝法律“事事依法”传统的同时，一直都在探究将黄老、五行、阴阳等哲学思想与执法行为联系起来，从而表现为执法效果与自然现象的因果报应和道法相适。这在以后演化为历朝历代统治者每遇重大灾异而宽赦宥刑的治政传统，或是因善政宥民而得有所报的传奇故事，如《资治通鉴·明帝纪下》就记载东汉汉明帝永平十四年（公元71）春，“车驾自幸洛阳狱录囚徒，理出千余人。时天旱，即大雨”。这在以后，甚至成为民间法律信仰的构成因素之一，在传奇、戏剧等市井文化中表现为神明、上天对冤狱事例的极端反应，如城隍信仰中惩恶报应、窦娥冤中之六月飞雪异象，等等。

作为一名狱吏出身的地方官，徐栩任小黄县令的治政显然不止于专管狱事，还肩负着牧民苍生的重担。看来，他似乎很好地履行了“牧民而导之善者，吏也”（［汉］司马迁：《史记》，中华书局，1982年，第419页）理想中的循吏职责。也许，我们应该感谢干宝在志怪故事中对前辈乡贤治绩的记载和对后人有意无意的启迪。

而这样的故事并非孤例。宋代嘉兴人常楙，字长孺，历“临安判，权贵束手。鞫范成狱，不奉朝堂风旨，悉出无辜。……出知平江。旱饥，以令得缗钱十五万赈民，奏蠲苗税五十余万，蝗不入境”（万历《嘉兴府志》卷十九）。虽然情形略有不同，时代已有变迁，本意却是相似，不枉后人传说以鉴。

陆贽论“两税法”之弊

陆贽像

嘉兴人陆贽（752—805），字敬舆，是唐代著名政治家、文学家、政论家，一代名相。在建中四年至贞元七年（783—791）年间，陆贽随唐德宗奔逃奉天（今陕西乾县），“虽外有宰相主大议，而公常居中参裁可否，时号‘内相’”（至元《嘉禾志·陆贽传》）。唐贞元八年（792）四月，以中书侍郎同中书门下平章事，成为实际意义上的“宰相”。

陆贽在任相前后对当时的政治、经济、军事以及行政事务都提出过自己独到而精辟的主张。尤其是在唐贞元十年（794），陆贽先后向唐德宗呈献了《论两税之弊须有厘革》

《请两税以布帛为额，不计钱数》《论长吏以增户、加税、辟田为课绩》《论税期限迫促》《请以茶税置义仓以备水旱》《论兼并之家私敛重于公税》等奏章，合称《均节赋税恤百姓六条》，为后世称道。

在《均节赋税恤百姓六条》中，陆贽对“两税法”提出了他个人的批评意见，引发了不少争议。“两税法”是在唐朝由盛而衰的重要转折时期实行的重要法律变革。公元780年，刚刚上任的唐德宗任命杨炎为相，开始实施“两税法”。“两税法”的基本精神是：废除“租庸调”，量出制入，按资产和田亩征收户税和地税，分夏、秋两次交纳货币。“两税法”针对唐初长期实施的均田制遭到严重破坏的情况，改变了已经逐步丧失经济基础的“租庸调”制，改为以人丁为主的税制，统一了税制，简化了纳税手续，扩大了税源，在土地制度和税赋制度改革方面具有重要历史意义，其基本原则自唐之后为历代统治者所采用。

从制度变迁的角度来看，“两税法”无疑是具有重要历史进步意义的。因此，有人认为陆贽是反对改革的保守派代表，尤其是他站在肯定“租庸调”旧制的角度来反对“两税法”的时候。确实，陆贽对于“租庸调”制一直持有较为正面的看法。就在他刚刚踏入仕途，出任渭南尉时，就因目睹了“租庸调”制被破坏的现实，向当朝皇帝派出的黜陟使提出过“四赋经财实”的经济法制建议，反映迫切改良“租庸调”制的希望。其四赋即：“阅稼以奠税，度产以衰征，料丁壮以计庸，占商贾以均利。”（《新唐书·陆贽传》）在上奏陈述“两税法”之弊时，陆贽又指出，租庸调“此三道者，皆宗前哲之规模，参考历代之利害，其取法也远，其立意也深，其敛财也均，其域人也固，其裁规也简，其备虑也周”（《论两税之弊须有厘革》）。虽然“租庸调”制度在实行中一直有所变通，但其精神一脉相承，对唐朝在前期成为一个实力型帝国立下了汗马功劳。这样的制度显然不是简单想废除就废除得了的。

但陆贽反对“两税法”有自己的理由：其一就是认为改革弊政要“穷致弊之由”，就是要知道导致弊政的原因是什么，有的放矢，若“好革而不知原始要终，斯皆以弊易弊也”。陆贽把弊政原因归纳为“时弊”与“法弊”两类，时弊是好的法律因为战乱等时代原因无法发挥作用，法弊则是法律本身存在问题。如果是时弊，则但理其时；如果是法弊，则全革其法。在陆贽看来，唐初制定的“租庸调”制是时弊而非法弊，原来“行之百年，人以为便”，只是由于兵兴之后供给脱节，致“乘急诛求，渐隳经制”。虽然有弊宜革，但宜顺时理弊。而“两税法”之新制，扫庸调之成规，却未理致弊之时，没有针对时势要求，采取损上益下的安抚政策，“立意且爽，弥纶又疏，竭耗编氓，日日滋甚”。

其二，陆贽认为“两税法”实行本身存在弊端，属于“法弊”，其最终目的是替皇帝敛财。实施“两税法”，“每州取大历中一年科率钱谷数最多者，便为两税定额”，是“采非法之权令，以为经制；总无名之暴敛，以立恒规”，怎能让人信服是一个好法？况且，从法律制度变革来看，“夫作法裕于人，未有不得人者也。作法裕于财，不有不失人者也”；而两税法“唯以资产为宗”，一概计估算缗，宜失平长伪，使“务轻赍而乐转徙者，恒脱于徭役；敦本业而树居产者，每困于征求”，怎么能够让人安居乐业？陆贽进而又指出，“两税法”在施行过程中存在着不少弊病：其一，总杂虚数，有加无除；其二，息兵已久，加税如初；其三，官非增赋，私已倍输；其四，奸吏侵夺，所扰殊多；其五，其为妨抑，特甚常徭；其六，税外非法，复又并存；其七，一室已空，四邻继尽（《论两税之弊须有厘革》）。

对于“两税法”的批评，陆贽从历史、理论、事实都进行了论述。但陆贽深知唐德宗对“两税法”实施的内心期待，没有直说 “两税法”只实施三年便引发了“泾源兵变”，导致唐德宗避难奉天，使唐王朝一步步滑向衰弱。他更深知“两税法”的实施甚契合欲壑无穷、聚敛成风的唐德宗心思，能够支撑皇权的无节制开支，不是他想改革就改革得掉的。因此，陆贽没有彻底否定“两税法”的实施，而是强调要顺应时势，逐步推进，希望“不敢尽求厘革，且去其太甚，亦足小休”。为此，他谨慎地提出几个方面建议，一是希望政府能够节省开支，有不急、无益者罢废之，有过制者、广费者减节之，把这些节约下来的钱用在迫切需要的地方；同时，特别是因战乱而多加征收百姓的税钱能够停止。二是要皇上带头减少各地进贡，以杜绝州郡官员跟风羡财、敛财，下纾疲人。三要杜绝官府重重剥征，使诸州府送税物到京色样相符，如有不符也不可归咎于百姓。如此一来，十又缓再二三矣，“既免扰人，且不变法。非但征赋易供，亦冀逋逃渐息，俟稍宁阜，更择所宜”（《论两税之弊须有厘革》）。后来，陆贽还提出了“请两税以布帛为额，不计钱数”的建议，指出“百姓所营唯在耕织，人力之作为有限，物价之贵贱无恒。而乃定税计钱，折钱纳物，是将有限之产，以奉无恒之输”，物贱则殃民，物贵则

思贤桥，乡人为纪念陆贽而建　嘉兴市塘汇街道永政社区

害官，可重定合税之钱，折为布帛实物之数，随各州府乡土之宜，仍依实物交纳，这样不必改法，亦可救弊（《请两税以布帛为额，不计钱数》）。

显然，陆贽希望以渐进式的改革而不是选择激进式的变法来挽救已陷入经济困境的唐王朝。只是可惜，陆贽这种以朴素的“民本”主义经济法制理念作为基础，提出国家财政收入和财政支出须有节制、阻止统治者贪婪榨取劳动人民膏血，减轻农民阶级的赋税负担、维持生产和再生产的基本条件等主张，并不符合当朝者的心思。所以，陆贽跻身相位只有短短的两年时间，始终没能把他的主张在实践中推行，留下了太多遗憾。

张九成言恤刑

张九成（1092—1159），字子韶，号无垢，是海宁史上的第一位状元，也是南宋时有名的学者，世称“无垢先生”，著有《无垢录》《横浦心传》等，自谓：“不务寻常怪异经术，不师毛郑孔王文章，不法韩柳班杨，论诗不识江西句法，作字不袭二王，参禅不记公安，为政又不学龚黄。”（［明］谈迁：《海昌外志·张九成传》）“从学者日众，出其门者多为闻人”（《宋史·张九成传》），其学生子弟被称为“横浦学派”。

作为一名学者，在崇尚文人治政的宋朝，也大多精通法律。《宋史·刑法志》曾云：“士初试官，皆习律令。”张九成也不例外，在绍兴二年（1132）经策试成为状元之后，授镇东军签判，自题屋壁“此身苟一日之闲，百姓罹无涯之苦”以明志，在基层执法岗位上躬亲操劳，吏不能欺。但纵然如此，也不可能事事如意。《宋史·张九成传》记载了这样一个故事：民冒鹾禁，提刑张宗臣欲逮捕数十人，九成争之。宗臣曰：“此事左相封来。”九成曰：“主上屡下恤刑之诏，公不体圣意而观望宰相耶？”宗臣怒，九成即投檄归。大意是有百姓冒犯了管盐政的官员，提刑官张宗臣抓了数十人，但张九成不同意滥捕无辜的做法。两人争辨，张九成谓主上有恤刑之诏，应该按上意执法而不能全听宰相的话。结果惹怒了张宗臣，害得张九成也要辞职。《宋史·高宗六》记载与前述有较大差异。“（张宗臣）会婺州以卖盐不法事被劾，宗臣欲逮平民数十人，府官就白，宗臣大怒曰：‘此事左相专遣人封来，知之否？’签书镇东节度判官厅公事张九成曰：‘九成但知有圣旨，不知有宰相。主上屡下恤刑之诏，惟恐无辜被系。公身为部使者，不能上体圣意，而观望宰相耶？’闻者莫不快意。宗臣大惭。九成因投檄去。”摆明了是张宗臣抓平民以顶罪，以宰相仗势压人；张九成则以主上恤刑之诏应对，才使张宗臣羞愧难当。

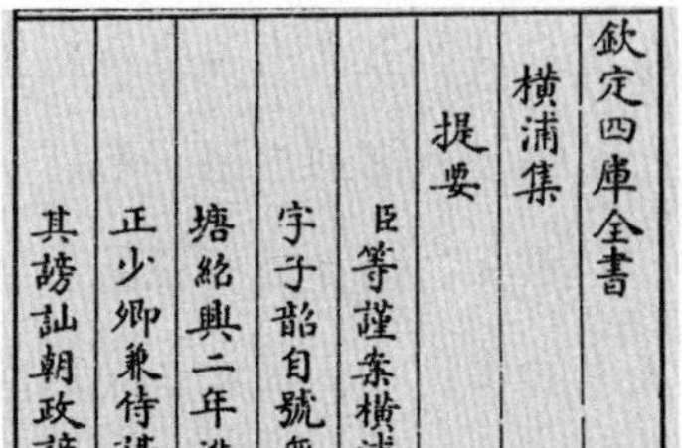
欽定四庫全書　集部四
横浦集　別集類三　宋
提要
臣等謹案横浦集二十卷宋張九成撰九成
字子韶自號無垢居士其先開封人徙居錢
塘紹興二年進士第一授鎮東軍簽判歷宗
正少卿兼侍講權刑部侍郎為秦檜所惡論
其謗訕朝政謫居南安軍十四年檜死起知

张九成《横浦集》书影　《四库全书》本

关于前事所涉盐政，张九成应该并不陌生。其所在的海宁自古为海盐产地，汉时即有郡治盐官之名。“宋太平兴国四年，置买纳等场，以总出纳。八场盐课，岁额十三万两三千九百七十三石七斗六升”（［明］谈迁：《海昌外志·食货志》）。因此，海宁是宋朝的重要食盐产地。而宋朝对于盐政的管理是十分严格的。绍兴三年（1133），殿中御史常同在上朝入对时，就认为当时的私贩盐鹾刑名大重，其略曰：“《绍兴敕》：‘私有盐一斤，徒一年；三百斤，配本城。煎炼者，一两比二两。’刑名不为不重。……去年之冬，因大军所屯，尝有军卒私贩，百姓因之，故有亭户不以多寡杖脊配广南指挥，盖一时禁止，非通天下永久之法也。……自此法之行，州郡断配，日日有之，破家荡产，不可胜计。……今私盐一斤至杖脊配广南，则孰不相率而为百千斤之多哉！”于是宋高宗下诏：“自今犯私盐，并依《绍兴敕》断。其去年十二月甲午敕旨，及今年六月辛丑尚书省批送指挥，更不施行。”这大约就是张九成所说的屡下恤刑之诏了吧。

那么，张九成所说的主上屡下“恤刑”是否真正起到了体恤天下的作用呢？《宋史·刑法一》载“高宗行仁柔，其于用法，每从宽厚，罪有过贷而未尝过杀”是否属实呢？若依私贩盐鹾之罪罚轻重，只能说明宋时“恤刑”是有限度的。单从这件事例来看，这些法令名义上“恤刑”在实际执行中的效果也是打了问号的。在“恤刑”背后的，是张宗臣等权贵之势，甚或胥吏之流，在执法过程中的臆断枉为、渔利中间。与之凸显的是，张九成不仅表现出了自己同情底层百姓的怜悯之心，而且表现出了宋代士大夫直言秉节的精神气概，更从法律层面上反驳了张宗臣的权势之说。

秦朝以来的封建王朝，皇帝都具有至高无上的立法权。如汉高祖刘邦入关时曾约法三章，唐高祖李渊起兵时也曾约法十二条。到了宋代，皇帝对于法律的制定更显积极。《宋史·刑法一》即载宋太宗："太宗受禅，始定折杖之制"，还记载宋神宗："熙宁初，置局修敕，诏中外言法不便者，集议更定，择其可采者赏之。元丰中，始成书二十有六卷，复下二府参订，然后颁行。帝留意法令，每有司进拟，多所是正"，等等。张九成入仕时，宋高宗承担宋室南渡中兴之任，同样对立法颇有作为，曾在绍兴二年（1132）颁布了《绍兴重修敕令格式》（也就是前面所指的《绍兴敕》），而且还制定过"折杖减役法"，准许杖、役互折，对于宋朝的法律发展起到了一定推动作用。因此，从法理上而言，皇帝颁布的法律要遵守，所下诏令也应成为执法的指导思想。在治罪私贩这件事上，宋高宗屡下"恤刑"诏书，能够意识到并且勇于纠正自己的立法错误，也属难能可贵。张九成以此应对张宗臣是有道理、站得住脚的，足以让张宗臣这个提刑官难堪。

从这一事例中，张九成也感受到了底层官员执法者落实皇帝倡导的"恤刑"的现实困难。他后来在担任著作郎时说："我宋家法，曰仁而已。仁之发见，尤在于刑。陛下以省刑为急，而理官不以恤刑为念。欲诏理官，活几人者，与减磨勘。”（《宋史·张九成传》）张九成以为，要实践宋朝的“恤刑”仁政，就要从刑法适用上下功夫。现在皇帝提倡恤政省刑，但那些决狱官员却并不把恤刑作为当务之急。因此，如果堪为任用决狱官员，要对能够在司法活动中救人于刑狱者，缩短官员政绩考察过程，予以重用。这一从官员政绩考核体制上着手鼓励“恤刑”的主张，显示了张九成本人作为学者的理想化“恤刑”思想，多少有些一厢情愿的意味。

可张九成本人却是这么尽力而为的。张九成在担任宗正少卿兼权刑部侍郎时，“法寺以大辟成案上，九成阅始末得其情，因请覆实，囚果诬服者。朝论欲以平反为赏。九成曰：‘职在详刑，可邀赏乎？’辞之”（《宋史·张九成传》），张九成认为平反重大冤案为刑部侍郎的分内之事，不应获得额外的赏赐。这也可算是其践行“恤刑”一种理解吧。

娄机守法度

在崇尚文人治政的宋朝，“士初试官，皆习律令”（《宋史·刑法志》）。南宋孝、宁宗时期的嘉兴人娄机，就是一个十分懂法守法的人。

娄机（1133—1212），字彦发，自小聪明好学，“幼颖悟，日诵数百言。长益奋励，该经史百家。作文直欲左氏、班、马、韩、柳为标的”（至元《嘉禾志·娄机传》），后专门撰《班马字类》。娄机当过吏部尚书、礼部尚书兼给事中，擢同知枢密院事兼太子宾客，进参知政事，也是一名显官。《宋史·娄机传》评价“惜名器，守法度”。娄机之守法度，从正史记载而言，主要表现在三个方面：

一是在治狱讼方面。娄机于乾道二年（1166）中进士，从底层官僚做起，担任过盐官尉等职务。任含山主簿时曾用两旬时间就完成郡守交办的“治铜城圩八十有四”的任务；在任地方主政后也颇有政绩，不仅管好自己的分内事，还把别人的地界管理得井井有条，曾经“七摄邻邑，率以治绩闻”。他曾专门“论刑名疑虑之敝”，对刑狱方面提出解决司法时弊的想法。同时，他对履行治狱理讼实践的职责也了然在心。他在担任于潜县丞时，推行“轻赋税，正版籍，简狱讼，兴学校”等措施，通过简便狱讼方式，使百姓诉讼案件得到解决；在担任饶州通判时，曾平反冤狱。《宋史·娄机传》还专门记载了他在担任西安县知县时的案件，云：“巨室买地为茔域，发地遇石，复索元价。机曰：‘设得金，将谁归？’”用现代语言翻译过来，就是有富户买地作为坟茔，在挖地时挖到石头，便想耍赖要回买地的钱，但娄机反问富户：“如果挖到的是金子，那么归谁呢？”一下子堵住了富户的嘴，展示了娄机敏捷的狱讼逻辑推理能力。

二是在严军纪方面。娄机为政之际，正是外戚韩侂胄擅权、企图北伐之时。娄机专门向上陈言：“力言朝臣务为奉承，不能出己见以裨国论；外臣不称职，至苛刻以困民财；将帅偏裨务为交结，而不知训阅以强军律。”他指出，只有将帅同心，才能军纪一律，保持军队战斗力。若联想到之前岳飞伐金功败垂成，可知娄机所言绝非虚妄。显然，娄机对于南宋军队建设的固有缺陷有所了解。因此，娄机是极力反对韩侂胄北伐的，认为：“恢复之名非不美，今士卒骄逸，遽驱于锋镝之下，人才难得，财力未裕，万一兵连祸结，久而不解，奈何？”韩侂胄闻之不悦。但最终，韩侂胄不听所劝，毅决“开禧北伐”，致身败名裂。韩侂胄北伐失败后，宋金达成了屈辱的“嘉定和议”，也留下了不少烂摊子，如曾经招募用来抚边的镇淮军漫无军纪，日费钱米无度，给养不足，军士甚至公开劫掠，一度让宋朝感受到了兵变的危机。娄机对此专门指出：“两淮招集敢勇，不难于招而难于处。若非绳以纪律，课其勤惰，必为后害。”娄机看到了镇淮军的问题所在，强调了用军纪管理军队的必要性。俗话讲“养兵千日，用兵一时”，若不用兵，养兵就是一个大问题，不能只想到招募军队建功立业，还要想到解决军队给养，用纪律管理好军队，才能使军队成为一支威武、文明之师。又值南宋遇飞蝗为灾，娄机应诏言：“和议甫成，先务安静，葺罅漏以成纪纲，节财用以固邦本，练士卒以壮国威。”（《宋史·娄机传》）也再次强调了整修纪纲、整肃军队的重要性。可惜，南宋朝廷自此偏安，再无北伐雄心壮志。

三是在守律例方面。宋朝法律承唐律之后，制成《刑统》，并附以敕例诸条，蔚为大观。加上上至皇帝们的大力倡导，下至官吏们的践行，宋朝明法尚治之风颇为流行，尽管现实的法治状态未必尽如人意。而娄机甚为规矩端正，不仅为太子师，更是守法度而以身作则。“公天资忠梗，不畏强御”，“入辅元良，日陈正言正道，随事发明，多所裨益”（至元《嘉禾志·娄机传》）。对于管理自己身边的人，娄机更是严格要求，毫不偏祖。娄机手下一个没有正式入仕却已预支俸禄的人，想根据有关封赠法律得到赏赐，却被娄机阻止，认为只有正式进仕官员的亲属才有资格获得封赠。曾经有一个在吏部为官的嘉兴人，也就是娄机的同乡，本人去世了还没办完丧事，他的儿子却接调令去赴任官职。这件事被娄机知道了，认为这是违反“丁忧”之事，吏部官员对此不闻不问应有责任，便对吏部官员施以挞刑，同时命令同乡之子必须守丧三年期满后再去赴任。这种守法修身之风为时人称赞肯定。娄机退休之后，更是“居乡以诚接物，是非枉直判于语下，不为后言，人惮而服之”（《宋史·娄机传》），其守法度示范于乡里后人如兹。其所居住地称为凤池坊（至元《嘉禾志》卷二）、凤凰池（万历《嘉兴府志》卷四），寓意其凤凰栖息乎？！

娄机刚走上仕途时，他的父亲娄寿告诫说：“得官诚可喜，然为官正自未易尔！”确实，当一个官员不容易，但当一个正直的官员更不容易。娄机曾为太子师，“日陈正言正道，又以累朝事亲、修身、治国、爱民四事，手书以献，太子置之坐右，朝夕观省”。娄机后来还做到吏部尚书等职，选拔任用大宋朝廷的领导干部时，“进退人物，直言可否，不市私恩，不避嫌怨”（《宋史·娄机传》）；同时，“既坐庙堂，未尝以辞色假人，弥缝协恭，裨赞维多”（至元《嘉禾志·娄机传》）。即使如怙势妄作的权臣苏师旦，也独忌惮娄机。娄机用他一生守法度的实践回答了他父亲的告诫，享年七十有九而卒。

杨继宗循法治嘉兴

杨继宗是明朝著名的循吏。杨继宗，字承芳，山西阳城人。在天顺初，中进士，授刑部主事，很快就展示出了他的狱政管理才能。当时，刑部监狱里囚犯得疫病死了很多。杨继宗得知这一情况后，便给囚犯们按时饮食，每三天洗浴一次，使很多囚犯得以活命。又逢河间府捕获了强盗，派遣乡里村民张文、郭礼押送京师，不想途中强盗逃走。张文对郭礼道："吾二人并当死。汝母老，鲜兄弟，以我代盗，庶全汝母子命。"郭礼泣而谢，听从了张文安排。张文就身戴桎梏前往刑部。幸运的是，杨继宗从细微之处察明张文并非强盗，辨明情况后将他释放（《明史·杨继宗传》）。

成化初年，受吏部尚书王翱推荐，杨继宗升任嘉兴知府。他在嘉兴府循法而治，且性格刚廉孤峭，人莫敢犯；然而经常召集乡里父老询问疾苦，为他们排解困苦，"民爱之如父母"，"天子闻其名"（万历《嘉兴府志·杨继宗传》）。按《明史》及万历《嘉兴府志》所载，其治理方式颇有章法。

一为礼法于乡。杨继宗十分重视礼法教育的基础作用，其本人力持风节，自处必按礼行事。“为知府，谒上官必衣绣服，朝觐谒吏部亦然。或言不可，笑曰：‘此朝廷法服也，此而不服，将安用之？’”杨继宗从自身穿衣做起，做到了身先垂范。他又在嘉兴大兴社学，聘两乡儒者为社学老师，并将老师位置放在上坐。儒者不敢坐，杨继宗就说：你们是乡里子弟的老师，岂能太过谦让，必须要在上面坐。经此教育，郡中百姓都知道要尊师重教，致嘉兴文教大兴。杨继宗同时还采取了一项特别的措施，就是规定“民间子弟八岁不就学者，罚其父兄”（《明史·杨继宗传》），使嘉兴的社学（基础）教育普及率大大提高。不知道明代法律是否确有子弟不入学就罚其父兄的规定，可能这样的规定也值得商榷，反正万历《嘉兴府志》就没记载这件事。是委婉地反对抑或为尊者讳？不得而知。

二为秉法治顽。杨继宗性格刚毅，痛恨为害乡民的官僚、宦官和乡豪。御史孔儒到嘉兴清理军籍，专横跋扈，将乡里老者鞭挞致死。杨继宗闻此张榜告示说：“有被御史杖责致死的，来府衙报告名姓。”孔儒十分恼怒。杨继宗前来拜见他说：为治之道有一定规矩，您只管剔除奸弊，劝戒惩办官吏。那些挨家挨户稽查考核，则是地方官府之事，不是你风宪官的管辖范围。孔儒后来惭愧而去。可惜的是，杨继宗也不能把他怎么样。有经过嘉兴的太监，杨继宗送给他们的只是菱角、芡实之类的物品和历书。太监们仗着宫里的背景公然索要钱财，杨继宗当即发出公牒去领取库中金银，对太监说："钱都在，请给我立下印券。"太监吓得咋舌不敢接受（《明史·杨继宗传》）。杨继宗对待有权势之人能巧对，对地方恶势力则决不容忍："有张氏父子，号四凶，为民患。继宗下车，召至庭，戒之不悛，仍劫桐乡库绢，收捕论死。贿当路求脱，当路以无原告为解，继宗应声曰：'请以朝廷为失主，杨某为原告。'当路语塞，竟论死。"（万历《嘉兴府志·杨继宗传》）

三为妙法护民。杨继宗在处理民事纠纷方面也颇有一套。嘉兴有个富民嫌弃定了亲的女婿贫穷，就到官府上告要了断这门婚姻。杨继宗审案后，责令富民拿出二百两银子，就允许他另外择婿。但等到富户把钱拿出来了，杨继宗对他说："我要把这些钱交给你的女婿立家，你的女儿也算得其所。"杨继宗继而又令年轻人即日成婚，免得夜长梦多（万历《嘉兴府志·杨继宗传》）。富户赢了官司，却吃了哑巴亏，可也只能这样了。古时婚姻为"媒妁之言、父母之命"，杨继宗为那对年轻人促成了姻缘，正应了父母官的身份。而方志所谓"民爱之如父母"，也多了一个更贴切的解释。

四为廉法律己。杨继宗对于自己为官要求十分严格。他到嘉兴赴任时，只带了一个仆人随从，使整个衙署看上去冷冷清清。

万历《嘉兴府志》书影

前面说到的御史孔儒对于杨继宗张榜揭示其罪状十分不满，在临行前突然到衙署视察，打开箱子一看，只见几件衣服而已。杨继宗进京入觐，太监汪直想见他，但杨继宗不仅没有巴结他也不给他送礼，而且连见也不见他。汪直年幼得宠，虽然那时还没有达到权倾朝野的地位，但皇帝身边的宠臣岂能如此轻易得罪。显然，杨继宗没有顾忌这些。汪直凭此也知道了他的为人。明宪宗曾问汪直："朝觐官中谁廉洁？"汪直回答："天下不爱钱者，惟杨继宗一人耳。"后来，杨继宗在嘉兴九载秩满，破格提拔任浙江按察使，多次与太监张庆相冲突。张庆的哥哥张敏在司礼监当值，常常在皇帝面前诋毁杨继宗。孰料皇帝说道："得非不私一钱之杨继宗乎？"张敏惶恐，写信给张庆说：好好对待杨继宗吧，皇上已经知道他的为人了（《明史·杨继宗传》）。

杨继宗离开嘉兴后还处理了不少狱事。在浙江按察使任内时，"仓官十余人坐缺粮系狱，至鬻子女以偿。继宗欲宽之而无由。一日，送月俸至，命量之，则溢原数。较他司亦然。因悟仓吏缺粮之由，将具实以闻。众惧，请于继宗，愿捐俸代偿。由是十人者获释”（《明史·杨继宗传》）。在右佥都御史巡抚顺天时，他将权贵侵占民田者夺还之。又列指中官及文武诸臣贪残状，为权贵所嫉。孝宗继位时，杨继宗转任湖广按察使。既至，命汲水百斛，洗涤厅事而后视事，曰：“吾以除秽也。”（《明史·杨继宗传》）

杨继宗平生仰慕包拯为人，向皇帝上疏也希望百官要学包拯，嘉兴百姓更以包公直接称呼他，庆幸嘉兴有过一个那么好的地方官。杨继宗秩满调任时，府中民众涕泣挽留者达万余人。

屠勋辨冤狱

屠勋（1446—1516），字元勋，号东湖，浙江平湖人。少年时学贯经史，名闻乡里。明成化五年（1469）中进士，初任工部主事，后调刑部任员外郎、郎中，晋南京大理寺寺丞、少卿，后迁刑部右侍郎，转左侍郎。正德二年（1507）任刑部尚书，正德三年（1508）致仕。从政近四十载，基本上都是在刑部、大理寺、都察院这中央政权的“三法司”任职。屠勋治刑狱，“直欲令天下无一冤民然后快”（［明］朱国祚：《合刻屠氏家藏二集序》），为时人所赞。究其刑狱治事，颇有称道处。

首先是讲究方法。明代嘉善人袁黄所著的《了凡四训》是明代以来流传较广、影响较远的劝善之书，倡导以行善来改变运命。在《了凡四训》的“积善之方”中，袁黄记载：“嘉兴屠康僖公，初为刑部主事，宿狱中，细询诸囚情状，得无辜者若干人。公不自以为功，密疏其事，以白堂官。后朝审，堂官摘其语，以讯诸囚，无不服者，释冤抑十余人。一时辇下咸颂尚书之明。公复禀曰：辇毂之下，尚多冤民，四海之广，兆民之众，岂无枉者？宜五年差一减刑官，核实而平反之。尚书为奏，允其议。时公亦差减刑之列，梦一神告之曰：汝命无子，今减刑之议，深合天心，上帝赐汝三子，皆衣紫腰金。是夕夫人有娠，后生应埙、应坤、应埈，皆显官。”（［明］袁黄：《了凡四训》）袁黄是从传统因果报应的角度来看待屠勋辨冤狱的，慎刑是为积德，辨冤是为行善，把屠勋多子作为其治狱仁政的福报。而从现代司法角度来看，屠勋的辨冤方法在于身入实地、观察实情、查清狱案，不以书面口供为单一证据凭词；同时又会总结经验，以制度化形式推行平冤减刑的做法，尤值得如今狱政司法人员借鉴。

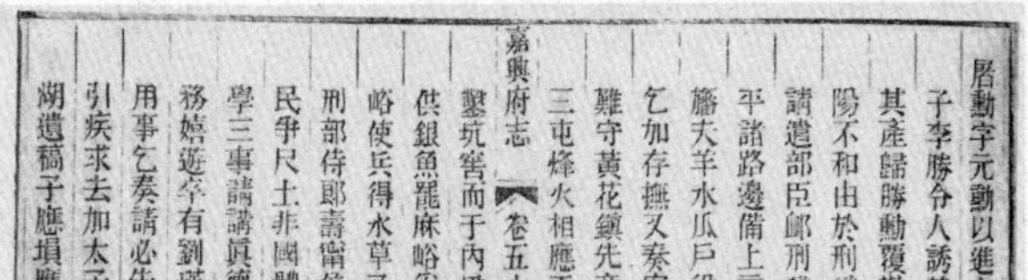
屠勳字元勳以進士授工部主事遷刑部郎中京師無賴
子李勝令人誘其主李福盜鑄而已首之福坐戍邊籍
其產歸勝勳覆勘得實以其罪罪勝値大旱因建言陰
陽不和由於刑獄不清輦轂之下尚須平反況在外省
請遣部臣䘏刑獄從之累陞右副都御史巡撫順天永
平諸路邊備上言近畿供應浩穰宛大二縣庫夫壙役
膳夫羊水瓜戶役動數千而計丁養馬與各縣等尤困
乞加存撫又奏密雲孤懸戍壘難援潮河川積石漫衍
難守黃花鎮先帝陵園宜護乞分薊州密雲建昌速設
三屯烽火相應于潮河川作周城虎落具蹶石布蒺藜
嘉興府志　卷五十八　平湖列傳　圭
鑿坑塹而于內㘭石爲城增置黃花鎮營堡禁中使索
供銀魚罷麻峪采礦又奏移操營于熊兒峪移關于水
峪使兵得水草又便耕稼歲省卒戍公私金錢不貲遷
刑部侍郎壽甯侯張鶴齡與民訟田勳曰毋后族與細
民爭尺土非國體歸田于民正德元年上郊祀籍田幸
學三事請講眞德秀大學衍義爲正心之要時上年少
務嬉遊卒有劉瑾江彬之亂人服其先見進尚書劉瑾
用事乞奏請必先關白勳曰若是是無朝廷矣瑾銜之
引疾求去加太子太保致仕卒賜祭葬謚康僖著有東
湖遺稿子應塤應坤應埈俱進士應塤湖廣提刑副使

光绪《嘉兴府志·屠勋传》书影

其次是敢于直言。屠勋办理刑事案件能够持正执法，即使皇亲国戚、当道佞臣，也能立直不屈。当时外戚寿宁侯张鹤龄与河间百姓争夺田地引起诉讼，屠勋奉旨核勘，向皇帝进言：“食禄之乡不言利，况母后诞毓之乡，而与小民争寸地，臣以为不可。”（天启《平湖县志·屠勋传》）明孝宗最终采纳了意见，以田归民。《蒹葭堂杂著摘抄》（［明］陆楫）更记载了其背后的故事：“孝康敬皇后张氏，孝皇配也。孝皇平生无别幸，与后相得甚欢。后二弟俱封爵，势倾中外。有仇家奏其侵民业为庄田者，上命司礼太监萧敬、刑部侍郎屠勋、大理寺丞某往勘之。敬与勋等俱秉公将二张家奴数人依律问处，敬复命于内廷。适当上与后方对膳，后闻甚怒曰：‘外边官人每无状，犹可。汝狗奴亦若是耶？’上亦佯怒且骂。及后退，呼敬曰：‘才所言非我本意，汝得无泄此语耶？恐外边官人每闻之惊破胆也。’敬力辨未尝闻于外，上犹不信。即遣人各以白金五十两赏二勘官。且云：‘偶与后有怒言，特戏耳。恐尔等惊怖，以此为压惊。’”俗话谓伴君如伴虎，皇帝的亲戚也不好惹，甚至处置皇帝亲戚的家奴也不容易。而屠勋敢以言进，秉直处之，可见其立身之正。这种秉直不弯的性格遇到尚算英明的明孝宗尤称幸事，遇到其他皇帝恐怕就未必能如此幸运。

第三是敬业干练。屠勋办案十分敬业，一直把核实案情作为处置刑狱案件的基础，才有辨案雪诬、核实清狱的种种表现，显示其干练的办案才能。明成化十四年（1478）十月，江西吉安府有官员上奏说，自成化十一年至十三年（1475—1477）的三年间竟有387人病死于狱中，原因是知府黄景隆“淹禁凌虐，故勘致死”。案发后派刑部郎中屠勋、锦衣卫百户会同江西都指挥使司、布政使司、按察使司联合调查后，确认实际上死亡人数是470人，其中无罪故勘致死的人数达到106人。于是知府黄景隆被判凌迟处死，但还没有执行，黄景隆就死于狱中。“其死也，尸腐至流蛆满地，犹不及收付，或以为阴报云”（《明宪宗实录》卷一百八十八）。一个地区的主政官员竟然如此胆大妄为，让那么多人枉死在狱中，被判处凌迟刑也属活该。我们也可从中看到明代司法制度的黑暗与残酷。而屠勋能够彻查案情，将那么多冤案一并厘清，还那些冤死之人以清白，没有一种负责到底的态度是完不成的。

值得我们敬重的是，屠勋不仅自己坚持仁政理刑，而且将其办案经验言传身教留给了他的后人。屠勋家族是明代典型的科举世家，一门四代皆有进士出身，其中继承刑曹者不乏其人。屠勋长子屠应埙，以湖广按察司屯田副使致仕；屠勋六子屠应埈，曾任刑部主事；而屠应埈次子屠仲律，知弋阳令，官至南京湖广道御史；屠应埈四子屠叔方，授江西鄱阳知县，官至广东道监察御史，升山东副使；屠应埈孙屠谦，中进士后也授刑部主事。屠勋后人任刑曹也有直声。屠应埈授刑部主事时，“岁季秋囚当决者已三覆奏矣，上疏请缓死。上览奏，如所拟得全活者二十余人”。屠氏家族亦成刑曹之世家矣。

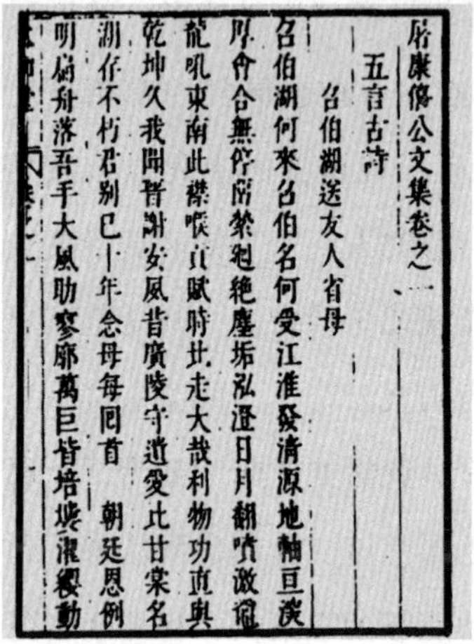
屠康僖公文集卷之一
五言古詩
呂伯湖送友人省母
呂伯湖何來呂伯名何受江淮發清源地軸亘淡
厚合合無停瀉禁泡絶塵垢泓澄日月翻噴激渦
龍吼東南此襟喉貢賦時壯走大哉利物功直與
乾坤久我聞晋謝安風昔廣陵守遺愛比甘棠名
湖存不朽君别已十年念母每回首　朝廷恩例
明弱舟落吾手大風助寥廓萬巨皆培塿滄溟動

屠勋《屠康僖公文集》书影

以其较为丰富的刑曹资历和刑狱经验，屠勋最终晋升为刑部尚书，可以说是名至所归。可惜的是，屠勋当刑部尚书没满一任，就辞职回家了。因为那时正是宦官刘瑾专权时期，六部中的许多官吏处理事情必须先向刘瑾汇报然后再上奏。屠勋坚决不从，认为：“若是，不惟三尺法可以喜怒高下，亦且无朝廷矣。”（天启《平湖县志·屠勋传》）刘瑾怀恨在心，处处掣肘。屠勋乃托病还乡，加太子太保致仕退休。致仕那年，屠勋时未满六十，在明代官吏之中已为年轻。内阁大学士靳贵在《屠太保神道碑》中写道：“出处君子之大节也，公致仕时，年未六十，而浩然请归，所谓以道事君，不可则止者，公盖有焉，不贤而能之乎？”（《乍浦备志》）何等慨然！

陆光祖选吏

明万历十五年（1587）实为平平淡淡的一年。但历史学家黄仁宇先生却透过若干为历史学家所忽视的事件，委婉道述了明朝的大历史。也就在那一年，一名来自浙江平湖名为陆光祖（1521—1597）的官员先是复仕担任了南刑部尚书，随后又担任了吏部侍郎。与万历十五年的平淡一样，他的仕途生涯对于明代政治进程没有产生什么特别重大的影响，却因为他的选人用人，以一种特殊的作用影响了明代历史。

比如，海瑞，明代具有传奇色彩的著名官员，黄仁宇称其为古怪的模范官僚，其清廉正直的作风既让人可尊可敬，也着实让人以为不通情理。他以举人身份入仕，后来担任了淳安县令。《明史·海瑞传》就记载了他在淳安县的几个故事，一是总督胡宗宪的儿子路过淳安，嫌招待不周迁怒驿吏，倒悬之。海瑞派人拘捕了他，没收了他所携带的大量金银，还驰告胡宗宪说：以前总督大人下过命令，过往驿站招待不能铺张；现在这个人盛装出行，一定不是胡公子。胡宗宪对此居然没有怪罪他。二是都御史鄢懋卿奉命清理盐法，可未到淳安即接到海瑞禀帖，说本地招待甚薄，邑小不足容车马。懋卿虽然十分不满，但素闻海瑞名声，也就敛威绕开淳安而去。这样耿介的性格不为同朝官员所喜。后来海瑞虽然升为嘉兴府通判，但很快坐谪兴国州判官。1565年，已五十岁的海瑞才被升为户部主事，加入了京官的行列。而推选他的，正是时任吏部文选郎的陆光祖。一身清介的海瑞后来恰巧在万历十五年逝世，仅留下纹银二十两，甚至不够殓葬之资。

再如，顾宪成，因创办东林书院而被人尊称“东林先生”，是东林党人的创始人之一。也在万历十五年，身为户部主事的他因触怒当权者被贬谪为桂阳州判，几经沉浮才提拔为处州推官。陆光祖在万历二十年（1592）利用大计外吏的时机，举荐了顾宪成等二十二人，时论翕然称焉。但可惜的是，顾宪成再次忤逆当权，被革职回籍。万历三十二年（1604），顾宪成会同兄弟顾允成及高攀龙、安希范、刘元珍等人，发起东林大会，制定了《东林会约》，在东林书院讲学之余，讽议朝政，逐渐聚合成“东林党”人。此后，东林党人与阉党的争斗，成为明朝灭亡的伴奏。

上述两人能够进入陆光祖的慧眼并非偶然，陆光祖很早就表现出了选人用人的独到眼光。陆光祖在担任吏部考功郎中时，就善于明辨是非，“王崇古、张瀚、方逢时、王一鹗挂物议，力雪之”。改吏部文选郎中时，不拘一格选才：“益务汲引人才，登进耆硕几尽。又破格擢廉能吏王化、江东、邵元善、张泽、李珙、郭文通、蔡琮、陈永、谢侃。或由乡举贡士，或起自书吏。由是下僚竞劝，讷亦推心任之，故光祖得行其志。”（《明史·陆光祖传》）由此，吏部尚书严讷对陆光祖十分器重，对其建议无不推行，并且尝语人曰：“‘铨臣与辅臣必同心乃有济。吾掌铨二年，适华亭当国，事无阻。且所任选郎贤，举无失人。’华亭谓徐阶，选郎则陆光祖也。”（《明史·严讷传》）

但万历十五年（1587）吏部侍郎的职位并不好当。他要处理前任宰相张居正遗留下来的用人问题。万历初年起，张居正成为一人之下、一言九鼎的内阁首辅，谁都想沾他一点光。张居正也大刀阔斧地进行了人事改革，创设了“考成法”，以“尊主权，课吏职，行赏罚，一号令”为主旨，由六部和都察院把所属官员应办的事情定立期限，并分别登记在三本账簿上，一本由六部和都察院留作底册，另一本送六科，最后一本呈内阁，并且按账簿登记，逐月检查。这一措施一改过去三年考察一次地方官、六年考察一次京官的规定，使吏治大权随时掌握在内阁手中。张居正借此培植了一大批私人势力。他也曾对有同年之谊的陆光祖欲援为助。陆光祖并没有诡随，反而在万历五年（1577）张居正“以夺情杖言者”时，写信规劝张居正，并且保护了一批弹劾张居正的官员。张居正改革虽然取得了一定成效，但在万历十年（1582）张居正逝世之后，很快引起了政治反弹，掀起了一轮“倒张”运动，凸现了明代政治激烈的门户之争。万历十一年（1583），陆光祖回到吏部任职，悉引居正所摒弃的老成练达之臣，布为九列，看似参与到了“倒张”运动之中。可是，李植、江东之等人力求居正罪过时，陆光祖却不计宿怨，认为“居正辅翼之力不可泯，与言路左”（《明史·陆光祖传》）。

在这样一种政治斗争氛围内，张居正推行的“考成法”在万历十三年（1585）被停止，但吏治大权掌握在内阁手里却成为惯例遗留了下来。从陆光祖的前任宋纁开始，就一直企图使吏治之权重归吏部，却不断遭到挫折。陆光祖不为所惧，据理力争，终有所获。很快，吏部就迎来了万历十五年（1587）的京察。这是废除“考成法”之后的首次京察，不少人把京察的结果作为了用人的政治风向标。还好，此次京察的结果还算比较平稳，凡由进士出身的职官只有三十三个人降级或罢免，而且这三十三人没有一个出于吏部、都察院或翰林院等较为敏感的部门，使纠结于前两年频繁政治“翻烧饼”的各派文官得到了稍许安慰。

陆光祖在此次京察中显示了老成持重的吏治策略。但与内阁争权总要承担政治风险的，在万历十八年（1590），陆光祖已担任吏部尚书，以事与时任首辅申时行相忤，引起了申时行的不悦。陆光祖素来遵守原则和法治，当然也不为所动。万历十九年（1591），“（申）时行谢政，特旨用赵志皋、张位，时行所密荐也。光祖言，辅臣当廷推，不当内降。帝命不为后例”（《明史·陆光祖传》）。虽然万历二十年（1592），陆光祖主持大计外吏，废黜了给事中李春开、王遵训、何伟、丁应泰，御史刘汝康等一批有劣评的人，又推荐了顾宪成等二十二人，赢得群臣一致的称赞。不久，陆光祖的吏部手下万国钦、饶伸等人忤旨，万历皇帝下旨申斥陆光祖，同时将陆光祖的下属文选郎中王教、员外郎叶隆光、主事唐世尧、陈遴玮等全部免职。此后，朝廷会推阁臣，廷臣们循旧例故事等朝廷惯例，首先提名陆光祖。万历皇帝受中人所谗，诏曰：“卿前请廷推，推固宜首卿。”（《明史·陆光祖传》）略带讥讽地说，是你上次说要廷推，结果廷推的却是你啊！陆光祖知道皇帝还惦记着前面上疏廷推的事情，知道已不能相容，遂日怀去志。等到给事中乔胤弹劾光祖时，陆光祖也就顺势辞职求去。万历皇帝倒也爽快答应了他，还给了他驰驿的待遇，一路上都有驿站招待、住宿和饮食。

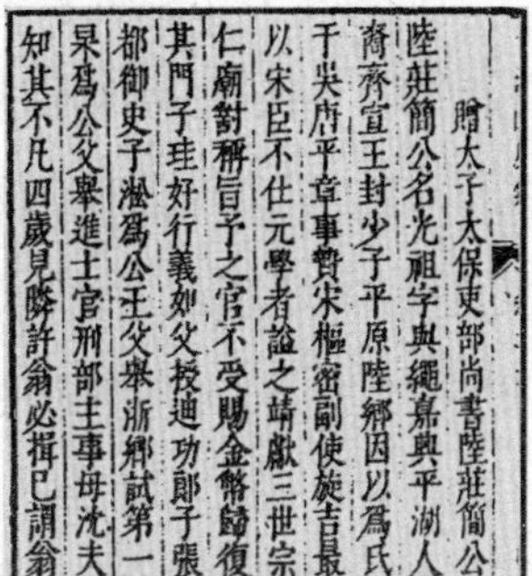
贈太子太保吏部尚書陸莊簡公神道碑
陸莊簡公名光祖字與繩嘉興平湖人也其初爲顓頊
裔齊宣王封少子平原陸鄉因以爲氏歷漢至唐徙家
于吳唐平章事贄宋樞密副使旋吉最知名六世正傳
以宋臣不仕元學者謚之靖獻三世宗秀布衣入朝
仁廟對稱旨予之官不受賜金幣歸復以出粟賑災旌
其門子珪好行義如父授迪功郎子張官程鄉令贈副
都御史子淞爲公王父舉浙鄉試第一人官光祿卿子
杲爲公父舉進士官刑部主事母沈夫人感異夢生公
知其不凡四歲見隣許翁必揖已謂翁何以教我許授

李维桢《赠太子太保吏部尚书陆庄简公神道碑》书影

陆光祖笃信佛学，回籍后对佛教经典《嘉兴藏》的刻成有杰出贡献。归里五年后，陆光祖逝世，谥庄简，也算功德圆满。

姚思仁谏矿税

明神宗万历皇帝朱翊钧是明朝在位时间最长的皇帝。在其掌权初期，似乎还想做点事业，任用张居正实行变法；但到了中后期，则遁于深宫，不问政事。可皇帝终究是皇帝，他仍然需要满足他的贪财好货、穷奢极欲、大兴土木和穷兵黩武等种种骄奢虚荣之心，粉饰其皇帝的尊严。万历二十四年（1596）、二十五年（1597），皇城乾清、坤宁、皇极、建极、中极等宫殿相继遭灾，营建乏资，国用大匮。为满足财政短缺所需，那些摸透了皇帝心思的大臣、内卫、阉竖便纷纷建议，以开矿为名行增收矿税为实，以资弥补。万历皇帝也欣然同意，“开矿抽税，为因三殿两宫未完，帑藏空虚，权宜采用”（［明］文秉：《定陵注略》卷四）。

于是在万历二十四年（1596）六月之后，万历皇帝派出大批宦官为矿监，名为中使，到全国各地开矿抽税。据说，万历年间派到全国各地开矿抽税的太监及其随从总计要达到一万六千人之多。这些打着皇帝旗号的矿监们有恃无恐，到处搜刮盘剥、横行不法。不仅正史有载，“数年之间，矿税使四出为民害。其所诬劾逮系者，悉滞狱中”（《明史·沈一贯传》），而且坊间传闻更为惊恐，“庚子辛丑之后，矿税内使横于大地中，参督抚、鸩按臣，视为恒事。至于守令以下，但云阻挠，即遣缇骑；但云贪肆，即行追赃，直视奴隶而已”（［明］沈德符：《万历野获编·门竖偿命》）。更甚者，开矿抽税有矿监，两淮之有盐监、广东有珠监，等等，凡有名目，莫不设监取税。

目睹此状，朝廷明智之士不断向万历皇帝进奏，论述开矿抽税之弊。如户部尚书杨俊民、吏部尚书李戴、大学士沈一贯、湖广巡抚赵可怀等纷纷上书，从经济、政治、习俗等各方面试图劝说万历皇帝放弃矿税。但万历皇帝采用“不听”“不报”和“留中”等策略应对，使群臣无可奈何。

万历二十五年（1597）二月，时任河南巡抚的嘉兴人姚思仁（1548—1637）也上疏极论矿监之害：“中原八郡，实天下枢机。臣自入境以来，巡行郡邑，问民病苦，其开矿之大可虑者有八：矿盗哨聚，易于召乱，一也。矿头累极，势成土崩，二也。矿夫残害，逼迫流亡，三也。雇民粮缺，饥饿嗥呼，四也。矿洞遍开，无异浪费，五也。矿砂银少，强科民买，六也。民皆开矿，农桑失业，七也。奏官强横，淫刑激变，八也。今矿头以赔累死，平民以逼买死，矿夫以倾压死，以争斗死。及今不止，虽倾府库之藏，竭天下之力，亦无济于存亡矣。”（《明史·食货志五》）

姚思仁试图从稳固社稷根基的角度，指出开矿抽税的八大危害，劝说万历皇帝能够改变开矿抽税的政策，结果仍是“三疏谏止不报”。于是，姚思仁改变策略，从感性认知方面博取万历皇帝的同情，“于复命日，绘图二十四幅以上，上为动容停止”（［清］李棪：《东林党籍考》）。可姚思仁的进奏绘图也仅仅是让万历皇帝动容而已，万历皇帝可不想那么轻易地放弃这么好的敛财渠道。

或许姚思仁的进奏给万历皇帝留下了讲实话的印象，万历皇帝其实也心知肚明；或许姚氏家族中曾有女子入选为妃，姚思仁算得上皇亲国戚，万历皇帝也不好意思肆意发作。这使姚思仁在弹劾矿税时并没有受到万历皇帝的百般敌视，他后来还累迁太子太傅、工部尚书。而其他人未必有那么幸运。同为嘉兴人的朱国祚看到湖广税监陈奉为恶多端，贻书巡按御史曹楷，令发其状。结果，“帝怒，几逮楷，奉亦因此撤去”（《明史·朱国祚传》）。这从一个侧面显示了弹劾矿监的政治风险。更有甚者，上疏谏阻及开矿不力者，纷纷受到切责、夺俸、撤职、贬谪、逮捕、囚禁等处罚。如平湖人姚士慎在任吏科给事中时，疏谏开矿税，忤旨，谪福州府经历（光绪《嘉兴府志》卷四十一）。平湖人陆锡恩在处理矿税问题上，“有以回青石膏利啖中人者，锡恩械之，以计令黠者发土，皆砂砾，遂罢”（光绪《嘉兴府志》卷三十）。《明史》记载的受害官员有：“二十四年，则辽东参将梁心；二十五年，则山东福山知县韦国贤；二十六年，则山东益都知县吴宗尧；二十七年，则江西南康知府吴宝秀、星子知县吴一元、山东临清守备王炀；二十八年，则广东新会在籍通判吴应鸿，举人劳养魁、钟声朝、梁斗辉，云南寻甸知府蔡如川，赵州知州甘学书及正志；二十九年，则湖广按察佥事冯应京、襄阳通判邸宅、推官何栋如、枣阳知县王之翰、武昌同知卞孔时、江西饶州通判陈奇可；三十年，则凤阳临淮知县林镓；三十四年，则陕西咸阳知县宋时际；三十五年，则陕西咸宁知县满朝荐；三十六年，则辽东海防同知王邦才、参将李获阳。皆幽系诏狱，久者至十余年。炀、应鸿、获阳毙狱中，其他削籍、贬官有差。至士民幽系死亡者，尤不可胜纪也。”（《明史·王正志传》）

其实，万历皇帝对于矿税祸民也是有所知情的。万历三十年（1602），他忽然得疾病，自觉病危而下遗诏废除矿税，说：“矿税事，朕因殿工未竣，权宜采取，今可与江南织造、江西陶器俱止勿行，所遣内监皆令还京。法司释久系罪囚，建言得罪诸臣咸复其官，给事中、御史即如所请补用。”（《明史·沈一贯传》）可见，尽显其死后留名的悔意。但孰料次日天刚亮，万历皇帝身体无恙，即遣中使二十多人，从大臣沈一贯手里收回成命。于是，矿税继续“权宜”下去，直至万历四十八年（1620），万历皇帝死前才最终废除。

但是，矿税已前后为害二十四年，其敲骨吸髓般的强制掠夺，极为沉重地打击了城镇商业和手工业，从根本上破坏了社会的正常生产秩序和生活秩序，造成了民不聊生、国不足用的局面，整个社会经济处于崩溃的边缘，至明亡也未恢复。清人赵翼在评万历“矿税之祸”时曾深刻指出：“谓明之亡，不亡于崇祯，而亡于万历。”（［清］赵翼：《廿二史札记》卷三十五）

杨雍建争谏一日九疏

六科给事中，与御史职务并称科道，或合称“台谏”，是为言官，约起源于魏晋时期“风闻奏事”，至唐宋起逐渐走向成熟。明代的六科给事中制度作用发挥到了极致，一度成为党派相争的工具。清袭明制，保留了给事中制度，但作用已大不如前。

清初谏官海宁人杨雍建（1631—1704），字自西，是清朝统治者入关之后启用的第二代汉人辅臣，较曾为明廷效力的“贰臣”、任清朝户部尚书等要职的海宁人陈之遴等更认同当朝统治者的正统性，也更尽职效力于朝廷。他是清顺治十二年（1655）进士，初授广东高要知县，后任兵部、礼部、吏科给事中等职，以敢谏闻名，曾一日上九疏，被王士祯称为“本朝谏官第一”，且“天下公论如此”（［清］王士祯：《池北偶谈》卷七）。

清初的“台谏”官员并不好当。就在杨雍建入仕的前一年，也就是顺治十一年（1654），与陈之遴等同样的“贰臣”陈名夏因倡言“留发复衣冠，天下即太平”而被顺治帝处死，还牵连了八名科道官员被责。顺治帝为此训令给事中、御史们不得附和为党，下诏：“科道为耳目之官，职在发奸剔弊。凡大奸大恶，从未经人纠劾者，果有见闻，即据实直陈，不许徇私党比，摭拾塞责。将人已纠参之事，随声附和，明系党与陋习，岂朝廷设立言官之意？以后务宜洗涤肺肠，痛除党比，不许仍前蹈袭妄陈。”（《清会典事例》卷九九八）可见，科道官员稍不注意，便有政治风险。

但杨雍建谏议不畏皇帝，不畏权势。顺治十六年（1659）春，顺治帝巡幸南苑。五日后，杨雍建看皇上没有回宫的意思，便上疏指出，皇帝前一段时间刚刚亲临太庙祭祀，“乃回宫未几，复幸南苑，寒威未释，陟历郊原，恐不足以慎起居。且古者蒐苗狝狩，各有其时。设使兽起于前，马逸于后，惊属车之清尘，岂能无万一之虑？臣愿皇上出入以时，起居必谨，俾清明强固，奠宗社无缰之休”（《清史稿·杨雍建传》），委婉批评顺治帝耽于游畋、起居不谨。顺治帝接疏后勃然大怒。第二天则披挂上马，并召群臣面谕讲武阅兵之意；驰射再三后，又欲置杨雍建之罪。杨雍建胆子不小，面不改色，奏对不失常态。好在顺治帝算是开明之君，冷静下来回宫后只要求杨雍建“尔需上疏认罪，明述朕所为，使中外晓然”，并没有严惩他，而且还专门叮嘱：“尔无以言为惧，但言须有道。”（［清］张宸：《平圃杂记》）以后碰到这类事情，应以密谕上报，不能让皇上下不来台。杨雍建一时成名。后来，康熙幼龄继位，朝臣见索尼、鳌拜等辅政大臣都要下跪奏事，而杨雍建独立语之。这些辅政大臣感慨地说："此南苑上书谏猎者也。"自是奏事者见辅政大臣皆不跪。

杨雍建谏议能洞察心机，影响至深。顺治帝入关之后，继承了明朝多数旧制，但又想加强集权，免除明末朋党、结社之害。尽管他在顺治九年（1652）就已下令禁止结党盟社，但陈名夏一案使其心结仍在。而江南士人仍然沿袭明末旧习，结社盟誓，尤以吴越间联络为盛。至顺治十年（1653），有"连舟数百艘，集嘉兴之南湖"（光绪《诸暨县志·骆复旦传》）的壮观场景，称为嘉兴鸳湖之集，亦称十郡大社。谙熟于地域乡情的杨雍建洞察了顺治帝的担忧，于顺治十七年（1660），上疏禁止文人结社，言："朋党之患，酿于草野。欲塞其源，宜严禁盟社，请饬学臣查禁。"（《清史稿·杨雍建传》）他指出，"臣闻朋党之害，每始于草野，而渐中于朝宁，盖在野既多类聚之私，而服官必有当援之弊"，"缙绅大夫各欲下交多人，广树声援，朝野之间，人皆自为，于是排挤报复之端起，而国事遂不可闻矣"。"今之妄立社名、纠集盟誓者、所在多有。而江南之苏松、浙江之杭嘉湖为尤甚。盖其念始于好名，而其实因之植党"，有不肖之徒借机"饰其虚声，结交有司，把持衙门，关说公事"，这些都是因为“皆始于儒生，而流及于市井小人”，因此，“拔本塞源之道，在于严禁社盟”（转引自谢国桢：《明清之际党社运动考》）。顺治帝欣然听从了他的建议，对文人结社予以严厉打击。此后，清朝专门制例，不仅明确规定严禁结盟组社，也把“抗粮聚众、罢考罢试至四五十人者”和“倡立邪教，传徒惑众滋事”，甚至“异姓人歃血订盟，焚表结拜兄弟者”（康熙《刑部现行则例》《清实录·高宗》卷九六一）等都当成了犯罪，而且屡兴文字狱案，打击江南文人阶层。至此，宋明以来士大夫结社讲学的传统磨灭殆尽，严重禁锢了社会思想开化。这恐怕是杨雍建所不能预想到的吧。

杨雍建谏议在位言事、履职尽责。杨雍建担任的给事中职务，其职务品级虽然不高，但有封驳皇帝及丞相决策的权力，可对皇帝失宜的诏命，封还并署列理由或意见，还可对诏敕之不当者加以驳正。清初沿袭明制仍设六科给事中，但职能已不彰显。然而，“给事中旧司封驳，久废不行，杨独行之”（［清］王士祯：《池北偶谈》卷七）。康熙六年（1667），康熙帝亲政，颁旨大赦天下。结果第二天御前发来红本，有两名囚犯当斩，要得到刑部签注。杨雍建时任刑科都给事中，谓“昨颁赦而今行刑，是诏令不信于天下也。红本当封还”。同官均面露难色，争持不下。杨雍建于是说：“六科以封驳为职，古制也。吾封之，咎吾任之，不以累公等。”（［清］李元度：《国朝先正事略·杨以斋侍郎事略》）坚决将红本退还。康熙帝也命三法司再议，两名囚犯得以不死。

杨雍建敢于直谏，获益于清初统治者笼络汉族士人的政策，也得益于顺治、康熙朝掌政者的个人英明，而被誉为“本朝谏官第一”。后人据此以为其是清朝第一谏官，则有过之。但此后确实难有人如他般谏诤了。雍正元年（1723）以后，六科被划归都察院，与御史制合一，“谏诤”不再有制度保障了。同时，随着雍正朝之后对密折工具的频繁使用，六科巡视地方的谏议职能逐渐被地方督抚所取代，皇帝仅仅是将科道们作为“耳目”使用罢了。

陆陇其"自追"理案

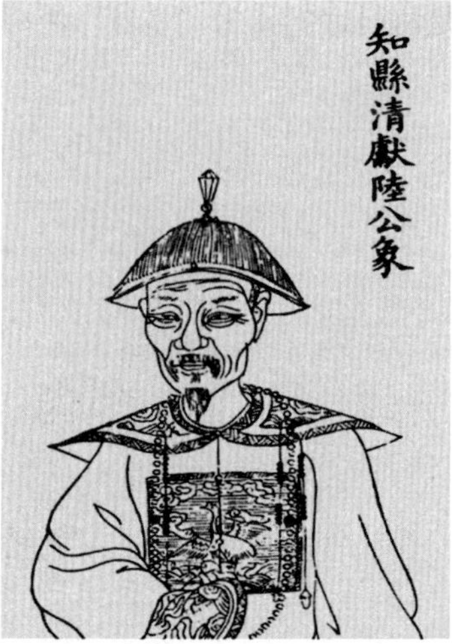

陆陇其像

平湖人陆陇其（1630—1693），字稼书，史传为唐时名相陆贽后裔。康熙九年（1670）中进士时已41岁，后授江南嘉定知县（今属上海）、灵寿（今属河北）知县、四川道监察御史等职。其为官清廉，以德化民，颇有政绩，人称"平湖先生"或"当湖先生"，有"天下第一廉吏"之称。

陆陇其自幼苦读不辍，博闻强识，是谓"幼读书躬行实践以圣贤为己任"。他主张儒学应复归程朱之学，而斥陆王心学，认为"尊朱子而黜阳明，然后是非明而学术一，人心可正，风俗可淳也”（光绪《嘉兴府志》，卷五十八）。他著有《三鱼堂文集》等，死后享有陪祀孔庙殊荣，是清一代最早陪祀孔庙的理学家，与江苏太仓陆世仪并称为清初“二陆”。

陆陇其不仅是理学名家，也是断案高手，在《清史稿》《嘉兴府志》等史书中都记载了经他判决的多个案件。他也留下了《陆稼书判牍》，是宝贵的古代诉讼资料。综合来看，陆陇其断案是非常有特点的，就是根据儒家义理断案，强调儒家伦理与依律规定相结合，使断案成为宣传儒家义理思想的重要手段。为使判案更为合理，更好地达到儒学理念中的息讼、无讼等目的，他自创了“自追”法断案，即“使两造相要俱至，谓之自追”（《清史稿·陆陇其传》）。

那么什么是“自追”呢？有人认为，陆陇其“自追”理案是让原告、被告双方一同到县衙自诉曲直，然后进行调解。之所以产生这样的理解，在于《清史稿·陆陇其传》“自追”表述之前，还有“讼不以吏胥逮民，有宗族争者以族长，有乡里争者以里老”的记载，也就是说陆陇其断案是十分注重以调处方式结案的，一般宗族内的纠纷就由族长调解，乡里的纠纷就由里老调解。因此，使原、被告双方一起当庭调解也并无不妥，在陆陇其审判案件中也不乏其例。

但这么理解“自追”似乎有些片面。让原、被告双方自诉曲直是诉讼常理，而调解本是司法官员的重要职能，又何来“自追”之创见？对照《清史稿·陆陇其传》的“自追”表述，我们对前述“自追”解释中要求原、被告双方当事人俱到庭听审并无异议，但据此认为“自追”的形式就是调解，那就有点望文生义、想当然的思维方式了。

根据清代国家治理体系，州县官员既是一方行政主官，也是一方司法官员，可受理徒刑以下户婚、田土及笞杖轻罪等州县自理案件，不必逐级审批，具有终审性质。一般程序是由原告请“代书”代写状纸，向州县衙门呈递，州县官根据一定情节决定准许受理还是不准许受理；凡遇民事纠纷，特别是亲族之间纠纷，多先批回乡里、族长“调处”；对于准许受理者，案情轻微的，签发传票传唤被告，案情重大的得发拘票拘提被告，如被告已逃匿，得发缉票缉捕。而且，打官司是要花费一定成本的，既有钱财成本，还有宗族社会中的伦理成本。陆陇其就曾指出：“尔原、被非亲即故，非故即邻，平日皆情之至密者，今不过为户婚、田土、钱债细事，一时拂意，不能忍耐，致启讼端。殊不知一讼之兴，未见曲直，而吏有纸张之费，役有饭食之需，证佐之友必须酬劳，往往所费多于所争，且守候公门，费时失业。一经官断，须有输赢，从此乡党变为讼仇，薄产化为乌有，切齿数世，悔之晚矣。”（［清］吴炽昌：《续客窗前话》卷三，转引自李春光纂：《清代名人轶事辑览》第二集）

在这种情况下，将此类案件与其再批转至族长、里老调解，造成纠纷解决的来回往复和不确定性，不如待原、被告双方经族长、里老调解不成而仍有合断诚意的情况下受理诉讼，作出当断则断、当调则调的判决，是一条了结诉讼的捷径。对此，陆陇其用“自追”理案的方式，一方面对诉讼受理形式作了改进，改变了以前原告起诉后拘传被告的形式，让原、被告约好一起到衙门诉讼，避免了被告接传票或拘票而到庭审问的尴尬，减轻了因诉讼对双方伦理关系的损伤。另一方面，陆陇其在通过族长、里老调解仍不能和解，纠纷已进入僵持阶段的情况下，用原、被告双方相邀俱至衙门听断所表明的通过诉讼解决纠纷的合意，减少了司法过程的繁琐周折，提高了案件的审判效率。无疑，陆陇其在此花费了相当的心思，体现了相当的审判艺术。

如果陆陇其能够改进传统的主动纠问式审判方式，进一步让双方在案件审理过程中进行平等的自由辩论，那么“自追”就已经相当接近现代诉讼所追求的司法价值了。但我们没法对生活在清早期的司法官员作这一苛求。事实上，陆陇其也只能对案件审理进行他作为理学家的独特改进：就是在一些民事案件中让原、被告双方追述事件前因后果并且反思亲情伦理，然后进行调解或判处。这在清代司法审判实践中也是独具一格的。如陆陇其任嘉定知县时，有兄弟二人为争财产相讼至县衙，陆陇其“不言其产之如何分配，及谁曲谁直，但令兄弟互呼”，“此唤弟弟，彼唤哥哥”，“未及五十声，已各泪下沾襟，自愿息讼”。“令兄弟互呼”，实是促其醒悟兄“友”（爱护）弟“悌”（敬重）之伦理，从而以此调处息讼。陆陇其在判词中写道：“夫同声同气，莫如兄弟，而乃竟以身外之财产，伤骨肉之至情，其愚真不可及也。……所有产业，统归兄管理，弟则助其不及，扶其不足……从此旧怨已消，新基共创，勉之勉之。”（《陆稼书判牍·兄弟争产之妙判》）这在陆陇其审判实践中屡见不鲜。有兄弟争讼不休，陆陇其谓之曰：“弟兄不睦，伦常大变，予为斯民父母，皆予教训无方之过也。”遂自跪烈日中，讼者感泣，自此式好无尤（[清]钱泳：《履园丛话·陆清献公》）。

要之，陆陇其的“自追”理案，既包括“相要俱至”的形式创新，也包含着“自追义理”的实质创新。

冯景夏改斛

度量衡制度是国家进行行政管理的基础性法律制度。统一度量衡制度，对于促进生产经营交换、发展经济社会生活都有重要作用。在古代中国，度量衡管理曾经被视为立国之本。传说舜帝到东方部落去巡视，就和部门首领们“协时月正日，同律度量衡”（《尚书·虞书·舜典篇》），以此进行结盟，促进了统一国家的形成。西周成王六年（公元前1037年）时周公辅政，“朝诸侯于明堂，制礼作乐，颁度量，而天下大服”（《礼记·明堂位》），显示了统一度量衡制度对于国家治理的无比重要。

此后，完善度量衡制度普遍被认为是体现君主英明统治的重要标志。《论语·尧曰》有云：“谨度量，审法度，修废官，四方之政行焉。”《管子·明法解》也说：“明主者一度量、立仪表而坚守之，故令下而民从。”中国现存最早由国家颁发的标准量器、现藏于上海博物馆的“商鞅铜方升”，经考证系商鞅在秦孝公十八年（公元前334年）所造，方升底部刻着秦始皇统一度量衡诏书，在默默地诉说着统一度量衡对于经济制度改革的贡献。秦统一之后，封建新王朝建立伊始，也大多进行考校度量衡器具，颁发新标准器，并从法律上予以规制。《唐律疏义》就规定，对度量衡器具进行法治鉴定，对私造度量衡器具的要处以杖刑。其后，历代典章也都有类似明确规定。

对于中国这样一个农业国家来讲，粮食的计量单位与国家征收赋税、官员发放俸薪息息相关。正因为如此，尽管有诸多法律对粮食计量制度进行规定，却仍然免不了别有用心之人利用计量制度的漏洞，进行官商勾结盘剥百姓、胥吏中饱私囊渔利等活动，且屡有所禁却屡见不鲜。清代桐乡人冯景夏就看到了这一粮食计量制度中的弊病，巧妙对盛粮斛具进行了改进，在古代度量衡制度发展中作出了自己的贡献。

冯景夏（1663—1741），字树臣，康熙癸酉年（1693）举人，五十二岁时才授陕西长安知县，旋即在任上表现出了精明才干。当时，康熙御驾亲征准噶尔，冯景夏接到命令要为大军准备粮马，政务纷繁，但仍能“莅事听讼如常”，应付自如。有“常醴县有杀人凶犯张九思寄长安狱，景夏察其冤，力请上官出之”

雕塑《冯景夏改斛》 桐乡市法治公园

（光绪《嘉兴府志·冯景夏传》卷三十）。后来升山东胶州知州，又筑堤防止海水溢侵，做了不少实事。可过了没多久，就被诬在长安时侵贪军粮而被免职。

机遇总是留给有准备的人。冯景夏后来又得到启用，担任了安徽庐州府知府，取得了农业丰收等不错政绩，不久升苏、松、常、镇、太督粮道。这江南五府历来是朝廷粮仓重地，但也是粮政矛盾的集中爆发地。就有一个善造斛的温铁匠，与官吏勾结，使官吏从中浮取粮食渔利。冯景夏获情后，查实并处死了他。可杀了一个温铁匠并没有解决根本问题，冯景夏就采取了微服私访的方式，在征粮时混杂在农民中对官府收购仓廒进行暗访，发现官吏有浮取不法事，就现场开堂，将犯法者绳之以法，群情大快。

冯景夏是一个善于思考的人。他并没有因打击了几个贪官污吏而沾沾自喜。他发现，造成官吏浮取的根本原因在盛放粮食的斛具上。由于当时实行的倒梯形大口斛，不仅口径难以划一，而且深浅有所出入，随意多加点粮食根本难以察觉，便于官吏从中达到渔利的目的。为此，他提出要将斛斗反置，造正梯形小口斛，度量与旧制相同；另于斛口镶以铁脊，不能滞留粒米，使粮吏无法浮收牟利。冯景夏将此法上报漕运总督，三次上请被三次驳回。显然，度量衡制度是不能被轻易改变的，哪怕是一个计量器具形式上的改进。

冯景夏书画作品

然而，冯景夏也是幸运的。冯景夏改小口斛的建议在得到了江苏巡抚彭维新的肯定、同意后开始试行，十余年后粮政积弊渐除。于是，接任江苏巡抚的陈大受奏请朝廷命户部按小口式改铸铁斛，颁各省改制，通行全国。时人称小口斛为“冯斛”。这不仅是对冯景夏改斛除弊的个人赞誉，也是对冯景夏体恤百姓的由衷致敬。冯景夏后来担任了安徽按察使、都察院副都御使、刑部左侍郎等职。虽时过境迁，但冯景夏改斛造福百姓之事却为世人所称道。冯景夏逝世时，苏松一带乡民哭者有数百人之多，可见冯景夏改斛除弊、造福百姓的民间影响力。

直接受惠的不仅是苏、松、常等地乡民。嘉兴历来是漕赋重地。明代文德翼在《均徭役》和《严漕兑议》中就说："天下赋江南居十九，浙东西居江南十九，而嘉禾半之，浮巧之役名，积重难返"，又谓"江南之赋浙为重，而全浙独浙西有漕，漕独嘉兴为首，全浙夏秋两税共米二百五十一万二百九十九石，……（嘉兴）一郡当全浙之半也"。经冯景夏改斛，嘉兴人的漕粮负担能够有微小的改善，也是幸事。

尤其值得一提的是，冯景夏改斛除弊的精神和做法为后世同乡严辰所传承。乌镇人严辰（1822—1893），字缁生，咸丰九年（1859）进士，官至翰林院庶吉士，因制赋中用了"女中尧舜"四字，触怒了太后慈禧，于1862年降职任刑部主事。随后，严辰辞官归里，在家乡创书院、建义塾、济贫民、编县志，并利用曾经在朝廷为官的影响力，继续为纾缓民生疾苦出力。时征收漕米，官吏常借"样盘"克扣百姓牟利，于是严辰便上书请禁。光绪元年（1875），奏准革除样盘，立碑永禁，百姓称便。

也就在光绪元年（1875），冯景夏入祀孔庙乡贤祠，其改斛之功为乡人所铭记。

朱休度决狱

清代嘉兴人朱休度是明代状元朱国祚的裔孙，家学渊源深厚，博闻强识，精通诗歌词律，以同乡朱彝尊、钱载为法，是清代诗坛“秀水派”的代表人物之一。曾遍采遗书得4500余种，“撰总目上诸四库”，为清廷汇编《四库全书》立下了卓越功劳，称一时之盛。

朱休度是一个贤能官员。在任山西广灵知县时，“值大荒疫，流亡过半，休度安抚招徕。粮籍旧未清，履勘劝耕，一年而荒者垦，三年而无旷土。粮清赋办，获优叙”。嘉庆元年（1796），他引疾归里，广灵县人恳留不得，乞其“壶山垂钓”小像勒诸石。殁后，祀名宦（《清史稿·循吏二·朱休度传》）。朱休度虽然为官时间不长，但以出色政绩与著名的绍兴师爷出身的汪辉祖并称“慈惠”。《清史稿·循吏二》专门在汪辉祖传后附了朱休度的传记。要知道，朱休度只是举人出身，终其一生任职官位也不高，在以进士取仕的社会背景下称不上尊显，能在一朝人物中立传已是一种特殊待遇。

朱休度能获“慈惠”之称，除了履勘劝耕的惠政，另外一个原因在于他善于决狱的杰出本领。他为官能够“待人以诚，人亦不忍欺。周知民情，诉曲直者，数语处分，民皆悦服。数年囹圄一空，举卓异”（《清史稿·朱休度传》），能够做到这些并不容易。一个地方的主官，没有架子，遍访民情，在受理案件时能够以寥寥数语，把事理分析明白，让人心悦诚服，简直一个清代版的“马锡五”，或者用另一种现代政治语言来讲，他是一个很能做群众工作的优秀司法干部。而让“囹圄一空”，也就是监狱里没有犯人，几乎是所有具有抱负的地方官员的终极理想，朱休度却做到了。

那么，朱休度是如何做到“囹圄一空”的呢？《清史稿·朱休度传》专门记载了他的两个决狱故事，可以作为参考：刘杷子妻张，以夫出，饥欲死，易姓改嫁郭添保。疑郭为略卖，诘朝手刃所生子女二而自刭。休度诣验，妇犹未绝，目郭作声曰：“贩，贩！”察其无他情，谳定，杷子乃归。众曰：“汝欲知妇所由死，问朱爷。”休度语之状，并及其家某事某事。杷子泣曰：“我归愆期至此，勿怨他人矣。”稽首去。薛石头偕妹观剧，其友目送之。薛怒，刃伤其左乳，死。自承曰：“早欲杀之，死无恨。”越日，复诘之曰：“一刃何即死也？”薛曰：

“刃时不料即死。”曰：“何不再刃？”薛曰：“见其血出不止，心惕息，何忍再刃？”遂以误杀论，减戍。

专门在一个人的传记里记录他经办的决狱故事，一个原因是出于考核官员的需要。清代法律有要求官员讲读律令的规定，明确“百司官吏务要熟读，讲明律意，剖决事务”（《大清律集解附例》卷三《吏律·讲读律令》），并将此作为官员考核的重要内容，甚至如果官员考核不合格，还要受到处罚。而一个典型的案件正是讲明律意的绝好诠释，体现了当朝者对于司法执法效果的理念倡导和价值追求，以及对于基层司法主官们考核典范。再一个原因就是这个案件要么十分复杂，要么影响广泛，值得记录。大略来看朱休度的两个案件，似乎更适用于前者。

我们先来看第一个案件。刘杷子妻张氏迫于无奈改嫁给郭添保，因怀疑郭要将其贩卖，就将所生两个子女杀死后自杀。当朱休度接到报案后赶到现场时，张氏还没有绝气，一直盯着郭添保喊着“贩、贩”。朱休度认真查实并没有张氏所怀疑的事情，就以张氏自杀定案了。断这个案件似乎没有难度，因为朱休度及时赶到现场，堪比当今110的出警速度，而且迅速查明了实情，表明了他注重现场勘验的断案态度和及时查案的责任意识。这个案件的难点在于怎么说服另一个当事人刘杷子。朱休度表现出了他善于决狱的另一个重要才能，就是能够周知民情，不仅向刘杷子说明了现场状况，而且还把他家里发生的一些事情都详细地讲给他听。通过这些事情说服了刘杷子，刘杷子稽首作礼而去，平息了在今天很可能会衍生出来的涉法信访事件。

再来看第二个案件。薛石头带着他妹妹看戏，他的一个朋友大概比较欣赏他妹妹，多看了她几眼。在那个讲究“非礼勿视、非礼勿听”的时代，多看了年轻姑娘几眼便有轻薄的意味。结果薛石头一时冲动，用刀刺伤了他朋友，导致他朋友死了。薛石头倒也爽快，承担了所有责任，并说早就想杀他了，虽死无憾。人证俱在，依律断案、判杀人偿命也非难事。但朱休度明察秋毫，感到案有蹊跷，就隔了几日再次审问薛石头。这段对话很有意思。朱休度问：为什么刺了一刀就刺死了？薛石头回答：刺的时候没想到当场就死了。朱休度再问：为什么不再刺一刀。薛石头回答：看见他出血不止，心里感到惋惜，怎么能够再刺？凭此，朱休度查实薛石头并非像他先前交代的那样故意杀人，而是过失杀人。朱休度遂将原来应判的死刑减为戍边刑罚，救了薛石头一命。在这里，朱休度展示了他决狱过程中过人的逻辑推理能力和辨识曲直、悯人恤民的决狱情操。

在今天看来，朱休度对这两件案件的决狱方法也是值得借鉴的，如勘验与查断相结合，辨曲与推理相结合，等等。朱休度善于决狱的贡献肯定不限于上述两件案子。他曾经指出南北方决狱方式的不同，指出：“南方狱多法轻情重，北方狱多法重情轻，稍忽之，失其情矣。”强调了司法官员如果不仔细考虑南北所发生狱案的不同情形，就有可能在审查案件过程中失去对其中情理的判断，造成冤假错案。只是朱休度并没有留下更多的决狱资料，实为遗憾。

汪辉祖在禾三断衬食案

汪辉祖像

汪辉祖（1731—1807），字焕曾，号龙庄、归庐，浙江绍兴府萧山县（今杭州市萧山区）人。乾隆十九年（1754）起游幕，成清朝一代名幕；乾隆四十年（1775）成进士，知湖南永州府宁远县，著有《元史本证》《学治臆说》《佐治药言》《病榻梦痕录》等。

鲜为人知的是，汪辉祖前后游幕达三十四年之久，其中在江苏九年、浙江二十五年；在浙江的二十五年中，又在嘉兴度过了近十四年游幕生涯，占其在浙游幕生涯一半以上时间，其断案、为官、著述等也与嘉兴颇多渊源。譬如，他事幕不久就遇到“宽永钱”案件，后来他参阅了嘉兴人朱彝尊所著《曝书亭集》，才发现“宽永钱”系日本钱币，由商船带入，非民间私铸，避免了一场冤案。在其《佐治药言》《病榻梦痕录》等著述中也多次提及在禾事。特别精彩的是，他在嘉兴断过三件不同的祔食（原指祭祀时与祖先合享祭品，在此引申为继承奉养）案件，鲜明地体现了他的断案理念和风格。

佐治藥言

蕭山汪輝祖煥曾箸

盡心

士人不得以身出治而佐人爲治勢非得已然歲脩所入實分官俸亦在官之祿也食人之食而謀之不忠天豈有以福之且官與幕客非盡鄉里之戚非有親故之歡厚廉而實禮之什伯於鄉里親故謂職守之所繫倚爲左右手也而視其主人之休戚漠然無所與於其心縱無天譴其免人譴乎故佐治以盡心爲本

盡言

佐治藥言

汪辉祖《佐治药言》书影

乾隆二十七年（1762），汪辉祖在秀水坐馆。有县民陶爱泉之子陶惠先是长房独子，出继叔父。生五子，而长子故绝，例得以次子陶璋为后。其三子陶世侃欲谋以己子后其伯兄，因乘父故，伪托遗命，令仲子归嗣祖父陶爱泉。归嗣继承案件是宗族内的大事，涉及各自的名分和财产。到底该谁归嗣？陶氏宗族内部有不同倾向，导致案件上告县衙。汪辉祖对此也感到十分棘手。“祖次房者，谓以孙祢祖，礼难归继；祖三房者谓本生有子而无后，于情不顺，归继之说未为不可。荐绅先生纷如聚讼，上台撤下县议，余亦无能执中。长夜求索，忽记《礼经》‘殇与无后者，祔食于祖’之文，爰佐令君持议，谓祢祖之论必不可行”（《佐治药言·读书》）。因此，汪辉祖议曰：祢祖之说，必不可行。陶惠先出继叔后，断难以己之次子归继。本宗有子而绝，情有难安。请以其主，祔食于伊父爱泉支下，听惠先子孙奉祀。遗命之真伪，可无置议（《病榻梦痕录》卷上，乾隆二十七年）。此议回避了陶世侃伪托遗命的考证，援礼入法，使陶世侃图谋落空，也使陶爱泉有后祔食，两全之美，大为上台所赏。

乾隆三十一年（1766），汪辉祖在平湖事幕。平湖殳球因其缌服族叔殳凤于死而无子，自言序当承继，告县求立。殳凤于与兄同居共财，兄殁遗一子，凤于仅一女出嫁。凤于虽有亲侄，但系兄独子，按例不得出继。于是汪辉祖批令，以遗产一百亩分给已嫁之女，以二十亩营葬凤于夫妇，一百五十亩为祭产，使凤于附于其父名下，受兄子之祭。承继之事，殳球不必过问。殳球随后上告嘉兴府。嘉兴知府邹应元认为汪辉祖批词矫枉过正、有失公允，需重新拟详。汪辉祖对此有议，例载：“无子者，许同宗昭穆相当之侄承继，先尽同父同亲，次及大功、小功、缌麻。如俱无，方许择立远房。”夫曰：“许令承继”，“许”之云者，未尝勒令必继也。又云：“继子不得于所后之亲，听其告官别立。其择立贤能及所亲爱者，若于昭穆伦序不失，不许宗族指以次序告争。”夫曰“听其别立”“听其择立”，“听”之云者，惟其自主也。细绎例义，或继或否，皆由无子者主之。若本人未经立继，固无容旁人干预（《病榻梦痕录》卷上，乾隆三十一年），在这里，汪辉祖对例文规定作了极为详细的解释，相当于如今法律条文的“可以”与“应当”的解释，具有极强的说服力。此批过了两个月后被批准。这是汪辉祖凭律而断的典型案例。

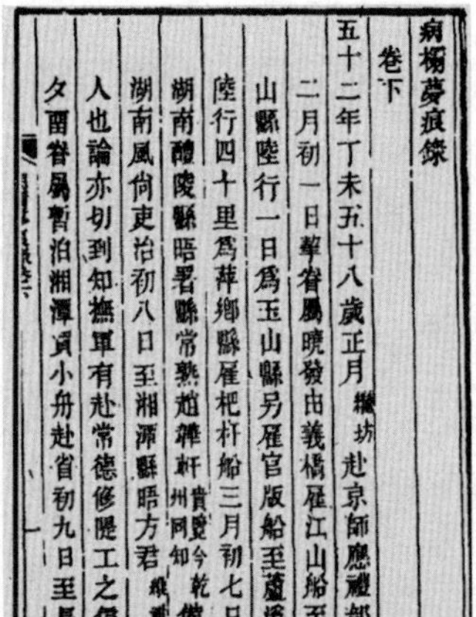

病榻夢痕錄

卷下

五十二年丁未五十八歲正月繼坊赴京師應禮部試

二月初一日挈眷屬曉發由義橋雇江山船至常

山縣陸行一日爲玉山縣另雇官版船至蘆溪縣

陸行四十里爲萍鄉縣雇杷杆船三月初七日至

湖南醴陵縣晤署縣常熟趙雜軒貴覽今乾州同知備言

湖南風尙吏治初八日至湘潭縣晤方君載才

人也論亦切到知撫軍有赴常德修隄工之信即

夕留眷屬暫泊湘潭買小舟赴省初九日至長沙

汪辉祖《病榻梦痕录》书影

乾隆三十一年（1766），汪辉祖仍然在平湖为幕。平湖黄俞氏夫亡，无子，遗二女，孀居四年多。族长请照前述殳球袝食之成案，要求将其夫遗田四十二亩，尽付宗祠作为祭产。汪辉祖对此批判：祔食之说，所以杜不肖争继之习，而非开房族攘产之风。不得妄引殳案，觊觎干咎。但由于平湖县令刘国煊赴京保举，汪辉祖归里，族长竟伺机再告，得暂署平湖令者批准。对此，汪辉祖在黄俞氏上诉时批断：妇人夫亡无子守志者，例承夫分。户绝财产，果无同宗应继之人，例得亲女承受。……以例承夫产之孀妇、应受绝产之亲女置之局外，而转以无干之族长，为之掣其肘而攘其财，不惟嫠妇含冤，并使幽魂饮泣。无此政体，亦无此风俗。所有俞产四十二亩，以五亩立黄祠祭户，俟黄氏女嫁身故，归祠收息，为伊夫妇祔祭。其三十七亩，听俞经营，膳养嫁葬，或存或废，总不必房族过问，以断葛藤。将署任所立祠户，改正归俞，并饬各佃户向俞交租。原送遵依，涂销完案（《病榻梦痕录》卷上，乾隆三十一年）。汪辉祖不以成案为由，保护了黄俞氏的应得权益。纵观汪辉祖为幕生涯，自始至终未见其援引成案决狱之例，可见其把勿轻引成案作为佐幕的深刻心得。这也是汪辉祖为幕与他人不同的独特之处。

上举嘉兴三例案件均涉祔食，汪辉祖采用了不同的谋断策略，使案件得到了较为妥善的处置。这里也充分体现了汪辉祖的佐幕之道，以视人情风俗为要。其在《佐治药言》“须体俗情”条云：“幕之为学，读律尚已。其运用之妙，尤在善体人情。盖各处风俗往往不同，必须虚心体问，就其俗尚所直，随时调剂。然后传以律令，则上下相协，官声得著，幕望自隆。若一味我行我法，或且怨集谤生。古云利不百不兴，弊不百不除。真阅历不可不念也。”这在今天仍然值得我们在化解家庭和社会矛盾时借鉴。

四　司法律政

杜文澜与会审公廨

会审公廨是上海历史上在特殊时期、特殊区域成立的一个特殊司法机关，由上海地方官员（苏松太兵备道，俗称上海道台）任命中方专职会审官（谳员），与外方陪审官（领事）会同审理租界内与华人有关的诉讼案件。这是1840年鸦片战争之后，英、美、法等国在中国租界内不断扩张领事裁判权、攫取利益最大化的一个结果，也是中国近代以来国力积贫积弱已不能完全保有司法主权的真实写照。

起初在清道光二十三年（1843）11月的上海，英国根据《中英五口通商善后条约》，在上海开始行使领事裁判权，领事馆辖区设立地方法院（领事法院），对于外国人在中国犯罪，不受中国审判治罪，而是由外国领事按照本国条例治罪；而涉及中国人同外国人之间的诉讼，中国人由中国官员审理，外国领事无权过问和干涉。后来由于1853年上海小刀会起义，大批华人涌进租界，中外纠纷不断发生，英、美、法等国家领事乘机开始审讯租界内的中国居民，公然侵蚀中国司法主权，仅1855年就审理了五百多件华人案件。清政府虽然想收回对华人案件的审理权，但已没有多少谈判资本，只能选择向英美法诸国妥协。同治三年（1864）5月，经英国领事巴夏礼建议，在英租界领署设立中国租界史上第一个华洋会审机关——洋泾浜北首理事衙门，由上海道台派员会同英、美副领事审理英美租界内华洋刑、民诉讼案件以及违警案件。

迨至同治六年（1867），英国领事文极司脱和上海道台应宝时开始商谈组织华洋会审正式法庭事宜。经过两年多的谈判，共议订章程十条，经英国领事同意后报清廷总理各国事务衙门（简称总理衙门）及各国公使核准，于同治八年（1869）4月20日正式公布《洋泾浜设官会审章程》。这一章程成了此后公共租界里成立会审公廨（也称会审公堂，英文名为Mixed Court）的主要依据。而公布这一章程的，是时任上海署（代）理道台的杜文澜。

杜文澜（1815—1881），字小舫，浙江秀水县（今浙江嘉兴）人。少年艰困，久客湖北。爰聘于襄阳府，以判案出名，入赀为县丞，旋改两淮盐运分司运判，从湖广总督裕泰部赴湖南、广西平定李沅发之乱。咸丰三年（1853）从军于邗上，参与对太平军作战有功，后成为曾国藩的得力幕僚之一，累迁同知、直隶州知府、江苏按察使、两淮盐运使、苏松太道员。太平天国运动被镇压之后，论功加布政使衔。后因服用鸦片，被两江总督沈葆桢奏劾免官。著有《采香词》《平定粤寇纪略》等书，编有《古谣谚》等作品。

杜文澜公布《洋泾浜设官会审章程》实属任内巧合。清政府都同意的事，轮不着他置喙。但在《洋泾浜设官会审章程》公布之后，法租界成立会审公廨，却是由他亲自签的字。前期协商《洋泾浜设官会审章程》时，法国领事借口第五条关于“公廨派员提传逃避于租界的中国人犯，不用巡捕”的规定，拒绝参加公廨。更在此之前，法租界已在咸丰九年（1859）3月成立了“违禁裁判所”，审判法捕房送来的违禁犯；又在1866年7月公布《上海法租界公董局组织章程》，明确了法国领事拥有租界内的立法、行政、司法权限。杜文澜对此无力改变，并且迫于内外压力，在1869年4月13日与法领事达伯理达成协议，成立法租界会审公廨。与公共租界会审公廨相比，法租界的会审公廨更像一个领事法庭，其审理、判决及司法行政事务全由法国领事主管，中方官员只参与形式上的陪审，掩人耳目而已。此后，凡属法租界中国居民的案件，无论民刑轻重，概由领事和道台或者他

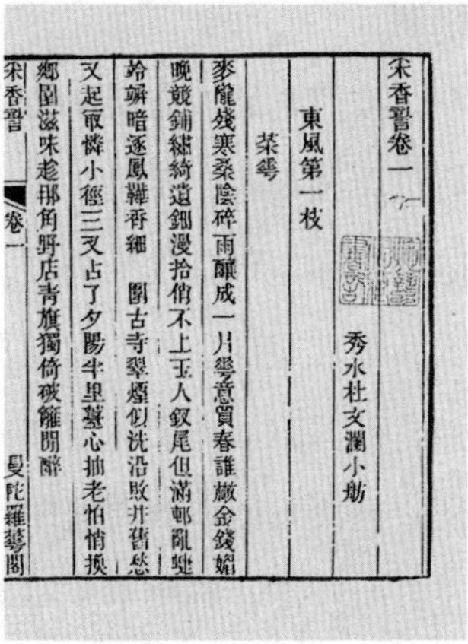
采香詞卷一
秀水杜文瀾小舫
東風第一枝
荼蘼
麥隴殘寒桑陰碎雨釀成一片學意買春誰藏金錢媚
晚競鋪緗綺遺鈿漫拾俏不上玉人釵尾但滿郵亂蛙
聆聽暗逐鳳雛香細 圍古寺翠煙似洗沿敗井舊愁
又起暮憐小徑三叉占了夕陽半里甕心抽老怕悄換
鄉園滋味趁那角野店青旗獨倚破籬閒醉
采香詞 卷一 曼陀羅華閣

杜文澜《采香词》书影

们双方的代表，以对等地位会同审理，但刑事案不准延请律师，判决后不准上诉；民事案诉讼金达千元以上者方可延请律师，却须操法语之法国律师。华人在租界的司法权力受到了极大的限制。

按照初始成立会审公廨的设想，凡租界内华人犯案，由中国官员单独审理；凡有华洋之间的案件，才需外国陪审官陪审。如陪审官和主审官发生分歧，由上海道台会同领事最后裁决。但在实际审理案件中，外国领事名为陪审，但只要案件涉及他们的利益，外国陪审官实际上却成了主审官，中国主审官倒成了摆设。法庭判决书由审判官盖印后，再由审判官和外国陪审官签字，甚至有时还会在判决书上写上领事的批语："余之意见，中国委员亦表同意。"杜文澜代理上海道台也就仅半年多的时间（同治八年二月至八月，1869），但也亲身感受到这种司法主权被剥夺的痛苦滋味。曾有一份由他署名盖章的判决书，英领事麦华佗竟在他署印之下加上Approved（批准）字样，俨然执掌终审司法大权。

在中国传统法律治理状态中，杜文澜凭其幕府出身的履历，也许是一个谙熟司法审判经验和行政管理的官员。但在弱国无外交的情况下，作为朝廷命官，杜文澜的本土司法技能很难与外国司法强权抗衡。在会审公廨这一名义上属于中国的司法机构中，他所能做的也就是竭力维护地方的司法秩序稳定而已；至于司法主权，则在他的能力之外。1911年辛亥革命期间，公廨谳员挟款避匿，外国领事乘机全面接管会审公廨，颁布了《公廨临时办法八条》，规定中国会审官须经领事团委任，并对公廨的组织进行了变动。至此上海租界内中国原有的司法主权几乎丧失殆尽。

尽管会审公廨在一定程度上带来对中国传统司法诉讼的冲击与改造，但由于会审公廨体现了外国对中国在租界内司法主权的一种损害，中国谳员在职权的独立行使上已经受到了外国领事的越权干扰，双方必然要发生各种矛盾冲突，这激起了觉醒的爱国民众的愤慨。1925年“五卅运动”后，爱国民众就把收回领事裁判权、废止会审公廨作为重要诉求。在各方压力下，1926年8月31日，江苏省代表与驻沪十六国领事团代表正式签署章程，规定在上海公共租界原会审公廨改设临时法院，临时法院的院长由江苏省政府任命。1927年1月1日，上海公共租界会审公廨正式被中国收回，改为上海第一特区临时法院（1930年2月改称“江苏上海第一特区地方法院”）。1931年，南京国民政府与法国总领事签订协定，将法租界会审公廨改为江苏第二特区地方法院。

至此，上海会审公廨的历史才算结束。但留给中国人脑海中的，是一段畸形的司法记忆。

法租界会审公廨法官陈其寿

上海法租界会审公廨成立于1869年4月13日，依上海署（代理）理道台杜文澜（嘉兴人）与法国领事达伯理订立的章程成立。作为华洋会审的司法机关，法租界会审公廨一般由上海道台任命中方专职会审官（谳员），与外方陪审官（领事）会同审理租界内与华人有关的诉讼案件，每周开庭二次。但在这里打官司并非易事，譬如刑事案件不准延请律师，民事案件诉讼金额超过千元者方可请律师，且只准讲法语之法国律师出庭等。1911年辛亥革命期间，外国领事乘机接管会审公廨，颁布了《公廨临时办法八条》，规定中国会审官须经领事团委任，擅自扩大外方陪审官的权力，致使租界会审公廨一切司法行政事务，均由外国领事包办。法租界会审公廨更甚，要求提传人犯亦由法租界巡捕房执行，甚至强行陪审并讯断纯粹华人案件，使中国谳员几乎丧失了当堂发落人犯的权力。

会审公廨

海宁人陈其寿应该是在辛亥革命后担任上海法租界会审公廨刑庭职务的。陈其寿（1866—1932），号介卿，浙江海宁盐官人，是清朝雍正年间太子太傅、文渊阁大学士陈元龙的六世孙。据说是在光绪年间考中进士，但《清代进士题名录》《嘉兴历代进士研究》等古今资料均未记载。粗略查了一些他的资料，1897年他大约还是候补知县，1898年任署（代）江苏江阴县令，宣统元年（1909）为江苏吴县县令。传说他曾任苏州知府三年（单锦珩总主编：《浙江古今人物大辞典续编》），更有讹传其为二品大员，但未见其他佐证材料。据民国《政府公报》（民国六年十月七日第六百二十号，1917）有“内务总长汤化龙呈，大总统汇报第三届第四届复准免试县知事及现任县缺要差人员分发省分文（附单）”中云：陈其寿等人被分发至江苏。或知陈其寿在民国六年（1917）大约仍是县知事职，与其就任上海法租界会审公廨刑庭职务相当。由于法租界会审公廨没有得到中国政府确认的公共租界会审章程，因此名义上并没有得到中国政府正式承认。民国政府对陈其寿等人的公文可能只是对陈其寿在法租界会审公廨任职事实的默认。

法租界会审公廨法庭，概以中法审判官组成合议庭，其一为法驻沪领事代表，二为中国地方官员代表，虽然审判席次上以中国委员为上，但中国委员并没有多少决定权。因此，在上海法租界会审公廨之中当一名好法官并不容易。一方面要面对列强侵夺中国司法主权的强权行径，在审理案件时处处受到法方领事等一干陪审官员的掣肘，不得不周旋其间、练于应付；另一方面也要在华洋法律之间择易变通，在弱势司法及动荡时局中，凭其道德良知和法律素养想方设法地维护华人合法权益，甚至需要用一些法律之外的非常手段。陈其寿在法租界刑庭任庭长长达18年，大致就是辛亥革命前后至收回法租界会审公廨前，甚为不易。而他也由此成为上海滩的知名人士。究其缘由，有巧合，有必然。

陈其寿能够在法租界会审公廨刑庭任职那么长时间，与他在租界得到诸多力量支持有关。陈其寿原来在邻近上海的苏州等地任职，在支持维新的清朝皇帝光绪老师翁同龢落难时颇有义举，得到社会的称赞，积累了一定社会名望。此外，据说上海公共租界会审公廨的韩、李二位陪审官，均是陈其寿的妹夫。如此一来，法租界及公共租界中的诸色人等，总得卖点面子。最为重要的是，陈其寿在吴县时，其衙门里的刑事班头黄炳泉受恶友牵连卷入命案，陈其寿接案后感到案情蹊跷，认为是代人受罪，为其开脱，使他死里逃生。对此，黄炳泉是万分感激。而黄炳泉的儿子，就是后来旧上海滩大名鼎鼎的青帮大亨黄金荣，对此也是心怀感恩。黄金荣于1900年（清光绪二十六年）起在上海法租界巡捕房当巡捕，凭借其青帮在三教九流的关系，升到了刑事领班，最后还被法国巡捕房提升为唯一的华人督察长。有了这层关系，陈其寿在处理刑事案件时，就会得到黄金荣的照顾，使陈其寿办理案件总是比较顺利。

陈其寿也借此在法租界会审公廨刑庭任职期间做了不少好事。譬如，由爱国律师王开疆等人在法租界创办的上海法科大学，在1927年由于国民党“清共”所逼，副校长潘大道遭特务暗杀身亡，上海法租界当局随后就下令查封了法科大学。尽管法科大学有阵容强大的董事会，由国学大师章炳麟，国民党元老蔡元培、于右任、褚辅成，北洋政府时期的部长董康，民国政府部长王惠宠、王正廷、钱新之，名律师沈钧儒、吴凯声等二十人组成，可法租界对此并没有多少顾忌。最终，上海法科大学校董会议定由沈钧儒和吴凯声出面跟法租界当局进行交涉，并找到了陈其寿。陈其寿经过深思熟虑，认为这件事既不要法驻沪总领事出面，也不必到会审公廨去打官司，仍旧由贴封条的巡捕房撕掉封条就成了。经陈其寿的介绍，法科大学方面设宴招待黄金荣手下的一些兄弟吃了顿饭，随即得到了立刻启封的处置。

法租界会审公廨的特殊之处，在于法租界当局不承认南京国民政府颁发的《治安紧急条例》，这使许多受南京国民政府迫害的进步人士把法租界当成了一个避难地，也使法租界会审公廨成为许多特殊案件的审理地点。在这些案件中，陈其寿利用其影响力，处理了一些特殊案件。中国共产党创始人之一陈独秀就曾于1920年10月4日被上海法租界的法国巡捕逮捕，并牵涉褚辅成、邵力子等名人，在上海滩引起了轰动。当时法国巡捕房认为陈独秀与共产国际之间存在联系，但没有找到陈独秀与共产国际有关系的过硬证据，所以只好以“编辑《新青年》宣传过激主义”为借口，经褚辅成和张继交押金五百两，使陈独秀在10月6日获保释候审。陈独秀在狱中实际上只待了两天时间，也与陈其寿等人在背后的操作有一定关系。1930年秋，时为中共中央政治局委员的关向应在上海法租界被捕。经中共地下工作者孙晓村（后曾任全国政协副主席）和黄慕兰等人斡旋，通过关系找到陈其寿。尽管陈其寿已因年老多病退休，但经过其努力，关向应三天后在狱中办完出狱手续，获得了释放。

限于法租界会审公廨研究资料的欠缺，对陈其寿的研究还需更多挖掘。

收回上海公共租界会审公廨

1840年鸦片战争之后，英、美、法等国在租界内不断扩张领事裁判权，开始设立地方法院（领事法院）。1864年（清同治三年）5月，在上海英租界领署成立了会审公廨的前身——洋泾浜北首理事衙门。1869年4月，时任上海署（代）理道台的嘉兴人杜文澜公布了《洋泾浜设官会审章程》，正式确立了在公共租界里成立会审公廨的法律地位。历史充满着巧合，1927年1月1日，上海公共租界会审公廨正式被中方收回，参加收回会审公廨的也是一名嘉兴人——徐维震。

徐维震（1881—？）字旭瀛，浙江桐乡人。1904年毕业于上海南洋公学，与吴乃琛等五人公派赴美留学，先后就读于加利福尼亚大学、芝加哥大学、印第安纳大学。1909年毕业于印第安纳大学，获法学士学位。毕业后奉清政府邮传部之命归国。1911年，以殿试一等钦赐法政科举人。辛亥革命后，曾任南京临时政府财政部委员。1912年，任北京政府大理院推事、北京大学法科讲师。1919年2月，署理山西高等审判厅厅长（山西高等法院），翌年任院长。

由于会审公廨对中国在租界内司法主权的长期伤害，激发日渐觉醒的爱国民众的愤慨。在1925年“五卅运动”后，爱国民众对于收回领事裁判权、废止会审公廨的诉求更为迫切。当时实际控制着苏沪浙的浙闽苏皖赣五省联军总司令孙传芳迫于社会各界压力，于1926年4月30日下达训令，委派淞沪商埠督办公署总办丁文江、交涉署交涉员许沅会同各国驻沪领事团交涉收回会审公廨之事。经过艰苦谈判，同年8月31日，由江苏省地方政府同各国驻沪领事团达成协议，签订了《收回上海公共租界会审公廨暂行章程》九条，宣告自1927年1月1日起，上海公共租界会审公廨由中国政府接管，更名为“上海公共租界临时法院”。

1926年12月31日，江苏省地方政府会同各国驻沪领事团换文，由孙传芳委任徐维震为临时法院院长，胡诒谷、吴经熊等十人为推事。之所以选择徐维震担任公共租界临时法院院长，大概有这么几个理由：一是法律专业出身，尤其有留学美国经历，担任过法律讲师，熟悉英美法律和中国法律，适应临时法院仍然要与英美等国打交道的需要；二是涉外工作经历。1921年，中国在华盛顿会议中提出取消各国在华领事裁判权，确定先由中国组织调查法权筹备委员会，会同各国来华委员会调查中国的司法情况，为日后撤销领事裁判权作准备。徐维震于1925年任调查法权委员会秘书长，1926年又陪同出席北京法权会议的外国代表视察各地法院及监狱达三个月，具有较为丰富的国际法交流经历；三是了解地方事务。徐维震曾任上海警备司令部国际公法及外交法律顾问，对于上海涉外法律事务有所了解。

1927年1月1日，16国驻沪领事团代理领袖领事挪威总领事奥尔、英国总领事巴尔顿与会审公廨廨长关炯之向江苏特派交涉员及临时法院院长徐维震办理了移交手续。上海公共租界临时法院的设立，看起来中国已经在公共租界恢复了司法主权。但根据《收回上海公共租界会审公廨暂行章程》第六条规定，临时法院的书记官长须由各国驻沪领事团之领袖领事推荐的外国人来担任，并确定前会审公廨检察员惠勒（Wheeler，英国人）充任该法院的首任书记官长。大量的法权仍然旁落外人手中。徐维震需要与下属共同维护和争取尽可能多的司法权力。譬如，会审公廨对于外国人是不征收民事诉讼费的，在临时法院设立后外国人在民事诉讼中仍旧不缴纳诉讼费。临时法院就此事与江苏交涉署、上海领事团多次磋商后，达成一致，“民事诉讼当事人不论国籍应一律缴纳诉讼费”，从1927年4月1日起施行。然而，驻沪领事团领袖领事却屡屡阻挠，找寻各种借口不支付诉讼费。徐维震对此也无可奈何。

同时，《收回上海公共租界会审公廨暂行章程》约定，章程实施期限仅为三年，至1929年12月31日止。徐维震还需探索对上海公共租界临时法院进行改组的可能，希望在三年内把临时法院真正改组为中国人自己的法院，采用中国法律进行审判，并且撤废领事裁判权。于是三年期满时，徐维震在1928年短暂离任临时法院院长职务后，于1929年再次受命复任上海公共租界临时法院院长。1929年12月9日，改组临时法院会议在南京开幕，中外双方进行了多轮谈判。南京政府于12月28日发布了国民政府特令，要求从1930年1月1日起凡侨居中国的外国公民，应一律遵守中国中央政府及地方政府依法颁布之法令、规章。12月29日，江苏省政府电令上海交涉员通知驻沪领事团《收回上海公共租界会审公廨暂行章程》将于12月31日期满失效，司法行政部也电令临时法院院长徐维震听候改组。

1930年2月17日，经过谈判中国与英国、美国、荷兰、挪威、巴西等六国在南京签订《上海公共租界内中国法院之协定》，于1930年4月1日成立江苏上海第一特区地方法院和江苏高等法院第二分院，收回了外国领事的观审会审权。受此影响，全国各租界法院纷纷效仿，取消了租界内法院审判过程中的外国领事观审会审权，在中国司法界产生重要影响。徐维震再次承担起交接过渡的重任，并于1930年5月至1932年2月间担任了江苏高等法院第二分院院长一职，又于1935年12月再次担任江苏高等法院第二分院院长一职，在上海租界这样一个各方势力角力的地方维持着司法活动的正常开展。

抗日战争全面爆发后，卖国的汪伪政权对上海司法界实施恐怖主义，暗杀了郁华、钱鸿业等人，并在1941年3月4日，由汪伪特工绑架徐维震至极司菲尔路（今万航渡路）76号监禁。同年12月，日军占领上海公共租界后，徐维震被物色任命为伪江苏高等法院第二分院院长并兼任伪江苏上海第一特区地方法院院长。迫于拯救法院同仁等诸多压力，徐维震于1943年8月1日又任伪上海高等法院院长，不免给自己的人生留下了污点。抗战结束后的1946年6月27日，上海高等法院以“通谋敌国图谋反抗本国”罪名，判处徐维震有期徒刑十年，褫夺公权十年。徐维震不服判决上诉最高法院，自辩曾受汪伪特工挟持而屈服，出任伪职非其本愿，故改判有期徒刑四年，褫夺公权五年。

中国律师先行者褚嘉猷

中国对现代律师制度的认识始于1840年鸦片战争后开埠的租界，至清末1901年宣布“新政”后逐步得到有识之士的重视，在清末大规模变法修律中已有所体现。在1906年3月完成的《大清刑事民事诉讼法草案》中开始有律师制度的内容，其后在1909年的《各级审判厅试办章程》、1910年的《法院编制法》、1911年的《刑事诉讼律草案》和《民事诉讼律草案》中也对律师代理、辩护作了进一步规定，可惜都没有真正实行。辛亥革命后，苏杭两地留日学生率先组织了辩护士会（律师总会）并制定了章程，出现了中国最早的律师组织，也得到了临时政府的承认。海宁人褚嘉猷便是其中最早的律师之一，并且催生了中国第一部地方性律师法规，为中国律师制度发展做出了自己的贡献。

褚嘉猷（1873—1919），字椿培，号植卿，后又名直清，浙江海宁盐官人。褚嘉猷自幼天资聪明，勤奋好学，至青年时代文墨已颇具盛名，与王国维、叶宜春和陈守谦并称为海宁“四大才子”。年轻时，褚嘉猷以教书为业，但已萌生了推翻清王朝的思想。其后，褚嘉猷加入清末留学日本学习法政的社会风潮，于20世纪初东渡日本进入著名的早稻田大学攻读法政；又因其传统文化功底深厚，竟被日本早稻田大学在1904年聘请为汉学教授，堪称留学史上的奇葩。褚嘉猷更在翻译领域展露才名，在1903年翻译了日本人河上清撰写的《德意志全史 》（四卷），由上海通雅书局出版；在1906年翻译了《秘密电光艇》（［日］押川春浪著，金石、褚嘉猷合译）、《澳洲历险记》（［日］樱井彦一郎著，金石、褚嘉猷合译）等著作，以及美国诺阿布罗克士写的冒险小说《旧金山》（与金石合译）等作品，由商务印书馆出版，将国外的社会科学及科幻冒险小说介绍给国内读者。

褚嘉猷以日本留学的法政经历、杰出的翻译才能，参加了商务印书馆《新译日本法规大全》的翻译工作。由于晚清立宪确定了效法日本的方针，不仅留学日本学习法政成为时尚，而且日本宪政法律也成为清廷变法修律的重要范本。清廷于1906年7月颁布“预备立宪诏”后，商务印书馆高梦旦立即意识到了社会上亟需日本法律规章书籍的商机，便与商务印书馆主掌者张元济磋商，拟邀请日文水平高的留学生来校订和整理原南洋公学译书院组织翻译的《日本法规大全》（未完成的）译稿。于是褚嘉猷和刘崇杰、陈与年、刘崇佑、陈海超、林蔚章、王我臧等十多名留日学生抓紧补译、校订，于1907年由商务印书馆出版了四百余万字的《新译日本法规大全》恢宏巨著，将1904年以前跨度数十年的日本法律、规则、法令等分为二十五个类别，按照日本政府部门排置和官厅顺序编排法律部门，系统地介绍给了国人。此著一经出版，国内上至官府下至机关团体学校，几乎每个单位订购一部，影响广泛。

褚嘉猷最突出的成就在于对中国现代律师制度建设的推动。他留日回国后，加入了私立浙江法政专门学校教授国际公法。这所学校由陈敬第、沈钧儒等人筹资在宣统二年（1910）7月在杭州刀茅巷创立，正科学制为四年，别科学制为三年，另附设一个法官养成所。在这所学校里，褚嘉猷不仅教授平时国际法，而且联络聚集了一批志同道合的法政同仁。1911年10月10日辛亥革命爆发，翌日成立的湖北军政府不久公告创立了临时江夏审判所和临时上诉审判所，制定了《江夏临时审判所条例》和《临时上诉审判所暂行条例》，允许司法审判中聘请律师参与辩护。褚嘉猷敏锐地意识到即将来临的法律制度变革，遂发起张韬等浙江法学界人士于当年12月在杭州城隍庙阮公祠成立浙江辩护士筹备会，在全国开创由民间人士自行组建律师组织的先河，并确定以张韬为主开始起草《浙江省辩护士法案》。该法案由浙江临时省议会莫永贞议长等署名提议，浙江临时省议会通过，并由浙江军政府于1912年1月26日颁布，是全国第一部关于律师的地方性法规。

褚嘉猷也与嘉兴所属的吴华、吴荣等年初在浙江第一地方检事厅登录，执行律师业务，成为民国第一批律师。1912年4月，褚嘉猷与金泯澜、吴华、章建、梁廷干等律师在杭县召开浙江辩护士公会成立大会，由同样在私立法政专门学校教授民法的律师金泯澜任会长，褚嘉猷任副会长。1912年9月，北洋政府颁布《律师暂行章程》，浙江辩护士公会也更名为浙江第一律师公会，不久又改为杭县律师公会。这与上海1912年1月28日成立的中国民国律师总公会一起，成为中国最早的律师组织。

褚嘉猷发起成立律师公会并非只图虚名，而是他实践法政救弊、教育育人理想的体现。与同样留学日本学习法政、私立浙江法政专门学校创始人之一的沈钧儒不同，他没有将律师职业与政治紧密联系在一起，而是选择了在司法实践中进行探索。作为律师，他精通法律、口才伶俐，文墨又好，善于为民讼辩，曾为中国最大国药号之一的胡庆余堂的财权归属一案申诉辩护取得胜诉，迫使当时的政府将财产归还原主而轰动全国，从此名声大振。除了从事律师业务外，褚嘉猷仍然担任着法政学校的教职，讲授新式法政学说。

1919年5月9日，褚嘉猷因工作劳碌，不幸患肺结核病，虚岁年仅四十七岁便英才早逝。

马昭懿的律师执业通告

在中国漫长的封建法制史上，没有产生现代意义上的律师制度，有的只是对“讼棍”的打击。明清两朝法律均将助讼行为视为破坏社会伦理之举，以“教唆词讼”罪论处。1840年以后，各租界引入外来司法制度，律师制度才逐渐为国人所知。19世纪末，清政府开始借鉴引入国外律师制度。但律师制度的真正建立，还是要等到辛亥革命之后。这时，律师已从过去无名之辈的社会底层人物一跃成为社会精英。

浙江桐乡人马昭懿从事律师职业的轨迹鲜明地体现了这一社会身份的转变。马昭懿，字念仁，清光绪二年（1876）出生于石门县城（今崇福镇）一个富商家庭，十七岁考取秀才；光绪三十一年（1905）东渡日本，进入早稻田大学速成法政科学习。1911年，辛亥革命爆发，马昭懿率浙江军政府的两艘炮船，从杭州沿运河而来，兵临石门县城，光复石门，并被推选为民政长

（县最高行政长官），此后辗转多地任县知事（相当于县长）。约20世纪20年代中期后，马昭懿结束仕途生涯，挂牌做了律师。从当时的社会评价标准衡量，马昭懿算是一个相当成功的社会人士，那么为何去当律师这样一个自由职业者呢？

马昭懿故居地　桐乡崇福横街

马昭懿能够成为律师，与其履历大有关系。根据1912年中华民国司法部颁布的《律师暂行章程》和1916年北洋政府修订的《律师暂行章程》规定，只有在国立或经司法部、教育部认可的公立、私立大学或专门学校学习法律学三年以上，所得毕业证书，方可作为免试获取律师资格的学历依据。其他则可通过可甄拔司法人员的途径而成为律师：一是依《法院编制法》及其施行法，曾为判事官、检事官，或试补及学习判事官、检事官者；二是在外国专门学校学习速成法政一年半以上，得有毕业文凭，并曾充任推事、检察官、巡警官者。按马昭懿在日本自费留学经历，由于当时多为速成性质，推测其所入的是日本早稻田大学法政速成科第二期，并不具有学习法律学三年以上毕业的条件，不能免试取得律师资格；但他又具有留学法科经历且有多地知事任职经历，应是符合可甄拔人员中的第二类人员标准而得以执律师业的。这是对刚刚兴起的律师职业迫切需要从业人员的权宜之计。

马昭懿从事律师职业有许多有利条件。马昭懿当年留学学的是法科。家族中也有多人从事法律职业，如长子马义述（赞明）于北京大学法律系毕业，曾任上海、浙江、湖南高等法院推事、庭长等职；女儿马璞的丈夫曹杰（士彬）是马义述北京大学同班同学，又是东吴大学法学教授，当过大律师史良的助手。这在讲究人伦（人际）关系的社会里是非常重要的。同时，马昭懿还是当地马氏的族长，人脉资源丰富，与海宁社会名人杭辛斋等都有交情，素有威望。这些，都是从事律师职业可资的重要条件。

不过，马昭懿执律师业不能只吃老本，也需要延揽业务。1930年，《新崇德民报》上刊登了马昭懿的律师执行职务通告，即《律师马念仁执行职务通告》：“本律师得在最高法院、浙江高等法院、杭县地□（缺字，疑为方）法院及其所属嘉兴、吴兴、绍兴各分院、又海宁县法院行其职务，办理民刑诉讼事件，代理法律行为证明、契约、遗嘱等法律文件，代撰各种法律文件暨仲裁及和解事件。如有以上开事件见委者，自当依据依法律尽量为当事人保障权利法益。或有须受法律保障而贫困无力、经公团或有正当职业二人以上之介绍及证明者，得免缴公费办理事件，与受有公费者尽一同之责任。特此通告。事务所杭州白莲寺13号，崇德横街，电话四三号长途直达。”算是做了一回广告，如今也成为一份研究律师制度的宝贵资料。

从该通告来看，马昭懿从事律师职业与现代律师不尽相同。就律师从事法律业务的地域范围而言，根据《律师暂行章程》规定：律师开展业务的区域，一般情况下，以省为单元；取得律师资格者在确定开展业务的区域后必须于管辖该区域的省高等审判厅进行登录；同时，律师应加入某一律师公会接受行业监管。嘉兴律师多就近加入上海或杭县律师公会。马昭懿即加入了杭县律师公会，得在浙江高等法院、杭县地方法院及其所属嘉兴、吴兴、绍兴等法院执行业务，这与当今律师执业区域限制有所不同。而且他还有两个办公地址，一在杭州，二在桐乡崇德，而这是如今的律师执业制度所不允许的。就律师从事法律业务而言，当时律师所执业务包括办理民刑诉讼事件，代理法律行为证明、契约、遗嘱等法律文件，代撰各种法律文件暨仲裁及和解事件等，与如今的律师执业有较为相同之处；其免缴公费办理法律事务，也有了法律援助的雏形。通过这一份公告，可以看出民国时的律师执业与如今的律师职业存在继承和发展的关系。

马昭懿从事律师职业应该有不错的收益。他曾当过杭州一些钱庄和商家的常年法律顾问，也曾用从事律师的收益重建了马家新宅，在1933年建成了晴旭堂。晴旭堂在抗战时为人所占，马昭懿在1943年秋回到崇福居住，其所住老屋也是别人抵作律师代理费才转到马昭懿名下的。

马昭懿在《七十初度自述》中用一首诗回顾了自己的律师生涯。诗云："欲买青山只碍贫，十年治律代耕莘。平亭尝对秋官辩，称道全凭月旦真。摈弃贪泉惟鬻力，矜持风度不求人。逃名污世行吾素，种竹萧萧扫俗尘。"想来，马昭懿从事律师职业，还有对时局的不满，坚持于内心追求，不忘初衷。

冤狱赔偿运动先锋陈志皋

20世纪30年代，全国律师协会发起了一场有组织、有计划、有目标的冤狱赔偿运动，在沈钧儒等著名律师的领导下，广泛进行社会动员，反对国民党政府借实施《危害民国紧急治罪法》之名大批屠杀囚禁爱国人士，揭露了当时司法制度的弊端，要求政府实施冤狱赔偿，得到了社会各界普遍支持，对于当时反对国民党独裁、团结民众抗日救国具有重要历史意义。除了沈钧儒，还显现了海盐陈德新、海宁陈志皋等多名嘉兴籍律师的身影，特别是陈志皋，在冤狱赔偿运动中崭露头角，堪为先锋。

陈志皋（1909—1988），海宁盐官陈氏望族，初肄业震旦大学，继获上海法学院法学士，后留学法国专攻法律，回国后于1931年1月加入上海律师公会从事律师业务，律师事务所在南京路大陆商场509号。陈志皋从事律师工作有其家世影响，其父陈其寿（字介卿）曾任上海法租界会审公堂（廨）刑庭庭长；海盐律师陈德新是陈志皋堂兄。同时，受既是亲戚也是老师的沈钧儒等著名律师的栽培提携，陈志皋在从事律师业务短短四五年之后，当选为上海律师公会常务理事，并且成为“七君子”事件中李公朴的代理律师之一，一跃而成为上海滩较为著名的律师，为自己的律师生涯增添了一份传奇色彩。

冤狱赔偿运动肇始于1931年6月在杭州召开的全国律师协会第三届代表大会。部分与会代表提出了一个《本会应建议政府对于过误裁判施行国家负赔偿责任之制度案》，指责国民政府颁布的《危害民国紧急治罪法》，“程序过简，上诉无门，迹近严酷，妨害人权”，强烈要求政府废除，并表示“冒斧钺而不辞”（《中华民国律师协会第三届代表大会宣言》，1931年8月9日《法学新报》）。1933年6月4日，全国律师协会第五届代表大会在青岛召开，上海律师公会征得浙江杭县律师公会、江苏吴县律师公会联署，提交了《本会应建议立法院制订冤狱赔偿法案》，转呈国民党政府。

由陈志皋牵头撰写的冤狱赔偿法提案，开宗明义地说明提案的目的是为了彻底维护人权，澄清吏治而免冤抑，把冤狱赔偿的范围确定为：“凡刑事被冤处刑（已确定并已执行者），或被诬遭判（已判决未确定或已确定尚未执行者），以及无辜被诉，在审理期间合法取保遭受拒绝，或非法延宕，至当事人感受羁押之累者，凡经证实其为完全冤抑，或罪轻罚重者，关于冤曲及入重之部分，应酌量情形予以申明冤曲，赔偿损害，或相当之救济。”同时将冤狱归纳为过失的冤狱、故意的冤狱以及权威的冤狱三种情况，其中故意的冤狱危害最大，是最可耻的司法病态；权威的冤狱属于政治社会病态而非司法冤狱。其根本原因不外乎：一、贪官污吏以做官为生财之道；二、司法官吏裁判毫无责任心，任性枉判；三、司法官吏生活无保障，不得不敛钱自丰，或屈服于权势，以致造成故意与权威的冤狱。提案还拟定了冤狱赔偿的程序与办法，要求在原有刑事诉讼法规定赔偿程序外，应在高等法院所在地或首都所在地设置冤狱赔偿法庭。

冤狱赔偿法提案并没有引起国民党政府的重视，全国律师协会则进一步加强了对冤狱赔偿运动的组织领导。1934年9月，在广州召开的第六届代表大会决定组建全国律师协会冤狱赔偿运动委员会，联合各界人士，发起全国运动。会后，推选沈钧儒、张耀曾、江庸、刘陆民等41人为冤狱赔偿运动委员会委员，又从中选举陈志皋、陈德新、蒯晋德、陈耀东、丘昭文、萧崇勋、王维桢七人组成常任干事会，作为实际负责推进冤狱赔偿运动的领导机构。在第一次常任干事会会议上，陈志皋被推举起草冤狱赔偿委员会工作纲要。

冤狱赔偿运动委员会继而在1934年12月在上海召开第二次常任干事会议，具体筹划冤狱赔偿运动办法。1935年1月，冤狱赔偿委员会第三次常任干事会议又决定起草冤狱赔偿运动宣言，并定于2月14日晨在南京招待立法、司法最高当局及中外法学专家。在招待会上，沈钧儒、陈志皋等人报告了冤狱赔偿法的起草经过以及中西冤狱赔偿制度的异同，希望获得司法当局、立法专家的同情与支持，并取得比较令人满意的效果。4月10日，冤狱赔偿委员会召开第四次常任干事会议，推举陈志皋等律师起草冤狱赔偿运动宣传纲要，并与章世叶、刘陆民等起草《冤狱赔偿法草案》，送政府参照执行。会议同时确定6月5日为“全国冤狱赔偿运动日”。随后，冤狱赔偿运动委员会在苏州召开全体会议，审议通过了《冤狱赔偿法草案》《冤狱赔偿运动宣言》《冤狱赔偿运动工作纲要》等冤狱赔偿运动的指导性文件。

1935年6月5日，第一届冤狱赔偿运动周开始，全国各地律师公会一起行动，在社会上掀起了声势浩大的集中宣传。上海律师公会专门召开了冤狱赔偿运动动员大会，沈钧儒在会上作了动员报告。会后，沈钧儒、陈志皋等人身先士卒，分赴电台、电影院做宣传工作，积极争取社会各界支持。

在全国律师界的多方努力下，1935年9月南京国民政府司法院召开全国第一次司法会议，也邀请了律师代表参加。会上，律师代表再次提出要求冤狱赔偿制度亟应实现的建议，与广州大学要求实现冤狱赔偿案合并讨论并决议通过，送请立法院审核，冤狱赔偿开始进入立法程序，冤狱赔偿运动看似见到了曙光。1935年11月，国民党第五次全国代表大会在南京召开，冤狱赔偿运动委员会由沈钧儒、陈志皋携带《冤狱赔偿法草案》赴南京国民党中央党部，向“五全大会”请愿，企图加快冤狱赔偿法的早日出台。

1937年1月，国民党中央政治会议令立法院制定颁布冤狱赔偿法，立法院又指定刑法委员赵琛、林彬、罗鼎三人负责起草，完成《无罪被押受刑补偿法》初稿。但至6月25日，立法院举行临时会议审议《无罪被押受刑补偿法》案，结果却是决议该案“重付法制、刑法两委员会审查”。不久，“七七事变”爆发，中国进入全面抗战阶段，冤狱赔偿法立法被迫搁置，冤狱赔偿运动也随之中断。

前人在论述冤狱赔偿运动时，一般都聚焦于领导冤狱赔偿运动的沈钧儒等人，而忽视了其中最不可忽视的成员陈志皋。他既直接辅助沈钧儒领导冤狱赔偿运动，又较为出色地履行了冤狱赔偿运动委员会的常任干事职责；不仅起草了冤狱赔偿运动的重要文件，而且身先士卒直接参与宣传活动，可谓为冤狱赔偿运动竭诚尽力。

另外，更称传奇的是陈志皋与中共地下工作者黄慕兰的婚姻故事，具体可参阅黄慕兰写的自传，这里不再赘言。1950年夏，与黄慕兰分离后的陈志皋赴香港又转台湾，继续从事律师业务逾三十年，于1988年因心肌梗塞在台北病逝。

抗日律师姜维贤

嘉兴近现代历史上曾两次遭受外族入侵，一为第一次鸦片战争期间，英军集中兵力北犯，于1842年5月18日攻陷平湖乍浦镇；二为1937年“七七事变”爆发后，日军全面侵华，在“八一三”淞沪会战中受阻后，在11月5日从上海金山卫至平湖全公亭一带迂回登陆，进而侵占了大半个中国。

日军入侵平湖全公亭

日军占领嘉兴各县后，到处拉拢各方人士为其服务，尤其对那些有一定社会影响、精通日语的人士进行百般威逼利诱。一些毫无民族气节、无良品性的人员也纷纷投怀送抱，其中包括不少沾染了讼棍恶习、唯利是图的旧律师。平湖县被日军攻占后，其任命的伪维持会长是曾经的律师高鉴。高鉴是嘉兴人，在日军攻陷平湖县城前就与另一名旧律师周浃以汉奸通敌嫌疑逮捕下狱，周浃随后被枪决，而高鉴则被药业会保释，最后公开投敌。在其他各县中，伪海宁县长也由嘉兴旧律师徐振华担任。伪嘉兴公署成立后，也由旧律师沈翰卿担任县知事。

这些投敌叛国者为害乡里，最后都没有好下场。1939年9月，沈翰卿担任嘉兴县伪知事不到一年，遭抗日力量警告后不悛悟，即被抗日力量所杀。“至一日下午七时，沈正携其长子由伪县署归寓，行经西埏桥附近，适被华方志士瞥见，遂抽出手枪，连续向沈射击，沈与其长子，既行扑地，……沈本人身中各枪，皆属要害，故未及抵院，已气绝身死”（《申报》，1939年9月8日），而杀他的抗日力量的领导者也是一位律师，他就是姜维贤。

姜维贤（1903—1942），字亮如，浙江嘉兴凤桥人。原籍浙江瑞安，幼时随父迁居嘉兴，自幼习武，杭州政法学校毕业。1927年春参加国民党，任嘉兴县党部执行委员。“四一二”反革命政变后，一度担任嘉兴县党部清党委员会委员，参加“清党”，后一直被当权的国民党派系排挤。1930年起，他在嘉兴集街开设律师事务所，开始从事律师业务；同时创办《嘉兴民报》，报道工商界信息。姜维贤社会关系广泛，常参加社会活动，又曾参加帮会组织，虽没有进入到地方政界核心，亦为当地社会名流。

姜维贤社会背景复杂，既有江湖义气，也有爱国情操；不乏争议，也不乏赞誉。1937年抗日战争全面爆发后，姜维贤就被推为嘉兴县抗敌后援会委员、救国公债劝募委员。在嘉兴被占、国民党二区专署撤走时，专员杜伟命姜维贤在敌后组织抗日游击队。嘉兴沦陷后，姜维贤避居风桥新社寺老家，将家属送往浙东义乌，只身留在乡里，拒绝日伪利诱，秘密集聚枪支，联络各方抗日人士，筹组抗日武装。1938年3月，受挺进嘉兴地区的国民党第二十八军六十二师委任，姜部抗日武装被称为“嘉属义勇军”。4月20日，姜维贤集合部属于嘉兴凤桥镇小学广场，公开宣布成立嘉属义勇军第一总队并任总队长。嘉属义勇军下辖五个大队，以凤桥镇和新社寺为部队活动中心，活跃于嘉兴县凤桥、新篁、王店、余贤及海盐县沈荡、澉浦角里堰，海宁县袁花、黄湾等地。

嘉属义勇军成立后，利用日军忙于全面进攻、兵力相对薄弱的时机不断发展壮大，借助熟悉本地水乡地理情况等优势，袭扰公路、水路交通，破坏日伪通讯线路，开展了锄奸清匪、保卫乡里行动，并配合国民党军六十二师、独立四十五旅、浙江省抗卫团第五支队等部作战，取得了不少成绩。击杀汉奸沈翰卿、突击凤桥伪维持分会、三路袭击拔除日军新丰西龙港桥东据点等，都展现了嘉属义勇军的战斗力。

1938年8月下旬，嘉属义勇军受命前往金华接受改编为浙江省抗卫总团五支队三总队，姜维贤任总队长。1939年3月，嘉属义勇军又被调至绍兴平水，被改编为省内河水警总局水警队，姜维贤改任省内河水警局副局长。1940年3月，姜维贤奉命去江西上饶第三战区将校训练班受训，其部队改编为浙江省保安六团二营。

按照前述的发展路径，姜维贤极有可能继续获得重用，在抗战胜利后获得封官赐禄。可姜维贤并不这么想，不久即返回了嘉兴。我们只能推测，他也许不想在抗战时做个太平官，重新陷入国民党内部派系之争；也许心念乡梓，期望能够为推动家乡抗战多出一份力。1940年秋冬，姜维贤被推任为嘉兴县抗日自卫委员会副主任委员，主持日常工作，成为嘉兴抗日的一面旗帜。

1941年，日本侵华陷入僵持阶段。日军为巩固侵华成果，增加驻嘉兴日伪兵力，这使嘉兴敌后抗日环境日趋恶化。国民党十区专员赵炽为了加强嘉兴北部地区政权建设，决定在路北设立十区专署办事处，邀请姜维贤出任办事处主任。姜维贤答应了赵炽的邀请，于1942年2月4日不顾亲友劝阻，冒险赴任，行抵洪家港沈葆忠家暂住，正拟开展工作，不意被日军侦知，突遭包围。最终，家属和随从人员当场被害，姜维贤被俘后拒绝向敌人投降，亦英勇就义。

嘉兴人民没有忘记为抗战牺牲的儿女。1946年4月16日，嘉兴县各界人士在中山纪念厅（今中山电影院址）为姜维紧举行追悼大会。

像姜维贤那样直接参战的嘉兴律师尽管不多，亦有像沈翰卿之类的败类，但大部分嘉兴籍律师在抗战期间展现了高尚的爱国情操。曾有留日背景的凌士钧、马昭懿等律师为了不与日本人合作，采取了避居上海租界等方式。沈钧儒、查人伟等律师在抗战爆发后断然拒绝汪伪政府的拉拢，直接参与了各种形式的抗日支援活动。沈钧儒不仅领导了全国各界救国联合会的爱国运动，而且组织平民法律扶助会，为被迫害的民众、抗日军人家属及进步图书杂志社义务辩护。查人伟前往永康任浙江省赈济会常委，办理救济难民工作。他们共同为抗战胜利做出了自己的贡献。

大法官查良鉴

查良鉴（1904—1994），字方季，浙江海宁人，出生于天津。1926年毕业于天津南开大学政治经济系。因念及当时领事裁判权对我国国家主权之侵害，主张废除领事裁判权，乃毅然再入上海东吴大学法律系攻读，并于1930年赴美国密歇根大学深造，获法理学博士学位。归国后，任安徽大学法学教授。1932年3月，查良鉴被司法行政部门派往安徽地方法院任候补推事，调安徽高等法院第一分院办事，此后一直在司法系统工作。1943年，出任重庆实验地方法院院长，兼任东吴大学法律系主任。抗战胜利后，任上海地方法院院长，上海解放前夕去台湾。

1943年，美国、英国出于第二次世界大战发展形势需要，支持中国抗日，主动与中国政府谈判，取消了近百年的在华领事裁判权。中国法律界因此颇有好感，谈论英美法系盛行。当时正探讨中国司法改革的司法部部长谢冠生也见风使舵，在1944年7月把重庆地方法院改为实践英美法系的“重庆实验地方法院”，委任了素有传习英美法系传统的上海东吴大学法律系出身的查良鉴担任院长。查良鉴在法院内大量引用东吴留美同学，积极进行探索，提升结案速度，以实验结果推动了1945年12月的民、刑诉法的修订。司法部还把“实验法院”的成绩写成宣传材料，翻译成英文，联络美国新闻处在美国散发，向美国示好。美国也专门派法律专家海尔密克来华，对实验内容、过程和结果进行考察，回国后向美国政府进行汇报。美国联邦检察长为此致函国民政府，对重庆地方法院的实验给予了肯定（侯欣一：《四十年代重庆实验法院的启迪》）。

但在当时国民党内部势力争斗的复杂局势中，担任重庆实验地方法院院长的查良鉴虽然可以在政治上超脱党派之争，然而在维持司法正义方面终究不能免入纷争，留有不少遗憾。1945年2月，重庆实验地方法院受理了中国直接税创办人高秉坊所谓“十亿元贪污案”。1945年5月5日，查良鉴先是派重庆实验地方法院推事李懋宣任审判长，开庭公审这一连蒋介石也直接介入和关注的“大案”。著名律师章士钊担任了高秉坊的辩护律师，而公诉人竟然未到场，已经摆明案件的蹊跷。法庭公审后即将高秉坊判处死刑并褫夺公权终身，致全国舆论哗然。新任财政部长俞鸿钧亦认为诬证与事实不符，经彻查汇成二十一条，为高秉坊辩解。国民党元老、司法院院长居正更是直接对重庆实验地方法院院长查良鉴进行严词质问。查良鉴也是有口难辩，知道得罪案件背后主谋国民党“CC”派（中统）的后果，但内心也对宣判高秉坊死刑感到不安，于是任命没有任何派系背景的法院推事李坚夫担任审判长进行第二次审理。1946年1月，重庆实验地方法院重新开庭审理，最终屈服于“CC”派通过蒋介石施加的压力，作出了判高秉坊无期徒刑、剥夺公民权利终身的判决。

同样出于熟悉英美法系的考虑（1946年“东京审判”即采用英美法程序），查良鉴在1944年还被聘为联合国战犯调查委员会远东分会专门委员。该调查委员会为同盟国各国代表在1943年10月20日成立“联合国调查战争罪行委员会”时决定在重庆设立的分会，承担了对中国战区的日本战犯认定等工作。日本宣布无条件投降后，蒋介石在10月27日提出了侵华的12名主要日本战犯名单，其余战犯则根据联合国审查委员会远东分会第一号日本战犯名册等确定。11月6日，中国专职处理战犯的机构——战争罪犯处理委员会成立，联合国战犯审查委员会远东及太平洋分会也是其六个组成机关之一。查良鉴应该对于联合国战犯调查委员会远东分会的工作有所贡献，他本人也于1945年9月至1949年5月间担任了上海地方法院院长职务，处理战后审判事宜。但有一点也许会让他遗憾，那就是日本天皇裕仁、中国派遣军总司令官冈村宁次因种种原因逃脱了战后审判追责。

查良鉴当初攻读法律的原因是对各国在华领事裁判权不满，

他安排其堂弟查良镛（即金庸）在东吴大学法律系学的也是国际法，以备与外国打交道。抗战后中国虽已收回了各国领事裁判权，但在审判实践中却仍有限制。例如，依据中美 1943 年5月签订的有关协定，凡美国军人在中国犯罪，必须由美国军事法庭处理，中国司法机关只能“观审”。1947年8 月，美军现役士兵马莱会同英国人却利在上海滩制造了一桩骇人听闻的“黄金劫杀案”，将一名中国人枪杀后劫走五根金条。案发不久即为中国警方所破，但却需要美国军事法庭先行审判。美国军事法庭后来作出了开除马莱军籍并处以无期徒刑的判决，此后才由上海地方法院在9月18 日下午首次公开审判英国人却利。时任上海地方法院院长的查良鉴与外交部驻沪办事处处长、上海警察局长、英国领事等人出席旁听。法庭最终宣判却利犯抢劫并致受害人死亡罪，处无期徒刑，剥夺公民权利终身。不知查良鉴此时有何感想？值得欣慰的是，罪犯们都受到了应有的制裁，可这背后又多少有点遗憾啊。

查良鉴赴台后，在1950年任“司法行政部”次长，并于1951年9月赴美处理毛邦初案。查良鉴通过查账，发现了毛邦初在美国任职六年期间大肆挥霍和侵占公款的事实，于是聘请律师在华盛顿地方法院对毛邦初进行起诉。颇费一番周折后，美国法院于1954年6月判决“台湾方面”有权向毛邦初索还636万余美元，最终陆续追回了约五百万美元，并为毛氏留下二十万元维持生活费后达成和解。这在当时产生巨大影响，也使查良鉴后来在台湾的仕途一帆风顺，在1966—1968年间担任“最高法院院长”，在1967—1970年间任“司法行政部部长”。

在从事司法实务之外，查良鉴还积极从事法学教育，育人无数。他先后在安徽大学、中央大学、东吴大学等校任专职或兼职法学教授等；1949年去台后又担任过台湾大学法学院专任教授、中国文化大学法律研究所所长等职；译有《犯罪学及刑罚学》《证据法则要义》，著有《俄国现代史》等作品。

五　循法读史

槜李之战与复仇法律观

嘉兴古称槜李，盖因槜李为特产也。春秋时，嘉兴地处吴越两国之间，可谓吴根越角。吴越两国虽不同族，但习相近、俗相同。《汉书·地理志下》有云："吴、越之君皆尚勇，故其民至今好用剑，轻死易发。"尚勇轻生的结果就是吴越两国间征战不断。而槜李之所以闻名，就是因为2500多年前那场在槜李进行的吴越大战。

油画《槜李之战》（沈嘉蔚　嘉兴市博物馆）

公元前496 年（周敬王二十四年）五月，越王允常去世，吴王阖闾乘越国之丧起兵伐越。新任越王勾践率兵抵御，双方在槜李大战。起初，勾践派兵发起两次冲锋均无功而返，见势不对，便派死囚列阵前持剑自刎，令吴军惊骇不已。越军抓住吴军心理波动的瞬间机会发起突然袭击，打败了吴军。吴王阖闾在战中脚趾受伤，败退而死。阖闾临终遗命儿子夫差务报此深仇大恨。

且不论越王勾践用于陷阵的死囚是否真正触犯了极刑，又是否真正自愿充当死士；也不论嘉兴在秦时改长水为由拳，究竟是传说中秦始皇发动十万囚徒欲掘断槜李风水龙脉致 “囚倦”语误，还是囚犯之义本出于此战；就吴越征战而言，其实是中国法律起源“刑兵同制”的绝好注释。《国语·鲁语上》有谓：“大刑用甲兵，其次用斧钺；中刑用刀锯，其次用钻笮；薄刑用鞭扑，以威民也。”《国语·晋语六》也有“夫战，刑也”之说。因此，国家之间的战争，已然包含了掠夺土地、资源、人口等现实因素，在先秦古人眼里，已被普遍认为是使用刑罚的一种方式。尤其是具有所谓正义目的、正当理由的战争，譬如最常见的就是打着周王朝统治者的旗号发起的征伐，更是把这种“刑兵同制”演绎到了极致；理由牵强一点的，譬如带有一点家国恩怨的复仇战争，同样可以把这种“刑兵同制”演绎得蔚为波澜。《商君书·画策》亦云：“父子兄弟之礼，夫妇妃匹之合，内行刀锯，外用甲兵。”在这一方面，早熟的中国早早地跳出了个人

嘉兴市秀洲区洪合镇国界桥，传为吴越两国分界线

同态复仇的认知束缚，将国家征伐纳入了刑罚的范畴，形成了独特的复仇法律观。

阖闾深谙“刑兵同制”的道理，具有强烈的用兵兴伐来表达惩罚与复仇的意志。在其执政时，以楚人伍子胥为相，以齐人孙武为将军，国势日盛。公元前506年，他派伍子胥、孙武率军，从淮水流域西攻到汉水，五战五胜，攻克楚之郢都，逼得楚昭王出逃。作为楚国旧臣的伍子胥，更是寄私仇于国恨，攻克郢都之后鞭尸楚王，用骇人手段宣示了其复仇惩戒的极端态度。可就在阖闾全力出兵、攻占郢都之时，越王允常乘吴国后方空虚之机偷袭，阖闾之弟夫概也悄悄溜回吴国企图代位为王。对于这一切，阖闾想必牢记于心，于是就有了前面的槜李之战，只是结局不遂其愿。

现在，该轮到阖闾之子、新任吴王夫差开始复仇了。夫差即位，即以大夫伯嚭为太宰。“习战射，常以报越为志”（《史记·卷三十一·吴太伯世家》）。为了记住阖闾的嘱托，夫差让人经常提醒他。《左传·定公十四年》记载：“夫差使人立于庭，苟出入，必谓己曰：夫差！而忘越王之杀而父乎？则对曰：唯！不敢忘。”大意是，夫差每次经过宫门，手下的人就扯开了嗓子喊：“夫差！你忘了越王杀你父亲的仇了吗？”夫差流着眼泪说：“不，不敢忘。”越王勾践听闻夫差要替父报仇，决定先发制人，在公元前494年出兵攻吴。两军再战于夫椒，结果越军惨败，退守会稽山。勾践无奈，采纳大夫范蠡、文种建议，派文种贿赂吴太宰伯嚭，请其劝夫差准许越国附属于吴，“委国为臣妾”（《史记·卷三十一·吴太伯世家》）。夫差因急于北上与齐国争霸，遂与越国讲和，随后还赐剑令劝阻他讲和并一心要杀勾践的伍子胥自杀，为勾践再次发起复仇埋下了伏笔。伍子胥临死前谓其门客说：“必树吾墓上以梓，令可以为器；而抉吾眼县（悬）吴东门之上，以观越寇之入灭吴也。”（《史记·伍子胥列传》）就是要眼看吴国被越国打败，遭到报复。

这里需要捎带一句，《史记》记载越国是“委国为臣妾”。而在民间传说中，是勾践送美女西施给夫差为妾。据说，西施在去吴国途中路过嘉兴，食槜李而留指甲痕印于其上，至今未消。伍子胥死后，被吴人立祠于胥山，地址在今嘉兴东；因其尸体被装皮袋沉入江中，在地方民间传说中化为了潮神。

接下来，就是大家耳熟能详的勾践“卧薪尝胆”的故事了。公元前482年，吴王夫差于黄池之会与中原诸侯歃血为盟，与晋国争霸上位，成为春秋一霸；但同时吴国也为越王勾践所偷袭，从此一蹶不振。公元前475年，越王勾践乘吴国闹灾，兴兵进攻吴国，把吴都包围了两年。公元前473年，夫差被逼得走投无路，被迫自杀。

这跌宕起伏的历史连续剧，从一个侧面展示了春秋战国时期国家复仇乃至个人复仇的普遍性。《公羊传·隐公十一年》就说：“君弑，臣不讨贼，非臣也。子不复仇，非子也。”又言：“父母之仇不与同生，兄弟之仇不与聚国，朋友之仇不与聚乡，族人之仇不与聚邻。”同样的例子在《史记》《左传》等历史典籍中唾手可得。瞿同祖先生在《中国法律与中国社会》中认为：“说先秦是复仇自由的时代大致是可信的。”甚至在汉代崇儒之后，还以“父之仇也，弗与共戴天。兄弟之仇，不反兵。交游之仇，不同国”（《礼记·曲礼》）等为是。

这种基于复仇的心理也逐渐潜移默化为吴越地方早期的人文传统。汉代嘉兴人朱买臣受其同乡严助举荐后拜为中大夫，后又任会稽太守。《汉书·朱买臣传》曾记载，汉武帝就问他：“富贵不归故乡，如衣绣夜行，今子何如？”就是试探朱买臣是否存有恩怨报复之心。朱买臣也确存此种遗风，在任会稽太守回籍时

“悉召见故人与饮食诸尝有恩者，皆报复焉”。他与前妻的故事更是被世人评说纷纭，留下了“马前泼水”等典故。而其参劾御史张汤，也被认为是朱买臣要替同乡严助复仇。因为张汤“以延尉治淮南狱，排陷严助，买臣怨汤”。最终，“买臣深怨，常欲死之。后遂告汤阴事，汤自杀，上亦诛买臣”。落得两败俱伤的结局。

屯田也有法治福利

距今六七千年以前，嘉兴境内就已有先民耕植繁衍，形成了长江下游太湖地区新石器文化的代表——马家浜文化。此后，虽然经历了良渚文化、崧泽文化等文化演进，到了中原文化为中心的西周时期，却依然被视为蛮夷之地。《史记·卷三十一·吴太伯世家》记述吴国起源时，谓太伯奔吴是“荆蛮义之，从而归之者千余家，立为吴太伯”。至汉代，嘉兴自然禀赋依旧，但生产力似乎仍然停留在自给自足的水平。《史记·货殖列传》载：“是故江淮以南，无冻饿之人，亦无千金之家。”《汉书·地理志》同样记载：“江南地广，或火耕水耨。民食鱼稻，以渔猎山伐为业，果蓏蠃蛤，食物常足。故呰窳偷生，而亡积聚，饮食还给，不忧冻饿，亦亡千金之家。”

嘉兴的大规模开发，在很大程度上得益于三国时期开始的屯田。东汉献帝建安九年（204），孙权命幕府令史陆逊出任海昌屯田都尉，并领县事。这是嘉兴最早的屯田记载，也较早地尝到了屯田的制度福利。由于“县连年旱，（陆）逊开仓赈饥，劝督农桑”。吴黄龙元年（229）孙权称帝，陆逊为上大将军、右都护，上书孙权：“农桑衣食，民之本业，而干戈未戢，民有饥寒。愚以为宜育养士民，宽其租赋。”（《三国志·陆逊传》）显然，陆逊的屯田经验，使他看到了生息养民对于国家的重要性，以及“宽其租赋”在战乱未平情况下是经济发展的必然需求。

三国归晋后，仍然沿袭屯田的做法。西晋建武元年（304），高使君（佚名）为嘉兴监屯田校尉，领兵三千屯田于嘉兴，其开发范围大约在今嘉兴市区北部和嘉善北部。旧志称：镇静不扰，岁遇丰稔，公储有余。后世感念其功德，于梁大通年间在风泾立庙祀之。尽管没有当时嘉兴屯田制度的直接记载，但在《晋书》卷一百〇九《慕容皝载记》所言：以牧牛给贫家，田于苑中，公收其八，二分入私。有牛而无地者，亦田苑中，公收其七，三分入私。皝记室参军封裕谏曰：“魏晋虽道消之世，犹削百姓不至于七八，持官牛者，官得六分、百姓得四分；私牛而官田者，与官中分，百姓安之，人皆悦乐。”可初略地见识西晋屯田的经济管理制度，而且这些措施应该取得了显著成效。西晋初左思作《吴都赋》，就说吴地“田野则畛缀无数，膏腴兼倍，国税再熟之稻，乡贡八蚕之绵”，反映了当时吴地包括嘉兴一带的乡村景象。进入南朝后，嘉兴所处的吴越地区已成经济重镇。《晋书·王羲之传》说："以区区吴越，经纬天下十分之九"。无疑，嘉兴再次成为屯田制度的受益者。

嘉兴历史上最大规模的屯田开发在唐代。唐代宗广德（763—764）年间，苏州（时嘉兴属苏州）刺史李栖筠委派大理评事朱自勉在嘉兴"择封内闲田荒壤人所不耕者，为之屯；求天下良材善政以食为首者，掌其务"，组织大规模屯田，使"嘉禾土田二十七屯，广轮曲折，千有余里"，并"浙西有三屯，嘉禾为大"，"扬州在九州之地最广，全吴在扬州之域最大，嘉禾在全吴之壤最腴"。大理评事出身的朱自勉将法治理念带入了屯田经营之中，建立了较为完善的管理制度，"屯有都知，群士为之，都知有治，即邑为之官府，官府既建，吏胥备设。田有官，官有徒，野有夫，夫有任，上下相维如郡县，吉凶相恤如乡党。有诛赏之政驭其众，有教令之法颁于时，此其所以为屯也"。同时，朱自勉执行"登量而入，以宽征税"的经济法制政策，凭其"有宽简惠和之德，知艰难勤俭之事，政达乎本，智通乎时，仁爱足以结下，机权足以成务"的施政方式得到了民众拥护，又施行"经地役制地事，辨土宜均土法，简穑器修稼政，陈三壤之种而敬其始，考九农之要而成其终，则都知之职专达其事焉"等管理制度，使嘉兴屯田取得了巨大的成效，致有"故嘉禾一穰，江淮为之康；嘉禾一歉，江淮为之俭"之评价（［唐］李翰：《嘉兴屯田纪绩颂并序》）。

享受了屯田开发如此的制度福利，使嘉兴不仅在经济上进入了强县行列，而且在社会层面上对地方人文思想观念也产生了潜移默化的影响。唐一代名相嘉兴人陆贽就十分注重国家与百姓之间的利益分配，他打破“子罕言利”（《论语·子罕》）的儒家传统，指出“夫立国惟义与权，诱人惟名与利。名近虚，于教为重；利近实，于德为轻。凡所以裁是非，立法制，则存乎其义；参虚实，揣轻重，则存乎其权”（《陆宣公集·又论进瓜果人拟官状》），这让人很自然地联想到嘉兴屯田富民的经验启迪。而出生于嘉兴并且在嘉兴度过了十余年青少年时光的唐代著名诗人刘禹锡，不仅后来担任了苏州刺史（嘉兴时属苏州），而且在任内开凿了汉塘（今平湖塘），进一步完善了嘉兴境内水利开发体系。刘禹锡曾写下《天论》三篇，系统地提出了“天人交相胜”的观点，并且提出“法”是人能胜乎天的重要力量，法制是判断是非的重要标准，认为“法大行，则是为公是，非为公非，天下之人蹈道必赏，违之必罚”，“人之道在法制，其用在是非”（《刘禹锡集·天论·上》）。考虑到刘禹锡的父亲刘绪曾在主持嘉兴屯田的苏州刺史李栖筠手下做过多年幕僚，以及刘禹锡本人也曾做过屯田员外郎管判度支盐铁案等背景，我们同样不难想象屯田开发对于刘禹锡法制观念形成的影响。

唐以后，嘉兴不再有大规模屯田建设，但屯田对于嘉兴经济社会、人文发展乃至法制观念的影响却潜移默化、历久弥坚。此后，嘉兴历代耕读传承之风未绝，明法尚治之习相继。

宋孝宗制法

宋代推行文人治政，殆乎“君臣共理天下”。皇帝垂范治政，莫不以法制为重要策略选择。因此，历朝皇帝都对法制建设比较重视，御笔断罪故事也时有所闻。诞生在嘉兴杉青闸官舍中的宋孝宗赵昚是南宋的第二个皇帝，也是比较积极有为的皇帝。绍兴三十二年（1162），宋孝宗赵昚即位，在其执政期间积极整顿吏治，发展农业生产，保持了经济社会较为稳定，史称“乾淳之治”。同时，他继承“法祖宗”的治政传统，面对南渡之后诸法施行混淆、胥吏从中渔利等情况，勤责尽勉封建皇帝的立法职权，在制法立规方面颇可称道。

首先，在立法审核方面亲力亲为。宋孝宗对立法持慎重态度，深知立法虽出善意，但未必是善法，反而有可能是“恶法”，所以他经常亲自审定立法，希望能够在立法环节就杜绝今后法律执行的纰漏。据史书记载：“（宋孝宗时）法司更定律令，必亲为订正之。丞相赵雄上《淳熙条法事类》，帝读至收骡马、舟船、契书税，曰：'恐后世有算及舟车之讥。'"《户令》："户绝之家，许给其家三千贯，及二万贯者取旨。帝曰：'其家不幸而绝，及二万贯乃取之，是有心利其财也。'"又《捕亡律》："公人不获盗者，罚金。帝曰：'罚金而不加罪，是使之受财纵盗也。'"又："监司、知州无额上供者赏。帝曰：'上供既无额，是白取于民也，可赏以诱之乎？'并令削去之。其明审如此。"（《宋史·刑法志二》）从现在法理视角来看，宋孝宗显然十分熟稔立法逻辑和技术，能够从法律执行的角度对所立之法进行一定的立法评估，指出法律漏洞，实属难能可贵。而且，宋孝宗能够考虑民众利益，主动削减盘剥民众的一些措施，也算是体恤天下了。

其次，在编制法例方面也颇有创新。宋神宗以后，编制敕令格式成为宋朝的重要立法形式。宋孝宗在乾道六年（1170）复置详定一司敕令所，由虞允文进《乾道敕令格式》，后将其增删成《淳熙敕令格式》。淳熙二年（1175），宋孝宗下诏将吏部现行的改官、奏荐、磨勘、差注等条法分门别类，将同类的敕、令、格、式、申明编在一起，编成《吏部（七司）条法总类》，这是首次分类编辑的法令、法规汇编。淳熙六年（1179），宋孝宗认为《淳熙敕令格式》"其书散漫，用法之际，官不暇遍阅，吏因得以容奸"，尚书省也提出："海行新法（《淳熙敕令格式》）凡五千余条，检阅之际难以备见。”孝宗即下诏，将现行敕、令、格、式、申明，仿照《吏部七司条法总类》“随事分门修纂”，于淳熙九年（1182）编成《淳熙条法事类》，则是法律、法规编纂中的新体例，便于执法官员的检阅，有利于依法审讯，这是宋代法书编制的重大改革，史称：“前此法令之所未有也。”淳熙末，官员们认为“新书尚多遗缺，有司引用，间有便于人情者”，孝宗又命刑部再行修订（《宋史·职官志三》）。

再次，是鼓励法医检验立法的先导。对于刑狱检验，宋朝法律很早就有规定，《宋刑统·诈伪律》就有“检验病死伤不实”门的记载。宋孝宗则进一步确定了检验刑狱死伤的标准科目格式，使刑狱检验逐步走向规范化。“淳熙初，浙西提刑郑兴裔上《检验格目》，诏颁之诸路提刑司。凡检覆必给三本：一申所属，一申本司，一给被害之家。绍兴法，鞫狱官推勘不得实，故有不当者，一案坐之。乾道法，又恐有移替事故者，即致淹延，乃令先决罪人不当，官吏案后收坐。至是，所司请更定死罪依绍兴法，余依乾道施行，从之。其后，有司以覆勘不同，则前官有失入之罪，往往雷同前勘。帝知其弊，十四年，诏特免一案推结一次。于是小大之狱，多得其情”（《宋史·刑法志二》）。此后，宋宁宗时期制定的《庆元条法事类》进一步丰富了“检验”门及“检验格目”“验尸格目”等敕令格式，完善了检查勘验制度。可以说，正是由于宋孝宗等人对于刑狱检验技术和制度的重视，以及刑狱检验技术的积累，才有了此后刊于宋淳祐七年（1247）的古代法医学中听讼狱决的圭臬之作——宋慈（出生于宋孝宗淳熙十三年）的《洗冤集录》，使宋代法医检验走向了巅峰。

最后，在倡导完善录囚制度上有所作为。录囚制度创设于汉代，是由皇帝和各级官吏定期或不定期巡视监狱，对在押犯的情况进行审录，以防止冤狱和淹狱，监督监狱管理的执行司法制度，又称虑囚。《宋史·刑法志二》记载："孝宗究心庶狱，每岁临轩虑囚，率先数日令有司进款案披阅，然后决遣。"由皇帝亲自录囚，对已经认罪的案件，仍可通过尽心审阅，使确有冤枉之人得以申雪，而且又有效监督了刑狱办案人员的责任。乾道三年（1167），孝宗皇帝对臣下说："朕欲依祖宗故事，先令有司具囚情款，前数日进入，朕亲阅之，可释者释之，可罪者罪之，庶不为虚文。今后并依祖宗典故。" 淳熙十一年（1184），针对录囚的疏忽现象，刑部侍郎曾逮请求依乾道九年的做法，令刑部长贰、郎官及监察御史每月通轮录囚，具名件闻奏，庶得纠察之职。帝曰："可令每仲月录囚。"（《续资治通鉴·宋纪》）这样的事例在《宋史·孝宗纪》里十分常见。而且南宋孝宗不仅每年大暑审录决遣，而且实行"大寒虑囚"，体现了对监狱犯人的人道主义关怀。

另外值得一提的是，宋太祖赵匡胤借"陈桥兵变"黄袍加

宋孝宗赵昚雕塑　嘉兴落帆亭

身，死后传位弟弟赵匡义，其后裔反而相对式微。宋高宗南渡之后，因无子继承皇位而拟让皇氏血统重回太祖之脉，才传位给宋孝宗。宋孝宗即位后不久，先是“追复岳飞元官，以礼改葬”，后来又“官岳飞孙六人”，“给还岳飞田宅”，“为岳飞立庙于鄂州”，“赐岳飞庙曰忠烈”，“赐岳飞谥曰武穆”（《宋史·孝宗纪》），逐步为岳飞恢复了名誉，平反了岳飞的冤狱。

赵孟坚作《典狱箴》

赵孟坚（1199—1264），字子固，号彝斋居士，为南宋宗室，宋太祖十一世孙。宝庆二年（1226）进士，曾任湖州掾、转运司幕、诸暨知县、提辖左帑，官至朝散大夫、严州守（即严州知府）。赵孟坚工诗、善画、能文，著《彝斋文编》四卷，是著名画家、收藏家。其擅梅、兰、竹、石，尤精白描水仙；画多用水墨，用笔劲利流畅，淡墨微染，风格秀雅，有浓厚的文人意蕴。传世有《墨兰图》卷（故宫博物院）、《春兰图》卷（故宫博物院）、《墨水仙图》卷（天津艺术博物馆）、《岁寒三友图》页（故宫博

欽定四庫全書
彝齋文編卷一　宋　趙孟堅　撰
賦
吐綬鷄賦
嗟爾禽族華彩之殊於羽翰表均圓而珠匪瑶匪刻
踆孰鋪鍾星精於蚌胎乃賦彩於爾軀固已不儕於埜
鶩迥間於飛凫矣顧頷之垂更裹異質五色相宣有葳
斯客乍展乍縮若虛若實彬然而彰以時而出此又造
欽定四庫全書　彝齋文編　二

赵孟坚《彝斋文编》书影　《四库全书》本

物院）、《岁寒三友图》纨扇面（上海博物馆）等。

关于赵孟坚，《宋史》无传，存诸多谜团。关于其籍贯，一说为浙江湖州，另一说为浙江平湖。明天启《平湖县志》卷十《风俗志·氏族》云：“载《浚仪赵氏玉牒世谱》在平湖者，今析二支，其一为太祖后，……建炎初，有成忠君以安定郡王裔扈跸而南，高宗赐第海盐之广陈镇，遂家焉。成忠君四世孙为朝奉郎与采，与采长子孟坚，字子固，登王会龙榜进士。”表明其家族南渡后，世居原海盐县广陈镇（现属平湖市），记载较详，可以此为是。关于其生卒年份，集中于卒年争论，《四库总目》卷一六四《彝斋文稿提要》及今人蒋天格《辨赵孟坚与赵孟頫间的关系》、徐邦达《赵孟坚生卒年岁订正》等考证，其应卒于南宋末年；但又有后人留下了他入元不仕的传奇故事，如元朝姚桐寿撰《乐郊私语》、清人所编《宋人轶事汇编》等；综合而言，当以卒于南宋末年为信。

赵孟坚作为一名艺术家，颇风流倜傥。根据其好友周密《齐东野语》卷十七“子固类元章”条记载：“（孟坚）修雅博识，善笔札，工诗文，酷嗜法书。多藏三代以来金石名迹，遇其会意时，虽倾囊易之不靳也。又善作梅竹，往年得逃禅（按即杨无咎）、石室（按即汤正）之妙，于山水为尤奇，时人珍之，襟度潇爽，有六朝诸贤风气。时比之米南宫，而子固亦自以为不歉也。东西薄游，必挟所有以自随，一舟横陈，仅留一席为偃息之地，随意左右取之，抚摩吟讽，至忘寝食。所至，识不识，望之而知为米家书画船也。……庚申岁（宋理宗景定之年，1260年），客辇下，会菖蒲节，余偕一时好事者，邀子固各携所藏，买舟湖上，相与评赏。饮酣，子固脱帽以酒晞发，箕踞歌《离骚》，旁若无人，薄暮，入西泠，掠孤山，舣棹茂树间，指林麓最幽处，瞪目绝叫曰：‘此真洪谷子（荆浩），董北苑（董源）得意笔也。’邻舟数十，皆惊骇绝叹，以为谪仙人。”

然而，从赵孟坚“有六朝诸贤风气”、晞发踞歌《离骚》等形状来看，他绝对是个性情中人，应该对治政断狱不会怎么着意。有限的史料也指出，赵孟坚一生为官政绩也不显著，仅在严州府任内曾平反张均平报父仇狱，也曾在严州遇饥荒而发廪赈赡，活民五万余户（光绪《嘉兴府志·赵孟坚传》）。只是在清代平湖人朱壬林所编《当湖文系（初编）》中，保留了赵孟坚写的《典狱箴并序》（以下引注此文据《当湖文系（初编）》，中华书局，2014年版）一文，可见其对典吏治政的见解，也略可见宋代官箴之风。

“箴”，原指治病所用的针形疗具。《文心雕龙·铭箴》云：“‘箴’者，所以攻疾防患，喻缄石也。”官箴，也就是劝诫为官之道的文章。历史文献中早期遗存之箴，有《吕氏春秋》一书中《应同》篇所引《商箴》，《谨听》篇所引《周箴》，以及《国语·周语上》中记录的《虞人之箴》等，还有湖北《云梦睡虎地秦墓竹简》中的《为吏之道》等。汉代扬雄模仿前述《虞人之箴》而作《十二州牧箴》和《二十五官箴》，曾亡佚九篇，由后人补继而为百官箴。唐代李世民编《贞观政要》可堪称官箴之集，武则天则编有《臣轨》一书。到宋代，随着官僚制度的膨胀壮大与职责细分，官箴书大为发展，现存有题为陈襄的《州县提纲》、李元弼的《作邑自箴》、吕本中的《宫箴》、许月卿《百官箴》、胡太初的《昼帘绪论》等。赵孟坚在《典狱箴》序言中，也道出"凡厥官守，俱有攸箴"之意。

赵孟坚在序言中道出，其撰《典狱箴》是为受郡纠曹鄞史君某所托，"祇惟典狱未之有闻，子为我词，将勒石以告司是职者，庶其敬戒若正"。因此，其撰写的《典狱箴》应该是官箴的一种：戒石铭。这是专门在衙门里立石刻碑的官箴，既为官员时时阅读、自警自励，又可广而告之、接受监督。其首创者，据说是隋朝的何孚，在龙州当刺史时曾自撰《刺史箴》刻于石碑，安放在州衙门之外。而流传时间最长、地域最广的当属五代十国时期的后蜀主孟昶所撰写的，颁发给各地州府的"戒石铭"（可参阅［宋］洪迈《容斋续笔》卷一《戒石铭》）。北宋灭后蜀后，宋太宗赵炅（匡义）又从后蜀主孟昶"戒石铭"的九十六个字中选了四句十六个字"尔俸尔禄，民膏民脂，下民易虐，上天难欺"，亲自抄写颁给地方官吏。到了南宋高宗时，又命令诗人、书法家黄庭坚书写，“命州县长官刻铭座右”，将作为官员的“座右铭”。作为宋朝宗室，赵孟坚对这种皇族倡导的官箴撰写邀请，应该难以拒绝；且典狱官箴又没人写过，何不乐而为之。

赵孟坚接着指出，自己曾经当过湖州曹椽，“具知典司生杀从出，人命关焉；国家以仁立国，治体关焉；有阴有阳，是有刑赏，造化关焉”。宋朝官箴多带有个人为官经验总结的痕迹，赵孟坚也不例外，以当过曹椽的过来人身份，从人命关天、国家治体、自然造化等方面，指出了典狱管理的重要性，希望“宁不有警中人以上可为善恶间者”。只是不知他担任湖州曹椽的时间长短，也不知他是否是从事司法的法曹。

对于执掌刑狱之事的典狱官员而言，其职官品级和历史地位是在一路往下走的。《尚书·吕刑》有“四方司政典狱”之称，典狱官员是并重于司政牧守的人员。宋朝司法制度设计，实行“鞫谳分司”制度后，典狱官吏已成为地方官的属官，难怪到了南宋晚期还无人为此作官箴。再后来，明清两代知县下面掌管缉捕、监狱的典吏，更是未入流（九品之下）的文职外官了。而且，典狱官吏的名声似乎越来越不好。《尚书·吕刑》还有“典狱非讫于威，惟讫于富”等相对客观的评价，指典狱非尽于威权，就止于财货。到了隋文帝，已怀疑“典吏久居其职，肆情为奸”而下令“诸州县佐吏，三年一代，继任者不得重居之”（《隋书·志第二十·刑法》）。宋代官箴中也多有防止胥吏为奸之语。南宋官箴《昼帘绪论》就曾说："吏之奸诡万状，最不可不深防密察，故欲吏之不受赂，断无可行之策，但使事事清明，人无观望，知吏之不必嘱，贿之不可行，已为政之善矣。"（［宋］胡太初：《昼帘绪论·御吏篇第五》）

赵孟坚作《典狱箴》，也列举了典狱官员值得警诫的诸多事项，其中有云："或尔所馁，阁笔睨吏。舞手而乘，重轻易位。亦有过矫，衒明暴厉。或徇己私，或附意旨。钩距煅炼，置人死地。仍有黩货，以私蔑公。惟利是娼，如盲如聋"，指出典狱管理赏善刑恶、关系人命，既不能轻重易位，以公挟私；也不能放任不为，装聋作哑。因此，赵孟坚提出，要把"折仰曲郁，冤报无穷"，"嗟人体肤，父生母育"，"以刑示训，乃仁之至"等作为典狱事务的指导，再用"偶沦暧昧，明其匪戾。有事诬蔑，排彼谲诡。执迷底滞，开雠释怼。长吏鉴差，委曲剖示"的要求和方法来处理典狱事务，如此而"敢告凡百，警戒于是"。这些，对于当今的司法人员，仍有警示作用。

在南宋末年山河飘摇欲坠的环境里，在贾似道等奸臣当道的背景下，赵孟坚作《典狱箴》为"戒石铭"，虽然表达了劝诫典狱管理以臻善政的良好愿望，但已于事无补，无法改变官僚阶层习气，只能成为历史尘烟中的一烛明火。倒是他拒不入元出仕的

赵孟坚《兰花图》

传说，在历史里留下了悠长的背影，与其首创岁寒三友合体的文人寓意和士人气节、与刘松年合编的“二十四孝书画合壁”，一起相映相照。

张伯淳对答元世祖

元朝自1271年忽必烈改国号为“大元”起，至1368年朱元璋占领大都，历九十七年。一部《元史·人物志》，嘉兴人仅载崇德张伯淳（1242—1302）一人入传，其余尽湮没无闻。就是张伯淳，《元史》也作杭州崇德人。个中原因，不知是元朝几代囿于内部争斗与对外扩张的政治格局，虽行汉化却实行歧视不公的民族政策，抑或嘉兴地方精英的仕途阻隔等原因，颇值得后人探讨。

张伯淳，字养蒙，后世称养蒙先生。他的成长实受益于南宋。他于9岁举童子科，以父张琥任铨受迪功郎、淮阴尉，改扬州司户参军，咸淳七年（1271）举进士，监临安府都税院，升观察推官。入元后，张伯淳于至元二十三年（1286）荐授杭州路儒学教授，历浙东道按察司知事、福建廉访司知事等职。至元二十八年（1291），元世祖忽必烈诏求江南人才，张伯淳与其内弟赵孟頫等20余人一同被荐。“明年，入见，帝问冗官、风宪、盐策、楮币，皆当时大议，所对悉称旨”（《元史·张伯淳传》），对于吏治、盐政、货币等法制都能对答如流，张伯淳堪称法制全才。

对于欲效汉法的元世祖来说，推行汉法就要不同程度地继承南宋的若干法律制度。而这些法律制度大部分并不符合习惯了马上征战的蒙古人一贯观念，其推行难度显而易见。譬如，蒙古人素以征战为功，需要赏赐有功之臣大量财宝，对诸王贵戚也有巨额“岁赐”的惯例，导致开支繁重，随地盘扩大而财政负担渐趋严重。对此，有的官员认为，应接受汉文化成熟的制度安排，节省政务经费、减免税收，发展经济；但有的官员却认为：“南人”藏有大量财物，应予没收以解决朝廷财政问题。元世祖理所当然对关系国家根本的财政问题非常重视，曾两次设尚书省综理财用，相继任命了阿合马、卢世荣、桑哥等人治理财税，主要通过增加税收、兴冶铁、铸农器官卖、“括勘”（追还被私人、寺院夺占的南宋公田，起征田赋）、“理算”（追征各地历年积欠的钱粮）、变更钞法等措施，以增加国家收入。但中央政府的治财措施并没有使国家财税状况获得根本性改善。至元二十三年（1286），元世祖起用桑哥理财，更改钞法，发行至元钞，财政危机好转；继而清理江南钱谷，增加赋税、盐课，引起天下骚动，尤以南方各地起义不断。这也是元世祖大规模诏求江南人才、企图“以南治南”想破解的难题。

那么张伯淳是怎么回答元世祖的呢？从张伯淳“南人”的角度来看，要他同意没收“南人”财物的途径而增加朝廷财用显然不大可能。至于其他建议，史书上未见记载，难以揣度。其应答为元世祖所肯定，张伯淳的政见应该颇有见地，也颇合时宜；从另外一个角度来讲，以张伯淳神童的智商及其任职的经历，顺合元世祖的心意就事论事，应该也不会太出格。反正张伯淳一时扬名，甚至其殁后30余年，“中外大夫士多能诵公所为世祖言者，思见其议论而想见其风采”（《养蒙文集》虞集序，《四库全书·集部五》）。元世祖听了张伯淳的答问后，也打算予以重用。

可是，“命至政事堂，将重用之，固辞，遂授翰林直学士，进阶奉训大夫，谒告以归”（《元史·张伯淳传》），张伯淳并没有因为元世祖的肯定而誓酬壮志，却以各种理由告辞以归。或许，他认为元朝并非明君之朝，看透了元世祖急于敛财的心思，所提建议合乎君意却未必合乎民意，所提建议只是应付的权宜之计；抑或看到了前任理财大臣卢世荣、桑哥等人整肃吏治、整理财税，却得罪蒙古贵族阶层的悲惨结局。总之，他三番五次地恳请回籍，并不打算为元朝效力。

事实上张伯淳就是想干，也未必能干得成。史书略去了残酷的历史细节。当张伯淳提出去除冗官的建议时，“方条具其事，而大官贵人已不悦，曰何物远人欲夺吾官，使健者候诸途要诘之，几不得免而事亦浸罢”（《养蒙文集》虞集序，《四库全书·集部五》）。正是蒙古贵族们的顽固不化以及吏治腐败等原因，加上元世祖所采用的治财措施侧重搜刮豪取，并没有致力于稳固经济基础，前几任理财大臣采取的财政措施也没有产生相应的治理效果，元朝社会一直处于风雨飘摇之中。张伯淳就算有元世祖的撑腰，也动摇不了蒙古贵族们根深蒂固的落后观念；纵然有满腹经纶和卓越才能，也难以有所作为。所以，张伯淳后来在元贞二年（1296）作《送张子敬湖南宣慰使都事序》中感慨：“人生穹壤间，患无才耳，不患人之不己知也。知之而举，而获用于时，又顾所知者何如！”（《养蒙文集》，《四库全书·集部五》）只要有才能，能够获用于时，那么何必管赏识他的人是什么样呢？

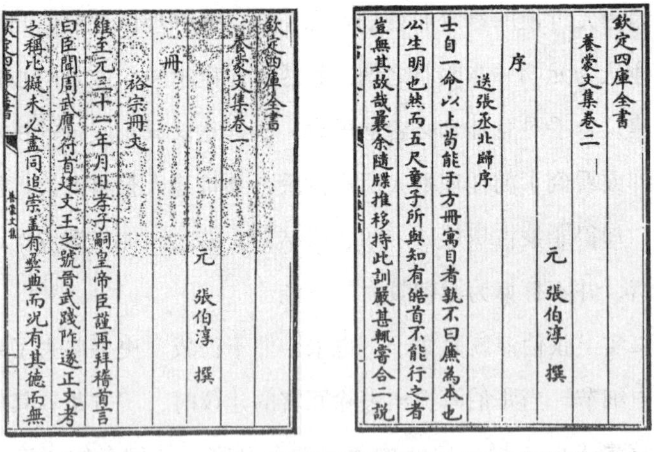
欽定四庫全書
養蒙文集卷一
元 張伯淳 撰
册
裕宗冊文
維至元三十一年月日孝子嗣皇帝臣謹再拜稽首言
曰臣聞周武膺符首建文王之號晉武踐阼遂正文考
之稱比擬未必盡同追崇蓋有彝典而况有其德而無

欽定四庫全書
養蒙文集卷二
元 張伯淳 撰
序
送張丞北歸序
士自一命以上苟能于方冊寓目者孰不曰廉為本也
公生明也然而五尺童子所與知有皓首不能行之者
豈無其故哉叢余隨牒推移持此訓嚴甚輒嘗合二說

张伯淳《养蒙文集》书影 《四库全书》本

既然不想卷入朝廷内争，张伯淳还是愿意利用在南宋期间任职都尉、推官的经历和技能来做一些实事的。张伯淳后来“授庆元路总管府治中，行省檄按疑狱衢、秀，皆得其情”（《元史·张伯淳传》）。通过清理衢州、秀州（即嘉兴）的疑狱，张伯淳终于为家乡的百姓作了贡献，算是回报了家乡。不仅如此，张伯淳的子孙也传承了他的才干，在处理冤狱、为官治政方面颇显才能。光绪《桐乡县志》载：“张公采，字景亮，伯淳子。官河南宣慰使副使，持正守法。历吴江知州，剖决疑狱，号称神明。”“张公炳，字符晖，采子。官乌程令，以循吏称”（光绪《桐乡县志·张伯淳传》）。这让我们从另一个侧面了解了张伯淳的真才实学，绝非虚名。

从另一个角度来看，《元史·人物志》仅记载嘉兴张伯淳一人，也是偶然中之必然。在元代划分“蒙古人”“色目人”“汉人”“南人”四个阶层的情况下，其社会阶层流动的活力已大大丧失，包括嘉兴在内的“南人”早已不再、不愿或不能仕进，坐实了元朝对南方社会精英的压制。嘉兴就算有再深厚的人文积淀，其耕读传家的精英传统也只得让位于世俗社会的消费消遣。嘉兴其他知名人物，如元四大画家之一的吴镇、海盐腔创始人杨梓等，只能在艺术方面有所表现了。对于张伯淳，有人就感叹：“檇李故多文士，昔唐陆宣公为学士，居中多所参决，时号内相，有论谏数十百篇，至今读者尚挹其高风而兴起。公（张伯淳）受知圣祖，蒙被顾问，敷对剀直，皆经国要务，惜不果大用。”（《养蒙文集》邓文原序，《四库全书·集部五》）而张伯淳的故事还是流传了下来，不枉幸事一桩。

击奸第一声

明朝大太监魏忠贤，原本是市井无赖，万历年间自阉入宫，先是讨好太监魏朝，后来又与熹宗乳母客氏对食相好，在熹宗朱由校即位后逐渐得宠，并且利用诸臣门户之争，在朝廷内外笼络羽翼以抗东林，形成了“五虎”“五彪”“十狗”“十孩儿”“四十孙”等为核心的阉党集团，最后使内外大权一归忠贤，号“九千岁”。其得势之时，鸡犬升天。对内滥赏滥封，曾封从子良栋为东安侯，鹏翼为少师，“时鹏翼、良栋皆在襁褓中，未能行步也”；对外打击报复，残害了包括嘉善人魏大中在内以及左光斗、杨涟、袁化中、周朝瑞、顾大章“六君子”等大臣，已经到了“天下皆疑忠贤窃神器矣”的地步（《明史·魏忠贤传》），就差篡位夺取皇权了。

魏忠贤的气焰愈炽，群起反抗也越强烈。以嘉兴士人为代表的秉持正义者抗魏之行也接连不断。天启初，时任内阁大学士

（相当于宰相）的朱国祚向熹宗密陈阉党之害，魏忠贤甚为顾忌；刑部尚书王纪为魏忠贤所逐，虽然王纪因事与国祚相忤，但朱国祚不计个人恩怨，上疏力救，他还叹息说：“去一大臣如小吏，渐不可为矣。”（［清］盛枫：《嘉禾征献录》卷一）弹劾魏忠贤最为激烈的是嘉善魏大中，其生性狷介刚毅，是为“骨鲠之臣”（［清］朱彝尊：《静志居诗话》），数次上书弹劾阉党，在天启初就两次上疏弹劾大学士沈潅，语侵魏忠贤和客氏；天启四年，副都御史杨涟弹劾忠贤二十四大罪被绌，而魏大中也上《击逆珰疏》，并数次参劾与魏忠贤表里为奸的大学士魏广微。任南兵部侍郎的嘉兴人岳元声等人也交章评论忠贤不法。但在明熹宗纵容之下，魏忠贤有恃无恐，大肆打压对手。魏大中终为阉党所不容，惨死狱中。

魏忠贤的所作所为也被另外一个人看在眼里，那就是信王朱由检，即后来的崇祯皇帝。崇祯皇帝在宫里生活了十七年，对于魏忠贤一伙的罪行是熟稔素知，对于魏忠贤的笼络深自儆备，使魏忠贤等阉党感到了压力。天启七年（1627）八月，崇祯皇帝即位。魏忠贤为试探他的态度，指使杨所修、杨维垣先攻崔呈秀以试探崇祯皇帝，企图“丢卒保帅”。但没想到，杨维垣等人的上疏引起了朝廷诸臣的连锁响应，工部主事平湖人陆澄原等纷纷交章论忠贤。可崇祯皇帝仍然引而未发，他在等待怎样的一个合适时机呢？

海盐人钱嘉徵的上书给了崇祯皇帝这样一个机会。天启七年（1627）十月，当时正在京城已通过会试而尚未应殿试者（贡士）的钱嘉徵继承了祖父钱薇任六科给事中直谏的风骨，虽然他没有给皇帝上书的资格，也有人劝他不要管那么多闲事，但钱嘉徵慷慨激昂地说："虎狼食人，徒手亦当搏之；举朝不言，而草莽言之，以为忠臣文士倡，虽死何憾！"（光绪《嘉兴府志·钱嘉徵传》）遂上劾忠贤十大罪："一并帝，二蔑后，三弄兵，四无二祖列宗，五克削藩封，六无圣，七滥爵，八掩边功，九朘民，十通关节。"（《明史·魏忠贤传》）

在钱嘉徵的奏疏里，所谓"并帝"，列举了魏忠贤威福自恣，拟旨必云"朕与厂臣"，俨然与皇帝并立。所谓"蔑后"，列举了魏忠贤多次构陷国舅张国纪，阴谋废黜张皇后，致中宫几危。所谓"弄兵"，列举了魏忠贤选内监在宫禁中操刀演武，有图谋社稷之心。所谓"无二祖列宗"，列举了魏忠贤违反明太祖不许太监干预朝政遗训，布置爪牙遍布朝廷要津。所谓"克削藩封"，列举魏忠贤滥赏封公侯伯，拣选膏腴，不下万顷。所谓"无圣"，是指阉党竟然将魏忠贤与孔子并举，将其列祠太学之侧。所谓"滥爵"，指出魏忠贤仅凭修建三殿之功就封公爵之位。所谓"掩边功"，列举了魏忠贤作假冒用边功之事。所谓"朘民"，指出郡县为魏忠贤建生祠不下百余，花费建祠费用不下五万金，吸民脂膏。所谓"通关节"，指称魏忠贤干预顺天乡榜事。钱嘉徵在奏疏中称魏忠贤，“罄南山之竹，不足书其奸状，决东海之波，难洗其罪恶！”最后疏曰：“伏乞独断于心，敕下法司，将魏忠贤明正典刑，以雪天下之愤，以彰正始之法。”（光绪《海盐县志·钱嘉征传》）

依律而言，若犯上其中任何一条，魏忠紧都可以是死罪。可这些种种不法行为，大多是皇家内廷之事，或者至少是皇帝默认的事实，需要皇帝亲自承认才能作数。但要皇帝确认这些行为，不是要承认皇帝家里的丑事吗？崇祯皇帝不想一上任就犯了翻哥哥“烧饼”的忌讳，可也不能仍然表现出一副无动于衷的样子，任由事态继续发酵。于是，他把魏忠贤叫来，手持钱嘉徵之疏交侍者当堂读之，每读一句就问忠贤是否有此事，魏忠贤伏地叩首极辩，惶恐至极。

对于钱嘉徵，崇祯皇帝也没有施加处罚，以“青衿贡生不谙规矩，本当重处，姑饶一遭”（光绪《嘉兴府志·钱嘉徵传》），网开一面。这其实是暗地里鼓励了朝廷内外对阉党的检举。平湖人、大理寺少卿姚士慎等开始对魏忠贤的爪牙田尔耕、许显纯等提出弹劾。崇祯皇帝先是把魏忠贤派往凤阳守皇陵。可魏忠贤走到了阜城，就接到崇祯皇帝要逮他回京究治的消息，自感大势已去，悬梁自尽。崇祯顺势开展了对阉党要犯的收网打击，并于崇祯二年（1629）命大学士韩爌等定逆案，始尽逐阉党。

客观而言，魏忠贤阉党被正法，功劳不能计在钱嘉徵一个人身上，这是包括诸多嘉兴人在内的仁人志士们前仆后继、共同推进历史潮流的必然结果。钱嘉徵以其上疏直谏声名远播，朱彝尊《静志居诗话》中称为“豪杰之举”，后人也称其“击奸第一声”。钱嘉徵归乡后，不谈上疏之事，乡人愈加敬重。崇祯十五年（1642）任福建松溪县令，后被南明政权举为部郎，未几还乡。卒后葬于海盐仙掌峰。

钱陈群教子持法

钱陈群是清代名臣，曾向康熙皇帝献诗而得到赏识，受到过雍正皇帝“安分读书人”的谕奖，更是乾隆皇帝的一朝宠宦，以其“诗纯悫朴厚，如其为人”多有唱和。“每岁上录寄诗百余篇，陈群必赓和，亲书册以进，体兼行草，屡蒙奖许”；乾隆帝也在诗歌唱和中认识了钱陈群的人品，曾下谕谓：“儒臣老辈中能以诗文结恩遇、备商榷者，沈德潜卒后惟陈群。”（《清史稿·钱陈群传》）后来，在乾隆帝数次南巡时，钱陈群屡屡迎驾，被乾隆帝赐诗称为“大老”。不知现在嘉兴一带方言中的“大佬”一词是否由此而来。

钱陈群（1686—1774），字主敬，浙江嘉兴人。由于父亲早卒，钱陈群由母亲陈书含辛茹苦抚养长大。陈书并不是一个泛泛女流之辈，她自号“南楼老人”，多才多艺，善绘花鸟草虫，笔力老健；在拉扯儿女长大过程中勤俭持家，居贫时曾卖画自给，补贴家用，是为“卖幅青山佐读书”（钱陈群《香树斋集·敬题家慈夜纺授经图有序》）。乾隆三十一年（1766），钱陈群专门进献了陈书的画册，乾隆帝在画册上题诗以赵孟頫、管道升为比，高度肯定了陈书的绘画造诣。

《夜纺授经图》碑拓（局部）

同里的画家有感于陈书之志，专门作《夜纺授经图》，描绘了夜深人静时一位母亲边纺纱、边教子读经的场景。钱陈群阅画后专门写题记回忆母亲教子的情景：（父）谓群母曰：“吾僻处乡曲且贫不能延名师授诸子业，汝请为我教之。”……母以儿辈为念，夜必篝灯课读，以其余辉，躬自纺绩。及晨，则遣苍头入市易米，以其余积之授之室（钱陈群《香树斋集·敬题家慈夜纺授经图有序》），款款深情溢于言表。后来，钱陈群奉命把《夜纺授经图》进献给乾隆皇帝鉴识，历来注重孝道的乾隆帝对此大为欣赏，专门题云：“索观钱陈群《香树集》，有题其母《夜纺授经图》，慈孝之意，恻然动人，且以见钱陈群问学所自来也。”（乾隆《夜纺授经图题记》）

钱陈群也始终铭记母亲的谆谆教导，慎行钱家“居家理故治可移官”（［明］钱琦：《钱氏赈族田记》，见《〈槜李文系〉选辑·宗族》）的祖训，注重执法公允，一直累官至刑部侍郎。他曾就匿名发帖现象向皇帝建议：“尝疏请严治匿名揭帖，无论事钜细，非据实首告而编造歌谣诗词，匿名粘贴闾巷街衢，当下刑部依律治罪。”后来，又有“有伪为孙嘉淦疏稿语谤上，上令穷治，陈群自家密疏请省株连，上严饬之，而事渐解”。这或许对于当前网络匿名造谣发帖的执法查处同样具有借鉴意义。既不疏于执法，也不妄以株连，成为钱陈群这位刑部高官的执法信条，勾勒出了他的明允执法精神。因此，后人评价钱陈群：“贰刑部十年，慎于庶狱，虚衷详鞫。高宗尝以于定国期之。”（《清史稿·钱陈群传》）

受其母亲影响，钱陈群同样十分注重子女教育。其子钱汝诚就得其言传身教。在钱陈群任职刑部时，常“令汝诚侍左右，案有疑，相与推原律意，必得当而后止”。钱汝诚继承了钱陈群的衣钵，曾在刑部任职；后来改任户部时，朝廷仍然让他兼着刑部的官职。钱汝诚在决狱方面的突出才能也不负朝廷对他的器重，履职严正，“故汝诚居是职（刑部），有裁制，持法明允，称上意已”（光绪《嘉兴府志·钱陈群传》）。从中，我们不难窥见钱陈群对子女教育的深刻影响。《清史稿·钱陈群传》就评价说：“汝诚继贰刑部，奉陈群之教，持法明允。”

钱汝诚的儿子钱臻同样善于治狱。《清史稿·钱陈群传》专门附其事迹："在平阳，介休民被盗杀其母，攫钏去。民言姻家尝贷钏，佣或窃钏逃，邻家子左右之。县捕三人，榜掠诬服。他日获盗得钏，民乃言非其母物。狱不能决。臻微服访得实。抚山东，清庶狱，雪非罪二十余人，擒教讼者置于法。"可见，钱氏家族在治狱方面的才能，是一脉相传的。

钱氏三代理讼的技能传承，显然不是简单的基因遗传，应该有着更为深刻的社会文化背景。固然，明清两代法律有官员讲读律令的要求，明确"百司官吏务要熟读，讲明律意，剖决事务"（《大清律集解附例·吏律·讲读律令》），并将此作为官员考核的重要内容，如果官员考核不合格，还要受到处罚。政府的大力提倡，可使官员群体的读法学律蔚成风尚。钱陈群尊为刑部高官，以言传身教训导其子，以共同推原参读律意，可谓是带头讲读律令的典范。但钱氏子孙相继熟于律令、精于治狱的家族传承，恐怕不是仅讲读律令的法律所能全部推动和解释的。若无一定的文化自觉和道德自律，要封建王朝的"官二代""官三代"再怎么讲读律令也只能是一个形式，要其明允执法更是可遇而不可求。

钱陈群像

幸运的是，我们从钱陈群言传身教的地方史料记载中，不仅看到了钱氏家族教育子女的成功经验，也找到了《清史稿·钱陈群传》所遗漏的治狱之学家族传承的叙事链条，充分感受到了钱氏家族在治狱方面的文化积淀和自觉传承。在明清两代几乎没有制度意义上的法学研究机构或专门法律学校教授法律知识的情况下，任职刑部、大理寺等刑曹的许多历任与在任官员，成为训练、传承法律知识的重要力量。这种知识传承的途径自然而然会在家族文化传承中衍化发扬，而钱氏家族无疑是治狱之学传承的样板。

内乡县衙对联传奇

吃百姓之饭，穿百姓之衣，莫道百姓可欺，自己也是百姓；

得一官不荣，失一官不辱，勿说一官无用，地方全靠一官。

这是悬挂在国内第一座衙门博物馆——河南省内乡县衙三堂前的一副普通楹联，却在三百年后引起党和国家领导人的关注。时任国务院总理朱镕基视察内乡县衙时，对这副对联中阐述的官与民、荣与辱、地方官与一地治理的辩证关系给予了高度评价；时任中共中央总书记江泽民在听闻这副对联后，专门询问了它的来历；现任中央中共总书记、国家主席习近平在山东调研时，又专门给市委、县委书记们念了这一副对联。一副对联能够产生跨越时代的历史影响，也是一个传奇了。

这副对联的作者是嘉兴人，名高以永（1631—1693），字子修，号荆门，浙江嘉兴府秀水县（今浙江嘉兴）新丰村（现南湖区新丰镇）人，清康熙十一年（1672）壬子科举人。十二年（1673）中癸丑科韩菼榜进士。十八年（1679）知内乡县，兼摄镇平、淅川两县事务。二十七年（1688）擢升直隶省安州知州并兼新安县事。三十一年（1692）升任户部江西司员外郎，卒于任上，时年六十三岁。著有《高户部诗集》。

这副对联的上联指出，坐堂当官者尽管身居县令职位，领取朝廷俸禄，但自己吃饭、穿衣实际都来自百姓，所以千万不要以为自己在上、百姓在下，就可以随便欺负百姓，因为自己也是百姓中的一员。下联指出，牧民苍生者为官，既不能因为得到官职就以为可以荣耀先祖名扬后世，也不能因为失去官职就自以为耻辱加身，固然当官为政要受到上级掣肘等诸多因素影响，但也不能因为当了地方官就一无所用不干事，要知道地方百姓的福祉还要靠地方官来谋取的。上联鲜明地表达了作者自己朴素的民本主义思想，下联也清晰地表现自己为官一方、造福一方的良好意愿。

对联虽好，但反映的社会法治现实却并不尽如人意。明清时能够获取功名进入官僚阶层的大多出身于士绅阶层，包括有功名或学衔的进士、举人、贡生、监生、生员等，以及退职、罢黜官员和捐有虚衔者等。这些人入仕则为官，出仕则为民，但享有自由见官、赋役优免、礼仪优待等超过一般平民的法律特权，不仅在司法诉讼案件中可以不出席庭讼，而且即使自己犯罪，也会从轻处罚。清朝顺治十年（1653）上谕就规定："生员犯小事者，府州县行教官责惩。犯大事者，申学黜革，然后定罪。如地方官擅责生员，该学政纠参"。"生员犯杖笞轻罪被革者，只详学院与本府本州。徒罪以上，方用通详"。在社会生活地位总体高处百姓之上的情况下，从士绅阶层入仕为官者要牢记官员、士绅来源于普通百姓阶层，就显得难能可贵。

而对于官僚阶层，较士绅和百姓享有更多政治上、经济上、法律上的特权。如在政治上享有恩荫权，官僚子弟可以凭其祖辈或父辈官品或功绩而入读国子监，获得做官的资格；在经济上享有优待权，可以减免赋役；在司法诉讼中同样可以不出庭，不准械具带离。《大清律·刑律》规定："凡官吏有争论婚姻、钱债、田土等事，听令家人告官对理，不许公文行移。"而若百姓冒犯官吏，则会被严惩。《大清律·刑律》还规定："部民骂本属知府、知州、知县，军士骂本管官，若吏卒骂本部五品以上官，杖一百。部民殴本属府、州、县官，杖一百，徒三年；伤者杖一百，流二千里。"在这些优厚待遇面前，要做到"得一官不荣，失一官不辱"，恐怕没几个人不在意。至于不以百姓可欺，真心实意地把自己当作百姓而且为百姓请命者，更是寥寥无几。

与前述认知相比，最为困难的是怎么来实践自己的主张。高以永就作了一个很好的榜样。他效法春秋时单父县令宓子贱，崇尚鸣琴而治，政简刑轻，于康熙十九年（1680）重修内乡县衙三堂后，将思补堂改称琴治堂，并撰写了流传至今的对联自勉。三堂，可作重大案件预审，待弄明案情后方可到大堂公开审理；也作复审民刑案件、会见接待上级官员的地方；另可调解一般户婚田土等民事案件。在三堂悬挂此联，高以永别有深义。

内乡县衙对联

高以永初任内乡县令时，正值“内乡自明季大乱，流寇蹂其地者十余年，民死徒殆尽”。不仅如此，邻境襄阳杨来嘉部还经常趁农时越境骚扰，且诱贫民子女离家为其奴仆，如有逃脱，则捕系亲属邻人。高以永刚上任三日，就有两悍卒公然称奉杨来嘉军令缚人于市。以永闻之大怒，遂命执之而械之。此事报于南阳府，知府畏杨来嘉部的军威，想把这两人释放。但高以永坚持要求知府申呈臬司，两名悍卒最终受到制裁。自此“民获安堵”。高以永诛暴立威，表现出一个地方官的治政胆略。同时，他也有抚柔执法的一面，每遇命盗重案，都慎之又慎，不滥用刑罚。在安州兼摄镇平事务时，有一孝廉畏罪亡匿，县衙将其父其子羁于衙门，高以永认为子罪不能及老；但放了老人，有谁来养活他，于是请示上宪将祖孙一并释放。

高以永在内乡治政九年。清康熙《内乡县志》称其“在事数年，温厚和平为治务，慈祥恺悌之声无间遐迩”。清同治《内乡通考》评论他说，“高以永，广开垦，除匪盗，其有造于内乡者甚大，宜其崇祀名宦也”。他后来离开内乡，内乡县士民立“德政”“去思”二碑于县仪门前，并且“攀留而不忍舍道，相别泣下湿襟”。高以永到安州赴任后，也是心系百姓，为百姓做了不少好事。安州白洋淀水枯时，百姓在水退去处种麦，结果八旗子弟诬称百姓侵犯了他们的牧场。高以永以为“淀偶涸为地，指以为牧，他日水溢必移指他地，是害民无已”（光绪《嘉兴府志·高以永传》），议请在大雨时会勘，使八旗子弟无从指认，事遂寝。到他调迁时，百姓挽留一如内乡去任时。

这不禁让人联想起平湖人、康熙九年进士陆陇其曾分别担任上海嘉定、河北灵寿县令，离开嘉定时，“去官日，惟图书数卷及妻织机一具，民爱之比于父母”，“嘉定民大骇，罢市，日号巡抚门乞留”。离开灵寿县时，“去官日，民遮道号泣，如去嘉定时”（《清史稿·陆陇其传》）。老百姓心中自有评价一名好官员的标准。

升职担任户部江西司员外郎期间，高以永深知江南财赋半天下，为防奸吏作弊，夜以继日地查核文书簿籍，以至积劳成疾，病逝于任所。死后他没有留下财产，甚至连灵柩也不能运回，靠亲故资助，才得以归葬。真可谓为百姓鞠躬尽瘁、死而后已。

劳乃宣与“礼法之争”

1901年清廷宣布施行“新政”后，开始了大规模的变法修律活动，以此作为缓和国内危局，回应英、日、美、葡等国放弃领事裁判权之诱惑的重要举措。1904年，清廷置修订法律馆，委派沈家本、俞廉三、英瑞为修律大臣，要求“参酌各国法律”修订各项法律，修订活动多依日本等国外法律对原有法律进行修改，由此引发了中国传统法律观念与国外资本主义法律理念的交锋和碰撞，逐步发展形成了清末著名的“礼法之争”，从修订法律馆、宪政审查馆一路吵到了资政院。而其中礼教派的代表，前期是张之洞，后期是劳乃宣。

劳乃宣（1843—1921），字季瑄，号玉初，又号韧叟，浙江桐乡人。如以传统标准衡量，劳乃宣绝对算得上是一个好官僚。他在同治十年（1871）中进士，光绪五年（1879）后历任临榆、南皮、完县、吴桥等地知县，“日晨起坐堂皇治官书，启重

劳乃宣像

门，民有呼籲者，立亲讯之，使阍者不能隔吏役，吏役不能隔人民。其后居官二十余年皆如之”（《清史稿·劳乃宣传》）。他不畏权贵，查办了涞水县车厂礼王府圈地等案件，根据实情重惩了王府家奴。更为突出的是他在这一时期数学、音韵学方面的成就，写出了《古筹算考释》《筹算浅释》《垛积筹算法》《筹算分法浅释》等数学专著，《等韵一得》等音韵学著作以及《京音谱》（北京话）、《宁音谱》（南京话）、《吴音谱》（苏州话）和《闽广音谱》（广州话）等切音方案，十分符合他后来资政院“硕学通儒”的身份。

在劳乃宣参与“礼法之争”之前，张之洞已经与以沈家本为代表的法理派进行了多次较量。1906年，由沈家本主持的修订法律馆模仿西方刑法和诉讼法分别编纂的体系，编成《刑事·民事诉讼法》，奏请试行。时任军机大臣兼掌学部的张之洞，认为这部诉讼法中采用的陪审制度和律师制度会使讼棍从中盈利，在1907年7月奏请朝廷否定新法律。清廷采纳了张之洞的建议。1907年，修订法律馆又完成了《大清新刑律草案》，在更定刑名、酌减死刑、死刑唯一、删除比附、惩治教育等方面引入西方刑法体系。但这一草案也立即遭到了各种责难，张之洞认为“内乱罪不处唯一死刑”和“无夫奸”（即和奸未婚之女）不处刑这两条，违背了所谓“因伦制礼，因理制刑”的立法原则。于是，朝廷将《大清新刑律草案》发回法部要求重新修订。礼教派占得了上风。

1906年起，清廷推行“预备立宪”，设宪政编查馆负责办理奉旨交议的有关宪政、翻译各国宪法、编订法规等职责。劳乃宣在1908年开始进入宪政编查馆任参议。1910年，原由修订法律馆起草定名、奏进的《修正刑律草案》（即《大清新刑律草案》和《附则》的合称，以下简称新刑律）由宪政编查馆审议。劳乃宣即以其中数条于父子之伦、长幼之序、男女之别有所妨，大加反对，并起草了《修正刑律草案说帖》遍示京外，要求把“旧律义关伦常诸条，逐一修入新刑律正文”，不能作为附则列于正文之后。对此，沈家本奋起迎击，写了《书劳提学新刑律草案说帖后》一文，逐一反驳。劳乃宣立即又作《管见声明说帖》回击。双方围绕着“干名犯义”“存留养亲”“亲属相奸”“亲属相殴”“亲属相为容隐”“故杀子孙”“杀有服卑幼”“妻殴夫”“夫殴妻”“无夫奸”“子孙违犯教令”等十一个问题展开了全面论战。在遭到沈家本逐条批驳后，劳乃宣基本放弃了前面九条，坚持将最后两条即“无夫奸”和“子孙违犯教令”入律。

劳乃宣作为宪政编查馆参议，难以改变法理派人士在宪政编查馆内的主导地位。劳乃宣在馆内具呈说贴修正时，只能见采一二。法理派也作了一定妥协。虽然宪政编查馆在对《修正刑律草案》加以核订时基本没有采纳劳乃宣的主张，但也将草案定名为《大清新刑律》，《附则五条》也改为《暂行章程》，于宣统二年（1910）十月三日奏资政院议决。此时，劳乃宣并不甘心。此时，劳乃宣以“硕学通儒”身份成为资政院议员，就把对新刑律的争论带到了资政院。

在资政院三读时间内，杨度（时为宪政编查馆特派员）与劳乃宣围绕新刑律的立法宗旨发生了激烈争论，杨度大力提倡国家主义，而劳乃宣强调礼法作用。劳乃宣复提修正案，动员百余人署名（［清］劳乃宣：《韧叟老人自订年谱》），并增纂有关礼教条款十三条两项，主要是增补和加重卑幼对尊长、妻对夫杀害及伤害等罪的刑罚，减轻尊长对卑幼、夫对妻杀害及伤害等罪的刑罚，尤于“处女和奸不罚”一条反对新律。支持劳乃宣的人也被称为“劳党”。而为抵制“劳党”对新律的阻挠，周震鳞、陈绍唐等发起了“维持新律会”，引发了两派论争酣战。受此掣肘，资政院对新刑律的审议进程缓慢。在资政院投票“处女和奸”条文时，赞成者投白票，即为“劳党”，称“白票党”；反对者投蓝票，后称为“蓝票党”。结果赞成者有七十七人，反对者四十二人。礼教派名义上又一次暂时胜出。

此后，宪政编查馆为推动新刑律的制定，于宣统二年

（1910）腊月奏请劳乃宣赴江宁提学使任，将劳乃宣排除资政院之外。经资政院之争后，新刑律总则依院议进呈，分则由宪政编查馆奏请颁布，实为未经立法程序而颁行。辛亥革命后，劳乃宣在《民视报》上发表了《共和正解》，阐述他心目中的“共和”。张勋复辟后，劳乃宣被委任法部尚书。劳乃宣虽然未赴任，却又一次坐实了清朝遗老、礼教保守派的名号。

对于这次“礼法之争”，当时的上海《时报》认为：“新刑律之争论，极一时之盛，大抵不外无夫奸及子弟不守教令，新律未定专条，为新旧两派喧论之点，旧派混礼教与法律为一谈，虽不足取，然此自过渡时代所不能免之现象。”（《蓝票白票党》，《时报》二版，宣统二年十二月二十二日）而这次“礼法之争”又附带对中国早期的政党制度产生了重要影响。“新刑律之争，为党派形成的重要因素”（张玉法：清季的立宪团体）。“劳党”后来发展成为帝国宪政实进会的主体成员，多由稳健官僚组成，嘉兴陶葆廉等在列；而拥护新律的“蓝票党”多为留学法政学生，后组建了政学会（政学公会），海宁陆宗舆等人在内。此亦为清末“礼法之争”之余声。

朱福诜与清末立宪

海盐人张元济因参加“戊戌变法”（1898）而闻名，被“革职永不叙用”后致力于教育出版事业，成就了商务印书馆的伟业。而另一个海盐人、张元济曾经的老师——朱福诜在“戊戌变法”之后积极参与清末立宪，相对而言则显得默默无闻了。

朱福诜（1841—1919），字桂卿，出生于海盐澉浦镇的一户贫苦人家，幼时聪慧好学，苦读十余载，曾以执教为业，期间当过张元济的老师。他于1879年中举人，次年中进士，授职翰林院编修。历任国子监司业、翰林院侍讲、翰林院侍讲学士、经筵讲官等职，1897年外任河南学政、贵州学政，后任翰林院侍讲学士，以编书功绩授资政大夫，晋荣禄大夫。观其履历，不难发现，他一直在文职岗位上任职，总体上是一介书生，远离政治斗争核心，当然也不会经历张元济那样的暴风骤雨式的政治风波。可当这么一个受过深厚传统教育、不谙政治的一介书生都参与立宪活动，只能说明立宪已是清廷不得不考虑的一个社会变革选项了。

受八国联军侵华影响，清廷对维新变法的态度有了一百八十度的大转变，在“戊戌变法”失败后仅三年就开始推出所谓的“新政”。1901年1月，慈禧太后以光绪皇帝的名义颁布“预约变法”上谕，命督抚以上大臣就朝章国政、吏治民生、学校科举、军制财政等问题详细议奏。4月，又下令成立以庆亲王奕劻为首的“督办政务处”，作为筹划推行“新政”的专门机构，总揽一切“新政”事宜。随后，又推出了废科举、办学堂、奖励留学、兴办铁路等一系列“新政”措施。

朱福诜看到这一形势变化，于1902年夏通过翰林院掌院学士呈送给光绪皇帝一篇札记，建议效法日本，实行立宪。他认为，现在形势危急，如果任由革命之说传播，必将大乱，“处今日而欲挽回世运，收拾人心，固非立宪不可。……惟有改定宪法，以移天下之耳目，震慑薄海之心思，使凡平权自由流血革命之徒，一皆回视返听，而乐为我用”。他建议：“改宪之事，如效法日本，择有才学识之大臣，如伊藤等之游历欧美，采辑各国政治，参用本国制度，定为改宪章程，归国后奏而行之，其上也。”（《摘录海盐朱学使福诜壬寅夏进呈札记》，载《时报》，1906年2月26日）1905年，他又上书军机大臣，请朝廷宣明立宪，并且指出：“今之事机，间不容发，惟速予吾民以立宪，使之团结一心，翕聚群力，以民族之发达，为祖国之光荣，如此，欲觊觎我土地者亦难矣。”他还呼吁：“立宪之举，奚必俟之十二年后哉！且今日之事势，又岂能俟之十二年后哉！”（《摘录海盐朱学使福诜乙巳夏进呈札记》）不知道清廷掌权者是否听取了朱福诜这些意见，反正清政府在1905年7月派载泽、端方等五大臣出洋“考察政治”。朱福诜随即又向军机大臣瞿鸿禨建议即日起公告天下以立宪之意。迟至次年9月，清廷正式宣布“预备仿行宪政”。朱福诜的建议再次得到了体现，这不仅表明了他对于立宪的先见之明，而且也表明了立宪之事已经十分迫切。

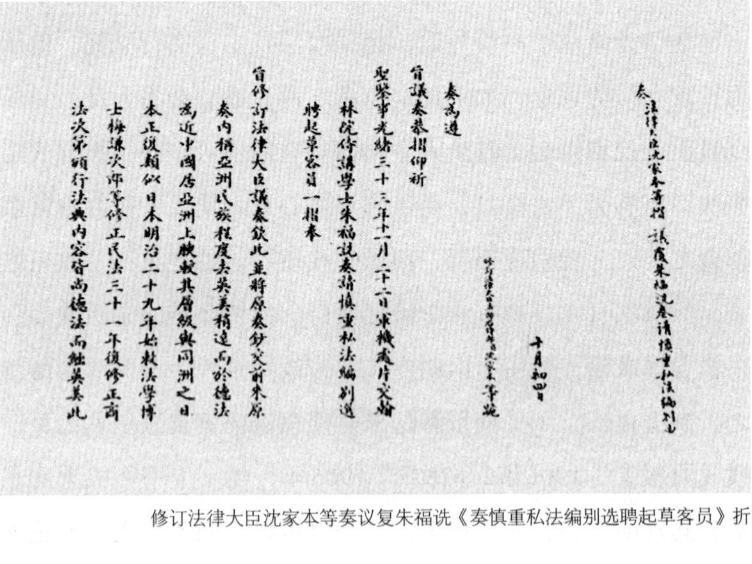

奏 法律大臣沈家本等摺 議覆朱福詵奏請慎重私法編別由
十月初四
奏為遵
旨議奏恭摺仰祈
聖鑒事光緒三十三年十一月二十二日軍機處片交翰
林院侍講學士朱福詵奏請慎重私法編別選
聘起草客員一摺奉
旨修訂法律大臣議奏欽此並將原奏鈔交前來原
奏内稱亞洲民族程度去英美稍遠而於德法
為近中國居亞洲上腴較其層級與同洲之日
本正復類似日本明治二十九年始執法學博
士梅謙次郎等修正民法三十一年復修正商
法次第頒行法典内容皆尚德法而絀英美此

修订法律大臣沈家本等奏议复朱福诜《奏慎重私法编别选聘起草客员》折

此时，国内的民族资产阶级上层代表人物、官僚阶层中的开明人士已经自发行动起来，成立了各式各样立宪组织。1906年12月6日，张謇、汤寿潜等人在上海成立预备立宪公会，主要由江苏、浙江、福建的官绅和上层资产阶级分子组成，先后有近三百人加入。朱福诜与张元济等人加入了预备立宪公会，只不过张元济此时已不再热心于政治活动，而朱福诜则成为其中的重要力量。同时，朱福诜还积极参加了地方的政治活动。1909年1月，朱福诜发起成立了浙江省谘议局议案预备会，号召大家预备议案，为召开国会做准备。值苏杭甬铁路沪嘉段开通之际，民众要求商办的呼声十分强烈，朱福诜等人带头拒绝借款并踊跃捐资，争取到了嘉兴"保路运动"的胜利。

"保路运动"等政治活动的成功推进，极大地鼓舞了立宪派的士气。立宪派开始联合发起了国会请愿运动，要求速开国会。在1910年1月向清廷的第一次请愿遭到了拒绝后，请愿代表于当年3月函请预备立宪公会带头，为全国树立先声。朱福诜此时已当选为预备立宪公会会长，他即以该会名义通告全体会员，号召大家积极响应："本会以预备立宪为名，本以合群进化、期成完全立宪政体为宗旨。然欲预备至完全立宪政权，亦必速开国会，然后可言合群，然后可望进化。是国会一日不开，即本会之预备亦一日不得尽力。故各省请愿之举，均当视为吾党所共有之义务，凡我同人均当各就所在地方，提倡立宪政体之完善，使所在士民皆知请开国会为必不可缓之举，联同上请，方不愧为预备立宪时代之国民，方不负朝廷三令五申筹备宪政之至意。”（《申报》，1910年3月15日）到1910年年底，第四次请愿活动结束后，清廷面对请愿运动压力，遂将原定为九年的期限提前三年，宣布于宣统五年（1913）召开国会，并先设责任内阁。

但在1911年5月8日，清廷组成了以奕劻为首的“皇族内阁”，令立宪派大失所望，也使革命焰势急转直上。10月10日即爆发了辛亥革命。10月30日，清廷命宪法交由资政院协纂。朱福诜代表预备立宪公会，与宪政实进会、宪友会、辛亥俱乐部、八旗宪政研究会、宪政公会等团体代表集会对革命一事进行了讨

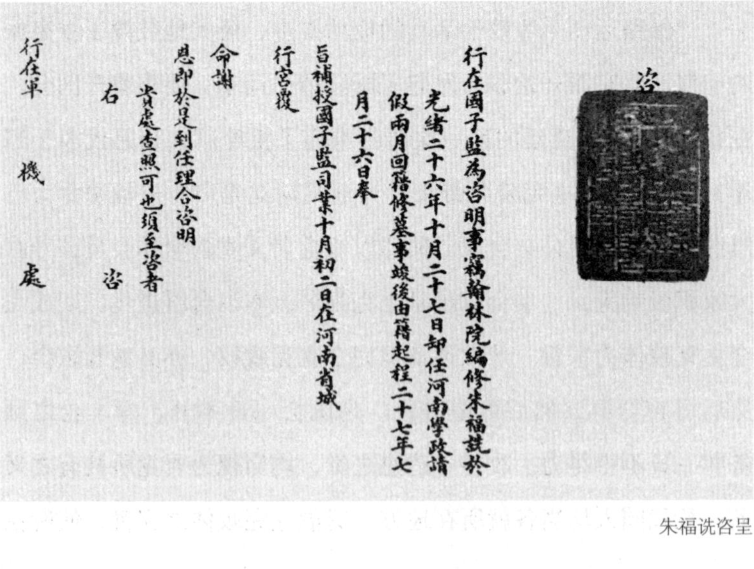
咨

行在國子監為咨明事竊翰林院編修朱福詵於
光緒二十六年十月二十七日卸任河南學政請
假兩月回籍修墓事竣後由籍起程二十七年七
月二十六日奉
旨補授國子監司業十月初二日在河南省城
行宮謝
命謝
恩即於是日到任理合咨明
貴處查照可也須至咨者
右　咨
行在軍機處

朱福诜咨呈

论，认为只有速行立宪才能消灭革命、回笼人心，遂联合提出宪法和皇室大典建议十六条、政治方面建议五条。清政府后将其修改为《宪法重大信条十九条》，于11月3日公布。

《宪法重大信条十九条》可谓是中国第一部成文宪法，但已经无法挽回清廷覆灭的命运。朱福诜追求立宪的目标实现了，但其延续清王朝命运的使命也结束了。他虽然后来还担任过民国时期徐世昌总统的顾问，但其政治生涯早已黯然落幕。

掌管“袁大头”的人

货币制度关系一个国家的经济命脉。中国大约自汉代以来一直使用银两作为交易货币直至清末。1840年鸦片战争后，墨西哥鹰洋等外来货币不断涌入，加上清政府自造及各省自铸的龙洋、宣统元宝等，银两、银元、纸币混用，规格不一，折算繁琐，流通混乱，民众积怨，掣肘了经济发展。清末“新政”后，清政府开始逐步推行银两制向银元制的改革。民国成立后，袁世凯继续整治货币，颁布《国币条例》，设立币制委员会，在财政部设泉币司，推进“袁头币”（民间俗称“袁大头”）发行。袁世凯政府选定的第一任财政部泉币司司长是崇德县（今桐乡市）人吴乃琛。

袁世凯政府选定吴乃琛担任泉币司司长应该花了不少心思。吴乃琛（1878—1953），字熙忱，光绪二十九年（1903）癸卯科举人。1904年上海南洋公学毕业后与同邑徐维震等公派赴美国留学，先后入加利福尼亚和威斯康星大学经济系，获经济学硕士、博士学位。回国后，授法政科进士，任翰林院编修，后任清政府度支部币制局会办，兼任北京大学商科学长。他通晓现代经济制度，对货币制度颇有研究，著有《货币学》等著作，又对清政府实行货币制度改革的做法十分熟悉，有利于延续袁世凯在1901年任清政府直隶总督兼北洋大臣时在天津采取的反私制、设银行、铸银元等实行货币制度改革的做法。

袁世凯政府对于吴乃琛的使用也颇有深意。吴乃琛先是被派往中国银行任副总裁。这是袁世凯政府为控制全国金融系统，安插在当时货币流通支柱——中国、交通两大银行的两枚棋子之一。另一枚是派往交通银行任协理的海宁人陆宗舆。接着，民国财政部特设币制局为货币改革执行机关，在1912年10月设币制委员会为筹议办法、指示进行之处，以财政总长章宗元兼任币制委员会会长，派王璟芳为币制委员会副会长，吴乃琛与贾士毅、张竞仁等任委员。后来，币制委员会裁撤，所有事宜归并泉币司，由其继续调查研究币制改革事宜。吴乃琛也在1912年11月被任命为首任泉币司司长。

吴乃琛此后基本上全程参与了袁世凯推行货币改革讨论和决策的过程。他先是参与了币制委员会关于货币政策的讨论。币制委员会在1912年10月成立起，至同年12月17日止，共召开会议38次，除了讨论银行则例外，共讨论币制问题23次之多，对采取何种本位币及金汇兑本位等问题进行了讨论。1913年1月，当时的财政总长周学熙拟定了《币制委员会章程草案》，规定一切改革币制的重大问题和主要办法，先由币制委员会商议决定，拟具议案后向国务会议提出，再送国务院审议；并就金汇兑本位制、银本位制、金银并行本位制进行了激烈争论。其后，吴乃琛参与了国务院币制会议的决策。1913年9月，新任国务总理兼财政总长熊希龄解散了币制委员会，另在国务院组织币制会议。1914年1月17日，吴乃琛参加了由国务院组织召开的财政讨论会第一次会议。就在此次会议上，北洋政府决定实行银本位制。随后，袁世凯政府于1914年2月8日颁布了《国币条例》及其施行细则，同时设立币制局，铸发“袁头币”。中国的货币法制化进程走出蹒跚一步。

“袁大头”银圆

1914年12月28日，袁世凯为复辟帝制制造气氛，收买墨西哥鹰洋一千八百多万元，作为“改铸新币”，即“袁大头”银元的铸本，以保证“袁头币”在各地顺利发行。但此时，北洋政府的经济状况十分窘迫，能否保住“袁头币”的货币主币地位还是个问号。1915年1月，北洋政府又撤销了一年前刚设立的币制局，于财政部再设币制委员会，由前币制局副总裁章宗元为委员长、泉币司司长吴乃琛为副委员长，“遴选前币制局人员及其他研究币制具有学识经验者为委员，凡币制重要问题，悉付该会讨论”（中国人民银行总行参事室编：《中华民国货币史资料第一辑，1912—1927》）。这个新的币制委员会后来提出了《中国币制改革商榷书》，拟订了《修正国币条例草案》，增加了筹金币内容，预备将来由银本位过渡到金本位制。现实中，“袁头币”却由于其成色足而在货币流通中逐渐占据主导地位。至1915年8月，中国、交通两银行便与上海钱业公会协议，取消了龙洋行市；至1919年6月，“袁头币”成为当时流通银币中的唯一主币。据不完全统计，仅民国初期十余年间，各地所铸“袁头币”达十四亿元之巨。而在这个过程中，相较于随内阁走马灯似进退的财政部总长、次长，吴乃琛在泉币司司长的位置上一直比较稳固。作为货币政策决策者和执行者，吴乃琛对“袁头币”的发行应有一定作用。

货币政策与政治时局紧密相联。吴乃琛作为一名政府官僚不可能独善其身，不可避免地成为那个时代的政治斗争工具。1914年年初，吴乃琛作为政府财政部代表参与了袁世凯为对抗国会而设立的政治会议。政治会议为袁世凯完成了两件事，一是根据袁世凯《咨询政治会议救国大计令》，呈复袁世凯："请宣布停止两院现有议员职务，给资回籍"，为袁世凯彻底解散国会提供依据；二是根据袁世凯《咨询政治会议约法增修程序令》及《咨询政治会议造法机关组织方法令》，呈复袁世凯，设立"约法会议"。袁世凯接到政治会议上述呈文后，发出《组织约法会议令》，并根据1914年1月26日公布了政治会议所制订的《约法会议组织条例》，在1914年3月18日至1915年3月18日召开约法会议，产生《中华民国约法》。吴乃琛对此有不可推脱的责任。而为了当上皇帝，袁世凯肆意由中国、交通两银行发行纸币，在1916年5月间发生了钞票停止兑现、贬值的"京钞风潮"。吴乃琛想必也是无能为力，也不可推脱责任。到了1917年，受段祺瑞政府各派政治势力斗争影响，吴乃琛牵连于财政总长陈锦涛、次长殷汝骊炼铜厂受贿案，与贾士毅等人同以诈骗罪获处三等有期徒刑三年，并剥夺其选举权，及终身不得为官，其财政部泉币司的司长职位也随之革去。

此后，吴乃琛的履历存在诸多空缺，略知其在1920年前后作为财政部特派员到上海就金融市场作过调查，还任职美国钞票公司在华经理等，1953年病逝于北京。至80年代末，吴乃琛却又被人再次提起，其先后五房妻室的子女为其在美国的约六十万美元、三百万港元资产打起遗产继承官司，成为当时轰动一时的涉外案件。

陆宗舆签署“二十一条”

嘉兴在近现代历史上出现了多位外交官，如清朝时有许景澄（1845—1900），在1880年被清政府任命为驻法、德、奥、荷四国公使，1890年改任驻俄、德、奥、荷四国公使，曾主持勘验接收在德国造船厂建造的北洋水师主力“定远”“镇远”等战舰；进入民国后又有陆宗舆、岳昭熵、金问泗、钱泰等人。而最为出名的恐怕就是曾任中华民国驻日本大使、签署了丧权辱国“二十一条”的海宁陆宗舆了。

陆宗舆（1876—1941），字润生，出生于嘉兴海宁一个商人家庭，较为富裕的经济条件使其享有超出普通人的学习机会。他于1896年（清光绪二十二年）进入南京文正书院，师从著名学者张謇。1899年自费赴日本早稻田大学高等师范部攻读法制经济科，也是开一时风气之先。1902年回国后，陆宗舆在北京崇文门管理税务，因在殿试中考得法学第一名，获举人出身，任进士馆及警官学堂教习、巡警部主事。1905年（光绪三十一年），徐世昌就任巡警部尚书后，陆宗舆获用为巡警部主事。同年冬，担任参赞随考察政治大臣载泽，出国考察宪政。后来，陆宗舆将考察成果写成一本《欧美政治要义》论著，清廷据此制定新官制，废除了延续一千多年的科举制度。

不久，陆宗舆展现了他的经济才能。1907年（光绪三十三年），东三省设立。徐世昌首任东三省总督，将陆宗舆派任奉天洋务局总办兼管东三省盐务。他用外方控制的铁路运盐，畅通了运盐交通，降低了盐运费用，解决了哈尔滨等地老百姓吃盐难的问题。接着，他又恢复了东北最大的盐场——营口田庄台盐场，发明了补征法，杜绝了官员舞弊谋利，进而被推广到全国。陆宗舆在东北管理盐务的三年里，第一年就增收盐税银九十三万两，第三年更是到达了一百六十余万两。陆宗舆因此被誉为“经商奇才”。

1909年陆宗舆进京，任宪政编查馆馆员。1910年10月，清政府宣布预备立宪，他随后被选为资政院议员。在资政院中，陆宗舆成为具有留学背景、接受西方（尤其是日本）现代宪政理念的“法理派”代表人物之一，与沈家本等人将宪政编查馆内修订法律的冲突带到了资政院会场，与张之洞、劳乃宣的“礼教派”斗争，形成了有名的“礼法之争”。陆宗舆本人在“礼法之争”之争中多次冲锋在前，积极发言。据统计，陆宗舆在第一次资政院年会上发言达到六十三次之多，并且在分股议事中先后三次出任特任股员（尚小明：《清末资政院议政活动一瞥——留日出身议员对议场的控制》）。显然，陆宗舆当时是清末推崇激进立宪的活跃人物。

但陆宗舆最被看重的还是他的经济才能。1911年秋，陆宗舆在袁世凯安排下任交通银行协理、印铸局局长。辛亥革命后，陆宗舆担任了袁世凯内阁的度支部右丞并代副大臣，后来成为袁世凯总统府财政顾问，成了袁世凯的红人。在1913年浙江省议会选举国会代表时，袁世凯专门致电进行疏通，保证陆宗舆以共和党身份当选参议员，成为国民党一度罢选的理由。时任国民党浙江支部长褚辅成明确回答："因陆宗舆当选，大家不赞成，所以不愿投票"（《浙议会选举参议员之悲观》，《申报》，1913年2月23日）。但最终，陆宗舆还是当上了参议院议员，而且与褚辅成等一起被选为了宪法起草委员。

1913年12月，陆宗舆受袁世凯特命为驻日全权公使，显示了其圆滑（袁世凯谓其"外圆内方"）的一面。不久前，袁世凯镇压了"二次革命"，孙中山、黄兴、陈其美等许多参加"二次革命"的人纷纷逃到日本避难。袁世凯要求陆宗舆迅速将他们引渡回国。而陆宗舆找到日本首相大隈重信，提出"调停法"——由驻日大使馆筹措学费安置留学（留亡）人员，日本则取消引渡。日本考虑到对付袁世凯的需求，遂答应了陆宗舆的方案。得益于这一方案，不少革命分子得到了保护。孙中山为此特意会见了陆宗舆，并赠送了自己的题词照片。

1915年初，日本大隈重信内阁企图扩大在中国山东的利益，违反外交惯例直接向袁世凯提出了“二十一条”。袁世凯命外交部次长曹汝霖在北京同日本驻华公使日置益交涉，命陆宗舆在东京同日本外相加藤高明会谈。鉴于中日实力对比，袁世凯被迫答应签订丧权辱国的“二十一条”，在6月8日由陆宗舆在东京与日本换文批准该条约。陆宗舆后来专门写了《二十一条对日交涉记》为自己辩解，以为通过谈判使中国避免了朝鲜那样的命运，已尽全力。近代学者蒋廷黻也称：“关于二十一条的交涉，袁世凯、曹汝霖、陆宗舆诸人都是爱国者，并且在当时形势下，他们的外交已做到尽头。”（蒋廷黻：《民国初年之中日关系——六十年来中国与日本》第六卷）

可陆宗舆后来的所作所为，并没有像他说的那么大义凛然。袁世凯病死后，陆宗舆于1916年6月卸任回国，并在1917年8月担任了中日合办中华汇业银行的总理，成为日本利益的公开代理人，并凭借与北洋政府徐世昌等人的密切关系，与任交通银行总理的曹汝霖一道游走于政经两界及中日两国。1918年4月、8月间，陆宗舆以汇业银行总理名义，代表日本与段祺瑞政府先后签订“有线电报借款”和“吉黑两省金矿及森林借款”合同，共五千万日元，将中国有线电报财产、收益和吉黑两省森林金矿资源抵押给日本。还在1919年4月19日，担任察哈尔龙烟铁矿公司（后来的首钢）督办。此时的陆宗舆，可谓是春风得意，成为北洋政府新交通系的重要人物。

“卖国贼陆宗舆”碑　嘉兴市南湖革命纪念馆

而1919年爆发的“五四运动”，将陆宗舆钉上了历史的耻辱柱。陆宗舆此前签订的“二十一条”成为运动的导火索之一。当巴黎和会拒绝了中国代表团提出的取消“二十一条”等合法要求，悍然将德国在中国山东的权益转让给日本时，北洋政府的亲日政策引起国内各界的强烈反对。爱国学生和群众在5月4日那天涌向赵家楼胡同，要求惩办亲日派卖国贼陆宗舆、曹汝霖、章宗祥。陆宗舆虽然在当天侥幸逃过群殴，但北洋政府被迫于6月10日将三人免职。更早在5月13日，海宁各界人士就在硖石镇召开万人大会，一致决议通电全国开除陆宗舆乡籍，并在盐官邑庙前、镇海塔下和陆家门口三处立上刻有“卖国贼陆宗舆”的石碑，每日观者不绝。陆宗舆闻讯后，重贿海宁县知事要求毁碑。北洋政府总统徐世昌也亲自下令将碑拆去。1985年，一块“卖国贼陆宗舆”的石碑在硖石镇重又现身，成为这一段历史的见证。

“五四运动”之后，陆宗舆仍任汇业银行总理及龙烟煤矿和铁矿督办，1927年又任张作霖安国军外交讨论会委员等职。1940年，汪伪国民政府在南京成立，陆宗舆被聘为行政院顾问，在卖国求荣的道路上愈行愈远，于1941年6月1日病死于北平。

蒋百里与湖南省宪

海宁人蒋方震（1882—1938），字百里，其字比其名更有名，是民国时期著名的军事理论家和军事教育家，曾任保定陆军军官学校校长、代理陆军大学校长等职，授陆军中将衔。蒋百里虽无赫赫战功，但门下战将无数，其军事理论体系博通中外、纵论古今，致力于中外军事思想的融合和对中国军事实践的思考，尤在抗日战争时期影响至深，其名言："万语千言，只是告诉大家一句话，中国是有办法的！"（《国防论》扉页题词）鼓舞了千千万万的中国人。

蒋百里像

蒋百里是一个极具传奇色彩的人物。一个广泛留传的故事，说他在1905年以日本陆军士官学校士官步兵科第一名毕业，以佳绩夺魁，获日本天皇赐刀，使日本学生引为奇耻。这一传闻虽然需要推敲考证，但蒋百里在留学人员中出类拔萃却是无疑的。蔡锷就评价他："蒋方震君留学东西洋十余年，品行学术，经验资望，为东西洋留学生冠。"（曾业英编：《蔡松坡集》）而在蒋百里研究的军事领域之外，他在文艺的"跨界"活动也颇负声誉，他曾出版过旧中国规模最大的学术文化丛书之一《共学社丛书》，留下了与梁启超亦师亦友互序《欧洲文艺复兴史》《清代学术概论》的文坛佳话。

1921年，蒋百里又玩了一次"跨界"活动，参加了湖南省的"联省自治运动"和《湖南省宪法》的制定。那年年初，蒋百里原本只是受研究系（民国初年，由进步党派生的一个政治派系，代表人物梁启超等）的邀请，到湖南讲课。刚好当时的湖南湘军总司令赵恒惕、省长林支宇宣告湖南实行自治，迫切需要省内外各种力量的支持，于是根据熊希龄等人推荐和赵恒惕提名，依照"首重学识经验，无偏无党，超出政潮之外"的标准，"截留"了蒋百里等人，聘请蒋百里与一同前往湖南讲课的王正廷等十三人担任湖南省宪起草委员会委员。

蒋百里似乎是偶然地被拖入到了中国最早推行"联省自治"省份——湖南省的自治运动中来的。对此，蒋百里却欣然应允。

1921年3月20日，省宪起草委员会在岳麓山工业专科学校教学斋举行开幕式，宣布从即日起开始起草省宪。在开幕式上，蒋百里就作了《论军事与联省自治》的演讲。至4月22日，省宪起草委员会制定出了六部草案，有《湖南省宪法草案》《湖南省省议会组织法草案》《湖南省省议会议员选举法草案》《湖南省省长选举法草案》《湖南省法院编制法草案》《湖南省县议会议员选举法草案》，尤以湖南省宪法等法律在全国产生了重要影响，以其高度自治，强调男女平等、人民权利，广泛运用公民投票等为人所称道。再经审查和公民投票等程序，《湖南省宪法》于1922年1月1日正式公布，一般称其为国内第一个制定成功而且被施行的省宪。

一不留神就弄了个第一，蒋百里真是这么幸运？机遇总是留给有准备的人。蒋百里其实很早就开始关注“联省自治运动”了。在1920年起任《改造》杂志主编时，蒋百里就在第三卷刊发过“自治问题研究”与“联邦问题研究”两个专号，蒋百里还亲自写了《同一湖谈自治》《联省自治制辨感》等文章，对联省自治发表过自己的见解。对于由各省自行制定本省宪法、实行高度自治，进而由各省选派代表组成联省会议制定联省宪法，再由联省自治划清中央政府与地方政府之间的界限，免除军阀地方割据之弊，蒋百里认为这是一条极富建设性的思路。这使蒋百里成为推动“联省自治”和制定省宪的理想代表人物。从这一点来说，湖南省“截留”蒋百里等人参与“联省自治运动”也不是“师出无名”。而且，在起草《湖南省宪法》之后，蒋百里还参加了《浙江省宪法》的起草活动。

蒋百里作为一个军事家，其关注“联省自治运动”，不仅是希望建立“联省自治”的政治体制，而且有其实践军事理论的背景。蒋百里《论军事与“联省自治”》的演讲今已湮灭无闻。但蒋百里对于军事与立宪的态度却是极为鲜明的。他认为，“近百年来，为一切政治之原动，而国制组织之根本者，则立宪制度是也；为一切军事之原动，而国军组织之根本者，则义务征兵制是也，新国家有是二者也，获若车之有两轮，鸟之有两翼”（蒋百里：《国防论》），“是故宪法兄也，征兵令弟也”。只有在实行立宪制度下，才能通过征兵制改革，真正组织起一支强大的国家军队。这也有力地解释了蒋百里欣然参与湖南省制省宪活动的动因。

要实现“联省自治”，蒋百里根据军阀割据的现状，希望同步推行两项军事改革：一是废督裁兵，二是实行义务民兵制。对于前者，蒋百里主张，务必使军队只忠于国家，成为“国家所用以贯彻国是之具”（蒋百里：《国力与武力与兵力》，见《国防论》）。对于各军阀统领下的军队，“要之整顿之要点，一在使在职军官，有一种职务生活之保障，使彼不必挟自己之军队以自重，而能据国家法律以自存；一在使国家对于军官有公平秩序之统御，而不准私人之爱恶，侵国家用人之权，以绝结党互争之弊”（蒋百里：《裁兵计划书》，见《蒋百里全集》第六辑），这样才能把军阀部队改造为国家军队。对于后者，蒋百里对法国社会党首领卓莱氏认为的“各国现行军制中，其性质为国民的，其精神为民主政治的，则莫瑞士也”（蒋百里：《国防论》），深表认同。蒋百里认为应借鉴瑞士的民兵制，“其在中国，则民兵制之善也，更不在其法之新，不在其兵之多，不在其经费之少，而尤在适于中国之历史与环境。……故民兵制者，最适用国民性之军事制度也”，且“此种制度最适于自卫，最不适于侵略”。

蒋百里开出的这些军事药方若能真的实行，对于改变当时中国的现实境地或许具有极大帮助。但在北洋军阀个个拥兵自重的情况下，蒋百里的这些军事实践想法，注定随着“联省自治”的迅速破产而灰飞烟灭，成为其军事理想主义的失败案例。

褚辅成兴办上海法学院

褚辅成（1873—1948），字慧僧，浙江秀水县（今浙江嘉兴）人。少年入修儒学，中过秀才，1904年负笈东瀛学习法政，成为中国同盟会元老。回国后曾任浙江省谘议局议员，推动清末宪政改革，1911年成为辛亥革命浙江起义中坚，先后两度主政浙江。

褚辅成十分重视法律人才的培养，在1911年任浙江军政府民政长时就认识到了法律人才培养的重要性和迫切性，在该年12月14日《致各县府民事长电》中就指出："照得司法独立，为东西各国之通例，然非有贯彻之统系、单纯之机关及专门研究法律之人，即不能达独立之目的。"1927年，褚辅成因蒋介石"清党"政策而险遭不测，侥幸得脱后暂离时政，旋赴沪兴办法学教育，担任上海法科大学（1929年改为上海法学院）校（院）长达二十余载，最终卒于任上。可谓为发展法学教育事业鞠躬尽瘁、死而后已。

上海法学院成立的直接原因，是1926年夏上海法政大学一百多位同学对学校不满，要求校董王开疆先生另立新校。褚辅成对此极为支持，并作为校董参与了上海法学院的筹建，并由他出面邀请章太炎、董绶经、王宠惠、蔡元培、马君武、赵晋卿、陈霆锐、吴凯声、李祖虞、于右任等人举行发起人会议，议定成立上海法科大学，推选章太炎、董绶经两先生担任校长，租赁法租界蒲柏路479号至483号房屋为校舍。后章太炎及王开疆等因事离开上海，校董事会公推褚辅成为董事长，潘力山为副校长。潘力山在《吾人创办上海法科大学之原由及其方针》中指出："盖民主立宪之制，不恃夫有少数圣贤豪杰为民之极，而恃夫多数民众有了解政治、判断政策之能力。今国中识字者有几何人？！识字矣，而能了解政治、判断政策者几何人？！虽自夸不能无恧于此。而临以十数之军阀，百千之政客官僚，欲国之不乱，民之不敝，岂可得哉!是故今日之务，莫急于养成人民参政之能力，莫急于普及法政教育，庶几响导有资，人不迷方。……此所以有创办上海法科大学之举也。"（潘大逵：《献身上海法学院的八个年头》，《万州文史资料》第七辑总第11辑）

1926年10月，上海法学院正式开学，设大学、专科、预科三部，有教授二十多人，学生三百余人。但学校初办即遭遇各种困难。1927年10月，主持上海法科大学的副校长潘力山遭人暗杀，卢家湾法国巡捕房发出告示，要求学校暂时关闭，限令所有学生在24小时内离校。作为上海法科大学董事长的褚辅成在学校临危之际于五十五岁年龄被公推为暂兼代校长，协调校董吴凯声出面疏通和多方交涉，法租界当局最终也同意于11月21日复课，使学校渡过了开办危机。1928年1月，校董会举行第十四次会议，决定褚辅成为正式校长，改选钱新之为董事长。此后褚辅成一直担任上海法学院院长一职。

作为私立学校的上海法学院，其创建与时代命运紧密相连，褚辅成也与上海法学院共度时艰，甚至与沈钧儒两人成为不领薪酬的校长和教务长。在褚辅成领导下，上海法学院致力于多方筹资扩大办校规模和提升办学质量，先后建有力山图书馆、大道堂等校舍，最多可容纳师生五千余人，在上海各私立学校中首屈一指。但在1932年“一·二八”事变中，上海法学院除大礼堂外，一概遭日军摧毁，元气大伤。褚辅成与董事会紧急商议，将学校暂迁杭州，后回迁上海法租界；同时又组织了“复兴校舍委员会”，重整旗鼓，在全院师生的努力下募集几万元捐款，于1933年春动工兴修校舍。到8月间，所有校舍整修一新，使其成为同期遭受焚毁的中国公学、持志大学、上海商学院等多所院校中最先复课的学校。一波未平一波又起。1937年“八一三”淞沪会战爆发，日军对在沪教育机构进行恣意破坏，上海法学院校址再成战场，再次被毁。在极困难的条件下，上海法学院曾租定公共租界大通路王家沙花园路8号筹备开学。后为形势所逼，先迁浙江兰溪，又迁安徽屯溪，一直处于颠沛流离之中。

即使在如此艰难的抗战岁月里，上海法学院也没有停止发展的脚步。1938年后，褚辅成任国民参政会驻会委员、国民参政会川康建设期成会驻万县办事处主任等职。在当地士绅蒋肇成等人支持下，褚辅成决定筹办上海法学院万县分院，成为沦陷区学校内迁和私人办学中为数不多的大学之一。1942年春，经呈报国民政府教育部核准备案后，上海法学院万县分院开始筹办，所需开办经费12.8万元全部由万县各界人士募捐而来。1942年年底，上海法学院万县分院开始招生，内设法律、经济、政治三个系和司法、报业管理、财经金融、经济行政、会计统计五个科，春夏两季招生。从1942年至1945年底，万县分院先后招生四十余班，先后共有一千余名学生毕业（王天松：《上海法学院万县分院始末》，《嘉兴文史汇编〈合订本〉》第五册，当代中国出版社）。

抗战胜利后，上海法学院于1945年8月回沪复校，借金陵路正行女中开课。1946年迁回原址，设法律系（司法组、行政法学组）、政治学系、经济学系、会计学系等四个系及附设商业专修科和报业专修科。虽然1946年第一期开班时仅录取三百人，但报考者约千人，显示出上海法学院在社会上的影响力。1947年上海法学院又增设会计统计系、银行系、统计学系，成为七系二科的独立学院，附属中学设商中（普通科、商科）和初中两部。至

褚辅成史料陈列馆　嘉兴梅湾街

金九避难处　嘉兴梅湾街

1949年上海解放，上海法学院已成为上海较有影响的法律学院之一。可惜，在学校终于走上正轨之时，褚辅成于1948年3月在上海逝世，5月归葬于嘉兴南门。

到了1951年，上海法学院与上海法政学院、诚明文学院、新中国法商学院、新中国学院、光夏商业专科学校联合组成上海学院。1952年10月，高校进行院系调整，上海学院分别并入复旦大学、华东政法学院、上海财经学院。上海法学院万县分院大部分专业也在抗战胜利后回迁。留在万县部分，由万县当地人士另设董事会，改组为“私立辅成学院”。1951年后，“私立辅成学院”由西南工业部接管，法律系部分学生转入重庆“正阳学院”（后并入西南政法学院），经济系部分学生转入四川财经学院。1952年，“私立辅成学院”正式宣告结束。

附　主要参考文献

一、历史文献

1. 《史记》，中华书局，1982年版。

2. 《汉书》，中华书局，1962年版。

3. 《晋书》，中华书局，1974年版。

4. 《新唐书》，中华书局，1975年版。

5. 《宋史》，中华书局，1977年版。

6. 《元史》，中华书局，1976年版。

7. 《明史》，中华书局，1974年版。

8. 《明实录》，中华书局，1985年影印版。

9. 《明会典》，中华书局，1989年版。

10. 《清史稿》，中华书局，1976年版。

11. 《清实录》，中华书局，1985年影印本。

12．［宋］乐史：《太平寰宇记》，中华书局，2007年版。

13．［清］毕沅：《续资治通鉴》，中华书局，1957年版。

14．［战国］左丘明：《国语》，上海古籍出版社，1978年版。

二、地方文献

1．［元］单应修、徐硕纂：至元《嘉禾志》，上海古籍出版社，2010年版。

2．［明］柳琰纂修：弘治《嘉兴府志》，四库全书存目丛书，齐鲁书社，1996年版。

3．［明］刘应钶修、沈尧中纂：万历《嘉兴府志》，上海古籍出版社，2013年版。

4．［清］吴永芳修、钱以垲纂：康熙《嘉兴府志》，康熙六十年刊本。

5．［清］许瑶光修、吴仰贤等纂：光绪《嘉兴府志》，上海书店出版社，1993年1月版。

6．嘉兴市志编纂委员会编：《嘉兴市志》，中国书籍出版社，1997年版。

7．［明］章士雅修、袁了凡等撰：万历《嘉善县志》，万历二十四年版。

8．［明］罗炌修、黄承昊等纂：崇祯《嘉兴县志》，《日本藏中国罕见地方志丛书》，书目文献出版社， 1991年版。

9. ［明］程楷修：天启《平湖县志》，中华书局，2016年版。

10. ［清］江峰青重修：光绪《嘉善县志》，线装书局，2008年版。

11. ［清］严辰纂修：光绪《桐乡县志》，中华书局，2013年版。

12. ［清］许传霈等原纂、朱锡恩等续修：民国《海宁州志稿》，民国十一年刊本。

13. 平湖市史志办公室编：《乍浦旧志》，内刊本。

14. ［晋］干宝：《搜神记新辑》，中华书局，2007年版。

15. ［唐］陆贽：《陆宣公集》，浙江古籍出版社，1988年版。

16. ［唐］刘禹锡：《刘禹锡集》（上下），中华书局，1990年版。

17. ［元］张伯淳：《养蒙文集》，《四库全书·集部五》影印本。

18. ［明］沈德符：《万历野获编》，中华书局，1959年版。

19. ［明］陈与郊：《袁氏义犬》，《盛明杂剧》，山东画报出版社， 2004年版。

20. ［明］谈迁：《海昌外志》，方志出版社，2009年版。

21．［清］盛枫：《嘉禾征献录》，《四库全书存目丛书》，齐鲁书社，1996年版。

22．［清］吕留良：《吕留良诗文集》，浙江古籍出版社，2011年版。

23．［清］沈起：《查继佐年谱》，中华书局，1992年版。

24．［清］朱彝尊：《静志居诗话》，人民文学出版社，1990年版。

25．［清］沈之奇：《大清律辑注》，法律出版社，2000年版。

26．［清］许梿：《洗冤录详义》，光绪三年潘蔚重刻本，东京大学东洋文化研究所藏本。

27．［清］查慎行：《阴阳判》，见《古本戏曲丛刊五集》，上海古籍出版社，1986年版。

28．［清］沈曾植：《海日楼札记》，中华书局上海编辑所，1962年版。

29．［清］劳乃宣：《韧叟老人自订年谱》，台湾文海出版社，1967年版。

30．［清］钱仪吉：《碑传集》，中华书局，1993年版。

31．蒋百里：《国防论》，浙江古籍出版社，2012年版。

32．蒋复璁等编：《蒋百里全集》，台北传记文学出版社，1971年版。

33. 嘉兴市政协学习和文史资料委员会编：《褚辅成文存》，中国文史出版社，2011年版。

34. 蒋复璁、梁实秋编：《徐志摩全集》，台北传记文学出版社，1980年版。

35. 赵遐秋等编：《徐志摩全集》，广西民族出版社，1999年版。

36. 陈从周：《徐志摩年谱》，上海书店出版社，1981年重印版。

37. 蒋礼鸿：《商君书锥指》，中华书局，1986年版。

38. 嘉兴市政协学习和文史资料委员会编：《嘉兴文史汇编》（合订本），当代中国出版社，2011年版。

39. 张人凤：《民智之师——张元济》，山东画报出版社，2001年版。

40. 海盐县政协文史资料委员会编：《出版大家张元济——张元济研究论文集》，学林出版社，2006年版。

41. 嘉兴市政协学习和文史资料委员会编：《嘉禾文史掇英》，中国文史出版社，2014年版。

42. 嘉兴市文化广电新闻出版社局编：《嘉兴历代碑刻集》，群言出版社，2007 年版。

43. 周天度、孙彩霞：《沈钧儒传》，人民出版社，2006年版。

44. 丁辉、陈心蓉：《嘉兴历代进士研究》，黄山书社，2012年版。

45. 陈心蓉：《嘉兴藏书史》，国家图书馆出版社，2010年版。

46. 卞僧慧：《吕留良年谱长编》，中华书局，2003年版。

47. 钱茂伟、柴伟梁：《遗民史家——谈迁传》，浙江人民出版社，2006年版。

48. 王建辉：《教育与出版——陆费逵研究》，中华书局，2012年版。

49. 周静庭：《逝水人生——徐志摩传》，杭州出版社，2004年版。

三、其他文献

1. ［唐］范摅：《云溪友议》，古典文学出版社，1957年版。

2. ［宋］郑克：《折狱龟鉴》，四库全书影印版。

3. ［宋］祝穆：《方舆胜览》，中华书局，2003年版。

4. ［明］文秉：《定陵注略》，北京大学出版社，1986年版。

5. ［明］李维祯：《太泌山房集》，《四库全书存目丛书》，齐鲁书社，1996年版。

6. [明]焦竑：《国朝献征录》，广陵书社，2013年版。

7. [清]陆容：《菽园杂记》，中华书局，1985年版。

8. [清]陆圻：《纤言》，上海书店，1982年版。

9. [清]汪辉祖、[清]蒯德模：《病榻梦痕录·双节堂庸训·吴中判牍》，江西人民出版社，2012年版。

10. [清]汪辉祖：《佐治药言》，中华书局，1985年版。

11. [清]钱泳：《履园丛话》，中华书局，1979年版。

12. [清]赵翼：《廿二史札记》，中华书局，1984年版。

13. [清]王士禛：《池北偶谈》，中华书局，1982年版。

14. [清]顾公燮：《丹午笔记》，南京：江苏古籍出版社，1985年版。

15. [清]沈家本：《寄簃文存》，中华书局，1985年版。

16. 李棪：《东林党籍考》，人民出版社，1957年版。

17. 何勤华：《中国法学史》（第二卷·修订本），法律出版社，2006年版。

18. 张晋藩主编：《清代律学名著选介》，中国政法大学出版社，2009年版。

19. 张晋藩主编：《中国司法制度史》，人民法院出版社，2004年版。

20. 张玉法：《清季的立宪团体》，北京大学出版社，2011年版。

21．沈晓敏：《处常与求变：清末民初的浙江谘议局和省议会》，生活·读书·新知三联书店，2005年版。

22．何佳馨点校：《新译日本法规大全》（点校本）第1卷，商务印书馆，2007年版。

23．邓绍基主编：《中国古代戏曲文学辞典》，人民文学出版社，2004年版。

24．中国人民银行总行参事室编：《中华民国货币史资料》（第一辑［1912—1927］），上海人民出版社，1986年版。

25．吴经熊著、周伟驰译：《超越东西方》，社会科学文献出版社，2002年版。

26．李春光纂：《清代名人轶事辑览》（第2集），中国社会科学出版社，2005年版。

27．单锦珩总主编：《浙江古今人物大辞典》（续编），方志出版社，2001年版。

28．谢国桢：《明清之际党社运动考》，中华书局，1982年版。

29．曾业英编：《蔡松坡集》，上海人民出版社，1984年版。

四、论文及报刊

1．范金民：《鼎革与变迁：明清之际江南士人行为方式的转向》，《清华大学学报》（哲学社会科学版），2010年2期。

2．李凌：《乾隆时期的文字狱及其恶果》，《书屋》，2013年第2期。

3．何勤华：《清代律学的权威之作——沈之奇撰〈大清律辑注〉评析》，《中国法学》，1999年第6期。

4．王志林：《〈大清律辑注〉按语的类型化解析》，《河北法学》，2008年第9期。

5．刘文华：《清代嘉兴府争田述论》，《古今农业》，2009年第4期。

6．尚小明：《清末资政院议政活动一瞥——留日出身议员对议场的控制》，《北京社会科学》，1998年第2期。

7．侯欣一：《四十年代重庆实验法院的启迪》，《深圳特区报》，2014年4月1日。

8．何敏：《清代注释律学研究》，中国政法大学博士学位论文，1994年6月9日。

9．张人凤：《戊戌到辛亥期间的张元济》，《史林》，2001年第2期。

10．沈惠金：《马昭懿：走过民国的岁月》，《桐乡通讯》，2009年第12期。

11．蒋廷黻：《民国初年之中日关系——〈六十年来中国与日本〉》第六卷，《大公报》，1933年9月18日，第3版。

12．潘大逵：《献身上海法学院的八个年头》，《万州文史资料》，第七辑（总第11辑）。

13.《申报》，1910年3月15日。

《浙议会选举参议员之悲观》，《申报》，1913年2月23日。

《申报》，1937年6月8日至15日。

《申报》，1939年9月8日。

14.《中华民国律师协会第三届代表大会宣言》，《法学新报》，1931年8月9日。

15.《法学丛刊》，1933年第2期。

16.《摘录海盐朱学使福诜乙巳夏进呈札记》，《时报》，1906年2月26日。

《蓝票白票党》，《时报》，1910年12月22日。

后记

习惯从头看到尾的各位读者，应该已经知道这本书实际讲到的，都是与嘉兴有关的历史法治故事。

嘉兴是一个与水相伴相生的江南小城，七千年前即有马家浜文化发源，古称长水。从人文地理角度解读，以水为其血液，西接天目之水而北负太湖，南倚钱塘江而东临大海，又有京杭大运河纵贯境内，适水而生，适时而长；山峦为其骨节，有天目山余脉延绵，有海宁硖石与尖山、海盐鹰窠顶、平湖九龙山等串连成珠，内蓄刚强；沃土为其肌理，不忧冻馁而能自给自足，栽桑养蚕自成一景；潮汐为其呼吸，江海激荡，吞吐古往今来，淘尽多少风流；而江南，则是一件华美的衣服，素居明清“江南八府”之一，有“丝绸之府”“鱼米之乡”之称。

凭借气候宜人、土地膏腴等天赐禀赋，嘉兴因时而变，因地而适，因水而通，因人而兴，“不忧冻馁，颇勤农务”，

（至元《嘉禾志》卷一《风俗》），处吴根越角而饭稻羹鱼自给，随岁月辗转而习稼耕不歇。经历史岁月雕琢、经济开发递进、人口迁移汇聚、人文传习相因，使嘉兴形成了典型的耕读传统，前有汉代朱买臣虽家贫卖薪自给，而好读书，善辞赋，后官至会稽太守；中有唐时徐岱世代为农，于学无所不通，选贤而为太子侍读；后有明清张履祥讲理学而著《补农书》，等等，素有"罕习军旅，尤慕文儒"，"文贤人物之盛，前后相望"之评（至元《嘉禾志》卷一《风俗》）。清嘉兴诗人朱彝尊在《送佟太守述德诗序》中更明确指出："乡之士大夫好读书，虽三家之村，储经籍，耻为胥吏，罕习武事。"（光绪《嘉兴府志》卷三十四）

在这种人文环境滋养下，与水相伴相生的嘉兴诞生了众多的法治人物，与许多法治案（事）件存在关联，其中不乏历史巧合的探索，也有诸多惊喜的发现。为此，笔者以一人、一案、一事为中心，旁及其余，尝试用笔记形式予以参读、对照，重新诠释或寄予省思，形成了这本书稿；蒙上海书店解永健老师的支持，付梓于此；希望借此能够展现本土法治人物和故事在法治史长河中的意义，为宏大的法治史研究贡献一种地方性视角，兼以促进历史传统法治精神的发掘，为全面推进依法治国战略提供本土法治传统资源。不知在众多读者眼里，是否达到目的？如是，有文字未经雕琢，不免粗糙；史料未经核全，不免疏漏，获请见谅，并恳请方家指正。如否，则需倍加努力，在下一部作品中有更多提升。

这也算是工作二十年的一份另类总结吧。

沈志林

2017年4月于嘉兴

图书在版编目(CIP)数据

法字从水起沧浪：历史法治故事的现代镜鉴/沈志林著. --上海：上海书店出版社，2018.6(2018.11重印)
ISBN 978-7-5458-1610-5

Ⅰ. ①法… Ⅱ. ①沈… Ⅲ. ①法制史—中国—通俗读物
Ⅳ. ①D929-49

中国版本图书馆CIP数据核字(2018)第017030号

责任编辑 解永健 盛 魁
特约编辑 华 丽
封面设计 郦书径

法字从水起沧浪
——历史法治故事的现代镜鉴
沈志林 著

出 版 上海书店出版社
(200001 上海福建中路193号)
发 行 上海人民出版社发行中心
印 刷 上海展强印刷有限公司
开 本 890×1240 1/32
印 张 10.875
字 数 201,000
版 次 2018年6月第1版
印 次 2018年11月第2次印刷
ISBN 978-7-5458-1610-5/D·62
定 价 35.00元